"十二五"国家重点出版物出版规划项目

教·育·改·革·与·发·展·研·究·书·系

西方课程模式对中国学前教育的影响研究

——基于教育借鉴理论的比较分析

余海军 著

黑龙江教育出版社

图书在版编目（CIP）数据

西方课程模式对中国学前教育的影响研究 ：基于教育借鉴理论的比较分析 / 余海军著. -- 哈尔滨 ：黑龙江教育出版社，2015.12
（教育改革与发展研究书系 / 田慧生主编）
ISBN 978-7-5316-7945-5

Ⅰ. ①西… Ⅱ. ①余… Ⅲ. ①学前教育－课程－教学研究－西方国家②学前教育－课程－教学研究－中国
Ⅳ. ①G619.1②G612

中国版本图书馆CIP数据核字(2016)第006725号

教育改革与发展研究书系
西方课程模式对中国学前教育的影响研究
Xifang Kecheng Moshi Dui Zhongguo Xueqian Jiaoyu De Yingxiang Yanjiu
——基于教育借鉴理论的比较分析
——Jiyu Jiaoyu Jiejian Lilun De Bijiao Fenxi
余海军　著

责任编辑　胡亮亮　李　扬　仲　恒
封面设计　朱建明
责任校对　唐彦伟
出版发行　黑龙江教育出版社
（哈尔滨市南岗区花园街 158 号）
印　　刷　黑龙江远东联达教育文化传媒有限公司
开　　本　787 毫米×1092 毫米　1/16
印　　张　14.75
字　　数　220 千
版　　次　2015 年 12 月第 1 版
印　　次　2015 年 12 月第 1 次印刷

书　　号　ISBN 978－7－5316－7945－5　　定　　价　44.00 元

黑龙江教育出版社网址：www.hljep.com.cn
如需订购图书，请与我社发行中心联系。联系电话：0451－82533097　82534665
如有印装质量问题，影响阅读，请与我公司联系调换。联系电话：0451－84560820
如发现盗版图书，请向我社举报。举报电话：0451－82533087

丛 书 主 编：田慧生
丛书副主编：刘 芳
丛 书 策 划：丁一平 赵 力
政策卷主编：吴 霓
学前卷主编：霍力岩

前　言

本书以教育借鉴理论为分析视角，综合运用问题法、比较法和访谈法等研究方法，建构起从跨国吸引、本国决策、本土实施和逐步内化四个阶段分析西方课程模式影响中国学前教育发展历程的纵向研究框架；与此同时，根据课程模式的核心要素，从理论基础、教育目标、课程内容、教育方法和教育评价五个方面建构起分析西方课程模式影响中国学前教育发展的横向研究框架。

运用教育借鉴理论分析外国课程模式影响中国学前教育的百年历程发现，中国学前教育走过了“以日为师”“以美为师”“以俄为师”和“重新师法欧美”四个教育借鉴时期，且每个时期都经历了跨国吸引、本国决策、本土实施和逐步内化四个阶段：“以日为师”时期——西方课程模式通过日本第一次进入中国，中国幼儿园课程在教育借鉴中得以产生并初步发展；“以美为师”时期——在借鉴欧美课程模式基础上进行本土化课程实验，初步进行了中国化的活动课程和综合课程尝试；“以俄为师”时期——全面否定西方课程模式并全面借鉴苏联的学前教育理论与实践，建立起直接教学模式和分科教学模式；“重新师法欧美”时期——受欧美活动课程和综合课程在理论与实践上的影响，在多元融合基础上寻求儿童适宜与文化适宜的中国化课程模式建构。

在分析西方课程模式影响中国学前教育发展历程的基础上，本书运用比较法从理论基础、教育目标、课程内容、教育方法和教育评价等方面对在中国学前教育发展中影响较大的四种课程模式——蒙台梭利课程模式、高宽课程模式、光谱课程模式和瑞吉欧课程模式进行了比较分析，阐述了上述四种课程模式对中国学前教育特别是幼儿园课程产生的主要影响：推动了尊重儿童和儿童所处文化的学前教育观念的形成；充实了幼儿园课程发展的理论基础；开始了追求非普遍性发展的差异化教育；实现了直接教学和分科课程向活动教学和领域课程的转变；促进了教师主导性教学向儿童主体性建构的转变；推动了结果性评价向发展性评价的转化；启动了教育借鉴向教育建构的变革进程。

基于上述纵向研究和横向研究，本书作者认为，就未来取向看，新时期中国幼儿园课程改革与发展应走出教育借鉴理论所阐述的“跨国吸引、本国决策、本土实施和逐步内化”的循环往复，在教育借鉴基础上实现多种课程模式的交汇与融合，走向具有中国特色的课程模式建构和教育创新；同时，就基本思路看，新时期中国幼儿园课程改革与发展应在汲取国际优秀经验的基础上，围绕核心要素建构中国特色的课程模式，即在理论基础上注重多学科知识的结合，教育目标上注重儿童的整体性成长和个性化发展，课程内容上注重领域内容与关键经验的融合，教育方法上注重环境创设和师幼交往与对话，教育评价上注重建构服务于儿童发展的发展性评价指标体系。

目　录

第一部分　教育借鉴理论视域下中西方学前教育课程模式研究思路的转换

第一章　中西方学前教育课程模式发展的逻辑关联

一、起点:西方学前教育课程模式的影响

本文研究的是西方课程模式对中国学前教育发展的影响,主要回答以下问题:第一,西方课程模式如何影响中国学前教育的发展?第二,西方课程模式对中国学前教育产生了哪些影响?第三,基于这种历史和影响,中国学前教育的未来道路和发展思路应该如何?为了解答这些问题,本文将从三个方面展开研究:首先,阐明西方课程模式影响中国学前教育发展的历史进程;其次,论证西方课程模式对当今中国学前教育课程架构所产生的主要影响;最后,阐述在历史经验基础上中国学前教育发展的未来走向和基本思路。具体而言,本研究将重点探讨下述问题:

(一)研究起点:西方课程模式影响中国学前教育的百年发展历程

从历史的角度看,自福禄贝尔开创的幼儿园模式算起,西方课程模式在经历了近二百年的风风雨雨之后,获得了长足的发展,对世界学前教育理论和实践的发展产生了重要影响。伴随着20世纪以来现代化和全球化的推进,中西

方交流和联系日益频繁，在此过程中，西方课程模式对中国学前教育的创立和发展也产生了重要的影响，而这种影响的过程也正是中国借鉴西方课程模式的发展过程。那么，这种借鉴经历了怎样的历史发展阶段？每一个发展阶段的借鉴是如何发生和发展的？不同发展阶段的借鉴产生了何种结果？可以说，对这一历史进程的阐述是论证西方课程模式对中国学前教育产生具体影响的前提和基础。因此，本研究将依据中国学前教育发展的历史特点将其划分为清末民初、民国中后期、新中国成立初期、改革开放以来这四个发展阶段，在此基础上运用大卫·菲利普斯(David Phillips)的教育借鉴理论①作为分析的理论视角，对每个发展阶段中借鉴发生和发展的复杂过程进行具体的分析，揭示其内在的历史发展脉络，以期对西方课程模式影响中国学前教育发展的历史进程获得更清晰的认识，为具体影响的阐释奠定坚实的基础。

(二)研究重点：西方课程模式对当今中国学前教育课程架构的影响

对西方课程模式影响中国学前教育发展的历史结果的分析是本研究的重点，主要涉及以下问题：在中国学前教育发展的百年历程中，有哪些西方课程模式对中国学前教育发展产生了影响？这些课程模式的主要内容是什么？这些课程模式对当今中国学前教育课程架构产生了何种影响？通过对已有研究成果的分析发现，“课程模式是一个思维框架和一种组织结构，它是教育中需要优先考虑的问题、管理政策、教学方法和评价标准的运用模板”②，它涉及课程的理论基础、目标、内容、实施、评价等诸多方面的内容。因此，本研究将从课程模式的理论基础、教育目标、课程内容、教育方法和课程评价等核心要素出发，对影响中国学前教育发展的几种课程模式进行分析和比较，在此基础上阐述这些课

① 大卫·菲利普斯提出的是教育政策借鉴理论(Educational policy borrowing)，但是他也指出“一个国家的教育能够对另一个国家的教育产生重要影响，这种影响可以宏观到改变一国最高决策层的教育理念和构想，也可以微观到改变教室层面的教学方法”。他提出的教育借鉴模型在于帮助人们更好地理解和解释教育借鉴的复杂过程，并不限定于教育政策领域。因此，用“教育借鉴理论”这一名称或许能够更好地概括这一理论的全貌。

② Goffin, S. G.. The Role of Curriculum Models in Early Childhood Education. ERIC Digest. [EB/OL]. http://www.ericdigests.org/2001-2/curriculum.html. 2011-09-17.

程模式对当今中国学前教育课程架构所产生的具体影响。而这些影响既是对当前中国学前教育发展状况的反映，也为未来中国幼儿园课程的改革和发展提供了参考和借鉴。

（三）研究归宿：中国学前教育发展的未来取向和基本思路

"以史为鉴，可以知兴替。"本文关于西方课程模式对中国学前教育发展的影响过程和影响结果的研究，其目的不仅在于解答认识上的困惑和问题，使我们对中国幼儿园课程的发展有更为理性和清晰的了解，更重要的是希望能在继承中创新、在批判中成长，即通过批判地继承中西方优秀的学前教育思想和模式，为中国学前教育的未来发展和基本思路提供参考，尤其是为建构融国际经验与本土文化于一身的中国特色的幼儿园课程模式提供有益启示和借鉴，从而促进中国学前教育理论和实践的健康快速发展。

二、重点：中国学前教育课程的未来走向

本研究将"西方课程模式对中国学前教育的影响研究"作为研究题目，主要源于以下几个方面的缘由：

（一）中国学前教育需要在借鉴的基础上创建本土化课程模式

20 世纪 60 年代中期以来，由于欧美等发达国家对学前教育的重视及对学前教育质量的关注，课程模式的开发和研究逐渐成为国际学前教育领域的重点和热点之一。在伯纳德·斯波代克（Bernard Spodek）看来，"课程模式确定了一个课程方案基本的和理想化的成分，作为判断某个正在实施的课程方案在多大程度上靠近理想状态的指示物和判断标准"[①]，并指出在 1975 年的美国，参加纵向研究联盟（Consortium for Longitudinal Studies）的课程模式就有 11 种。而斯泰斯·戈芬（Stacie Goffin）则指出：在 1971 年，参与"坚持到底计划"（Project Follow Through）的全美 173 个地方项目中就进行了 22 种课程模式的实验工作，而到 1980 年则主要有 19 种课程模式参加了实验，其中就包括银行街教育学院

① Spodek, B. (1973). Early Childhood Education. Upper Saddle River, NJ: Prentice Hall. Cited in Goffin, S. G. & Wilson, C. (1994). Curriculum models and early childhood education: Appraising the relationship (1st Ed.). Upper Saddle River, NJ: Merrill/Prentice Hall, p. 15.

模式(Bank Street College of Education Model)、高宽认知取向课程模式(High/Scope Cognitively Oriented Curriculum Model)、行为分析模式(Behaviors Analysis Model)、直接教学模式(Direct Instruction Model)、图森早期教育模式(Tuson Early Education Model)等。[①]由此可见当时课程模式研究之热度。而后,经过80年代的沉寂,进入90年代以后,由于学前教育对于反贫困、学校改革和社会发展的作用日益得到肯定,课程模式的研究又成为人们关注的焦点。在进入21世纪之后,课程模式的发展开始趋向于多元化,并寻求以多种方式为儿童及其家庭提供服务,因而,“对于学前教育中0~5岁课程方案的需求在急速发展。为那些被确定为处于教育危机中的3~4岁儿童提供新型和扩展性的课程方案在急剧增多”[②]。

在世界学前教育的发展洪流中,中国幼儿园课程的发展也深受欧美课程模式的影响,除了传统的福禄贝尔和蒙台梭利课程模式以外,改革开放以后很多以当代认知发展理论和心理学理论为基础建构起来的课程模式快速传入进来,如高宽课程模式、瑞吉欧课程模式、光谱课程模式等。然而,这些课程模式在引进以后并没有能够获得很好的内化和发展,要么“水土不服”,要么昙花一现,要么推而不行,要么虽广为推广但却被误解以致变形走样。至今我们尚未掌握课程模式的精要,更不用说使其服务于我们自己的幼儿园课程建设。可以说,30年过去了,我们还尚未形成能够进入国际视野的具有中国特色的幼儿园课程理论和实践模式,尚未形成与世界学前教育交流和互动的话语体系和行为体系。

知古方能鉴今。当前在中国大力发展学前教育的背景下,幼儿园课程的改革与发展也在不断地深入,在这样的历史契机中,把握中国幼儿园课程发展的历史脉络和现状,在借鉴西方课程模式的基础上创建适宜于中国学前教育发展需要、具有中国特色的课程模式,则应成为学前教育工作者的必然选择。

---

① Goffin, S. G. & Wilson, C. S. (2001). Curriculum Models and Early Childhood Education: Appraising the Relationship (2nd Ed.). Upper Saddle River, NJ: Prentice – Hall, Inc. ,p. 23.

② Goffin, S. G. & Wilson, C. S. (2001). Curriculum Models and Early Childhood Education: Appraising the Relationship (2nd Ed.). Upper Saddle River, NJ: Prentice – Hall, Inc. ,p. 32.

(二)幼儿园课程建构可以成为中国学前教育改革和发展的突破口

学前教育是终身教育的开端,基础教育的基础,是国家教育体系中不可或缺的重要一环与起始阶段。“发展学前教育对于促进儿童身心全面健康发展,普及义务教育,提高国民整体素质,实现全面建设小康社会的奋斗目标具有重要意义”①。当前,中国政府高度重视学前教育的发展,十七大报告明确提出“重视学前教育”,《国家中长期教育改革和发展规划纲要(2010－2020 年)》单列一章对学前教育的发展做出了说明,国务院发布了《国务院关于当前发展学前教育的若干意见》(国发〔2010〕41 号)和《关于开展国家教育体制改革试点的通知》(国发〔2010〕48 号)。这一切都表明中国政府和社会都将学前教育的发展摆在了更加突出的位置上,为中国学前教育的发展指明了方向,奠定了政策和体制的基础,也反映出人民对于普及化、高质量的学前教育的需求,因此,大力发展学前教育已成为国家和社会的迫切需要。

但是,长期以来由于人们对学前教育的性质、地位和功能的认识存在一定偏差,并且缺少法律和政府财政的保障,致使中国学前教育的发展长期处于滞后状态。在幼儿园课程领域,由于课程标准、监管和引导的缺失,大部分幼儿园在课程理念和课程设置上都是各自为政,而在课程内容和课程实施方面则是差异巨大。对于这种情况,有研究者指出:“在幼儿园,我经常看到教师实施的教育活动,有的在宣扬极端个人主义,有的在倡导尔虞我诈,有的在传播错误的概念,有的在散布离奇的幻想,有的在褒扬与中国大陆国情格格不入的西方文化的糟粕,还有的在贬低中国大陆数千年来的传统文化的精华。”②同时,由于功利主义思想和心态对教育发展的影响,应试教育的阴霾开始在学前教育领域渗透和蔓延,并呈现不断扩大之趋势,造成幼儿园教育中“小学化”倾向愈演愈烈。这不仅不利于儿童的身心健康和终身发展,而且也不利于学前教育及其后续教育的长远发展,关系着整体教育质量的提升和国家的未来,以至于国家在教育

---

① 国务院办公厅转发教育部等部门(单位)关于学前教育改革与发展指导意见的通知[EB/OL]. http://www.gov.cn/zwgk/2005－08/12/content_21936.htm. 2011－03－04.

② 朱家雄. 幼儿园教育中一个令人担忧的问题[J]. 学前教育,2008(19):6－7.

政策和文件中多次强调“防止和纠正幼儿园教育‘小学化’倾向”①,“坚决防止‘小学化’‘成人化’倾向”②。面对学前教育发展中的这些问题,虽然国家和社会已经认识到发展学前教育的重要性,并希望通过制定相关的政策和法令来推动学前教育的快速发展,但要迅速改变学前教育的落后现状并非一日之功,这不仅需要长期的人力、物力和财力的支持,更需要可行有效的改革措施。

而幼儿园课程的改革和发展正是一个非常适宜的突破口,因为:“课程即教学科目;课程即有计划的教学活动;课程即预期的学习结果;课程即学习经验;课程即社会文化的再生产;课程即社会改造”③。可以说,课程不仅是连接教育者和受教育者的重要渠道,是实现教育目的的重要方式和手段,而且也关乎着教育质量的高低。具体到幼儿园课程,则具有更特殊的价值和地位,原因在于它的对象是3~6岁的幼儿,“在儿童早期,更多采用的是具体的材料和活动,课程较多地是采用活动而不是上课的形式加以组织”④。其发展的结果主要体现为认知、情感、社会性等方面经验的获得,其评价方式也是过程性和形成性的,幼儿的成长和发展乃是寓于诸多的活动、游戏、环境和师幼互动之中,“要求教育者更多地关注个体儿童的发展水平”⑤。因此说,幼儿园课程与幼儿的发展有着更为直接和密切的关系,幼儿园课程是学前教育目标落实到每一个幼儿身上的中介,它直接影响着儿童的身心健康和终身发展,与学前教育质量的提高密切相关,并且影响学前教育事业的发展和整体国民素质的提升,事关教育的长远发展和国家的未来。正是由于幼儿园课程具有如此重要的作用,才使它成为学前教育中重要的研究领域,成为整个学前教育改革与发展的突破口。

---

① 国发〔2010〕41号. 国务院关于当前发展学前教育的若干意见[EB/OL]. http://www.gov.cn/zwgk/2010-11/24/content_1752377.htm. 2012-05-12.

② 刘延东在全国学前教育工作电视电话会议上的讲话[EB/OL]. http://www.moe.edu.cn/publicfiles/business/htmlfiles/moe/s4917/201012/112142.html. 2012-05-12.

③ 施良方. 课程理论——课程的基础、原理与问题[M]. 北京:教育科学出版社,1996:3-7.

④ Spodek, B. & Saracho, O. N.. New Directions in Curriculum Development, In Saracho, O. N. & Spodek, B. (ed.). Contemporary Perspectives on Early Childhood Curriculum, Information Age Publishing, 2002, p. Ⅷ.

⑤ Spodek, B. & Saracho, O. N.. Issue in Early Childhood Curriculum, Teachers College Press, 1991, p.5.

（三）中国走过了一条借鉴西方课程模式的发展之路

作为一种社会和历史发展的产物，幼儿园课程的发展也具有鲜明的时代性，它总是随着时代和社会的发展而进行不断地调整和改造。这种变革既体现时代和社会发展的需要，也是时代和社会发展的必然结果。同时，幼儿园课程也正是在不断变革的过程中日臻完善。

迄今为止，中国幼儿园课程已经走过了一百多年的发展历程，并一直都深受西方课程模式的影响，经历了四次重大变革。第一次发生于清末民初，以学习、模仿日本为主，在"中体西用"思想的指导下初步走上变革之路，在幼儿园课程方面则主要学习日本式的福禄贝尔课程。当时的中国，幼稚教育普遍重视"恩物"教学，重视儿童的游戏和作业，其中，游戏和作业是蒙养院、蒙养园课程的重要组成部分。第二次发生于五四新文化运动之后，民主和自由思想在中国广泛传播，杜威等人的教育思想逐渐被人们所接受，成为当时影响中国幼儿园课程发展的主流思想。中国幼儿园课程在这一阶段呈现出欧美化的趋势，以陈鹤琴、陶行知等为代表的中国学前教育工作者在学习西方先进教育思想的同时，积极进行科学化和中国化的幼稚教育实验，并在长期实践中形成了单元中心制课程、儿童生活课程、行为课程等具有本土特色的课程理论和实践模式。第三次发生于新中国诞生之初，受国内外形势影响，中国采取"一边倒"的政策，全面向苏联学习，包括学前教育体制，在模仿苏联幼儿园课程体系的基础上，建立起全国统一的分科教学模式，直接影响了新中国成立后至 80 年代初期中国幼儿园课程的发展。第四次变革则发轫于改革开放之初，一直持续至今，这次变革是一场更为深刻和全面的改革，主要是以借鉴和学习欧美多种学前教育理论和课程模式为主，如高宽课程模式、银行街课程模式、光谱课程模式、瑞吉欧课程模式等，伴随着对这些经典课程模式借鉴和学习的深入，中国幼儿园课程的理论与实践也越来越多地受其影响。

综观中国幼儿园课程发展的百年历程，可以看到，无论是"以日为师""全盘西化"，还是"学习苏俄""重新师法欧美"，中国幼儿园课程发展的总体特征是不断地借鉴和学习西方的学前教育思想和模式，"学习西方"成为这一时期中国幼儿园课程发展的主线。但是，对于这一复杂的借鉴过程及其所产生的影响，我们却缺乏应有的认识，因此，有必要对其进行深入的研究，为今后中国幼儿园课程的发展提供重要的历史经验和现实参考。

（四）西方课程模式的基本经验可为中国课程模式建构提供参考

一百多年来，中国幼儿园课程走过了一条借鉴西方课程模式的发展道路，但是真正对中国幼儿园课程发展产生重要影响的课程模式则不多，主要包括蒙台梭利课程模式、高宽课程模式、光谱课程模式和瑞吉欧课程模式，而这些课程模式也都经历了时间和实践的检验，在世界学前教育的发展历程中产生过重要的影响。

蒙台梭利课程模式是当今世界学前教育领域影响最广、最具活力的课程模式之一。经过一个多世纪的发展，蒙台梭利课程模式不仅在意大利取得了巨大的成功，同时也深刻地影响着世界各国学前教育的发展。在传播的过程中，蒙台梭利课程模式也曾遭遇过本土化的问题，尤其是在美国，更是历经了兴——衰——复兴的曲折发展之路，而今已经成为美国备受好评的课程模式之一，得到了更广泛的传播和实践，可以说为我们提供了一些借鉴的思路。高宽课程模式（High/Scope Curriculum Model）自 20 世纪 60 年代创立以来，就处在不断地研究、改进和更新中，经历 40 多年的发展，已经发展成为集课程开发、教师发展与教育评价于一体的学习体系。高宽课程模式的广泛传播还深刻地影响着学前教育公共政策的发展，为相关的学前教育研究和课程方案的发展提供了有力的支持，其活动教材和评估工具已经被翻译成多国语言，世界上很多国家还设立了高宽课程的研究机构和教师培训中心，如英国、印度尼西亚、爱尔兰、墨西哥、荷兰、新加坡、南非、韩国等。[①] 光谱课程模式（Project Spectrum）始于 1984 年，是一项持续了 10 年的早期学习活动研究方案（1984—1993），是为学前和初小教育的评价和课程改革所作的研究。光谱课程模式的评估为早期教育的评估提供了一种新的思路和实践形式，它的“博物馆”项目和“学徒制”项目更是为早期机构与家庭、社区的合作进行了有益的探索。瑞吉欧课程模式（The Reggio Emilia Approach）是意大利小城瑞吉欧的民众经过 30 多年的探索和实验的成

① http://www.highscope.org/Content.asp? ContentId = 6，[EB/OL].2011 - 01 - 06.

果,是一套具有学前教育理念、学校管理方式、环境创设方法和儿童发展模式的有机整体。它被视为欧洲教育改革的典范而产生着广泛的影响。正如美国学前教育专家莲琳·凯兹(Lillian Katz)所言:“在20世纪90年代,世界各国在学前教育中所进行的一个最大的运动,是增进了对意大利北部城市瑞吉欧·艾米丽亚感动人心的学前教育的兴趣。”①

可以说,这些课程模式不仅是一种课程实践方案,也是一种教育理念和思维框架,其内容涉及学前教育的理论基础、教育目标、课程内容、教育方法、教育评价、教师发展等各个方面,具有很强的实践指向性和操作性。这一切都可为我们建构中国特色的幼儿课程模式提供有益的借鉴和参考。

三、基点:教育借鉴理论视域下的分析

人类的文化和思维具有累积性,我们总是站在前人的认识成果上来探究和认知这个世界。同样,在研究中,已有的研究成果有益于我们更好地把握该领域的研究现状,借鉴和吸收其中的有益成果,发现研究存在的问题与不足,从而为当前的研究提供思维和认识上的基础。

(一)关于教育借鉴理论的研究

由于全球化和现代化的推进,国际间教育政策和实践的相互影响在不断加强,很多国家在教育政策和实践方面都面临着同样或类似的问题,于是参照和借鉴他国的经验成了解决此类问题办法的重要组成部分。由此,国际间教育政策和实践的转移与借鉴日益成为国家之间交流和对话的重要方面,也成为国际教育领域合作与竞争的重要内容之一,促进了世界范围内教育的变革和发展。

1.教育借鉴理论的含义

教育借鉴理论(educational policy borrowing)是英国比较教育学家大卫·菲利普斯(David Phillips)在对两百年来英国对德国教育借鉴的案例以及其他许多发达和发展中国家案例研究的基础上概括总结出的一种理论,旨在解释一个国家被另一个国家的某种教育政策或实践所吸引,继而吸纳和实施的复杂过程。

---

① 朱家雄.向瑞吉欧学习什么——对中国幼儿园课程改革的反思(之四)[J].学前教育,2007(7):4-6.

在教育政策转移(educational policy transfer)的谱系中,教育借鉴是属于主动转移的类型,与之相近的概念还有"教育政策借鉴"(educational policy borrowing)、"教育政策扩散"(educational policy diffusion)和"教育政策学习"(educational policy learning)等。①

随着教育国际化的发展,越来越多的学者开始关注国家之间的教育借鉴和转移问题。除大卫·菲利普斯(David Phillips),还有英国的金伯利·奥克斯(Kimberly Ochs)、德国的于尔根·施威尔(Juergen Schriewer)以及美国的吉塔·斯坦纳·卡姆塞(Gitta Steiner - Khamsi)等。其中,菲利普斯和奥克斯总结了教育政策借鉴的影响要素和理论模式。②

2. 教育借鉴理论的分析框架

菲利普斯与奥克斯在对各国教育借鉴案例研究、分析的基础上,概括出教育政策借鉴的四个阶段,即国际吸引(cross-national attraction)、决策(decision)、实施(implementation)、内化或本土化(internalisation/indeginisation),③这四个阶段构成了教育政策借鉴的基本过程。第一阶段关注的问题是为什么一个国家的教育政策和实践会使另一个国家产生兴趣,兴趣产生的内在动力是什么,向外国教育学习的目标是什么。第二阶段重点分析外国教育产生的吸引力如何作用于本国的教育决策。第三阶段主要分析在实施过程中,谁持肯定态度,谁持否定态度,是国家、还是地区,各地区应如何根据本地的情况对国家做出的总体规划进行调整,区域差异有哪些。第四阶段主要关注借鉴来的教育模式对原有的教育模式有何影响,本国教育吸纳了多少借鉴来的教育模式的特点,在两种教育模式融合的过程中形成了何种新的模式,如何评估多种本土化的过程。在此基础上,他们重点分析了各个阶段影响教育政策借鉴的主要因素,从而构成分析教育政策转移过程的分析框架。

---

① 杨启光.全球化进程中的国家教育政策转移[J].比较教育研究,2009(12):80 - 85.

② Phillips, D. &Ochs, K. Process of Policy Borrowing in Education: Some Explanatory and Analytical Devices [J]. Comparative Education, 2003, 39(4): 451 - 461.

③ [英]大卫·菲利普斯.比较教育中的教育政策借鉴理论[J].钟周,译.清华大学教育研究,2006(2):1 - 9.

3. 教育借鉴理论的运用

根据菲利普斯和奥克斯提出的教育政策借鉴和转移的分析框架，许多研究者开始对这一理论进行运用和检验，如：奥克斯(Kimberly Ochs)运用这一理论来分析和解释英国伦敦巴金和达格南区(Barking and Dagenham)在20世纪90年代学习瑞士数学教育的情况；[①]吉塔·施坦纳·卡姆塞(Gita Steiner－Khamsi)运用蒙古和加纳等发展中国家的例子，从不同的角度检验了政策借鉴理论；[②]大卫·约翰逊(David Johnson)在教育借鉴理论的分析框架上发展出了五种隐喻的比较分析框架，并以此来分析马达加斯加、毛里求斯和南非等发展中国家的教育变革和政策转移的发展轨迹；[③]此外，比奇(Beech)、坦纳坎(Tanaka)、奥克斯(Kimberly Ochs)、Sprigada 和 Rappleye 等人在他们的研究中，从多方面检验了在不同情况下和不同时期中的教育政策转移等。[④]

此外，许多学者研究了一些国家国际教育政策转移的案例，并总结出了教育政策借鉴和转移的一些特征。有学者重点对包括南非、东欧、西欧和亚洲一些国家教育政策转移的案例进行了研究，分别研究了“被强加的”(imposed)、“借鉴与主动借鉴”(borrowed pur－posefully)两种不同的教育转移类型。这些研究认为，意识形态对一国教育政策的转移具有非常重要的影响。这表明政治需求是教育政策转移的动机之一。菲利普斯对英国、日本和美国的教育借鉴进行深入的研究后认为，在教育改革的具体过程中，借鉴国会把借鉴而来的政策和实践转化后加以利用，并在本国的教育改革和发展中进一步吸收和应用。对

---

① Kimberly Ochs. (2005) Educational policy borrowing and its implications for reform and innovation: a study with specific reference to the London Borough of Barking and Dagenham, Unpublished Doctoral Dissertation, University of Oxford.

② Gita Steiner－Khamsi., Silova, I. & Johnson, E. M. (2006) Neoliberalism liberally applied: educational policy borrowing in Central Asia, in: J. Ozga, T. Seddon & T. Popkewitz(Eds) World Yearbook of Education 2006. Education research and policy: steering the knowledge－based economy. New York, London, Routledge, 217－245.

③ David Johnson. Comparing the trajectories of educational change and policy transfer in developing countries. In David Phillips edited. Comparative Inquiry and Educational Policy Making. London and NewYork: Routledge, 2008: 129－146.

④ Investigating policy attraction in education. In David Phillips edited. Comparative Inquiry and Educational Policy Making. London and NewYork: Routledge, 2008:2.

于国家之间的教育借鉴，菲利普斯指出："这种向外国教育学习的过程使本国教育政策的制定受益匪浅，即使没有借鉴外国经验这个过程，也丰富了教育决策中的讨论。"①中国一些研究者也开始利用国外的国际教育政策转移的理论框架，来分析中国的教育政策借鉴过程。②

（二）关于西方课程模式对中国学前教育的影响研究

1. 关于西方幼儿园课程发展历程及其影响的研究

在欧美国家，对学龄前儿童的教育一般称为早期儿童教育（early childhood education）或者幼儿教育，而这一阶段的教育在中国则称为学前教育。在已查阅的有关西方学前教育课程的相关资料中，几乎没有专门论著详细论述学前教育课程发展史的，一般都是在学前教育史的著作或者学前教育课程方面的论著中偶尔提及学前教育课程的发展过程。在 V. Celia Lascarides 和 Blythe F. Hinitz 合著的《学前教育史》（History of Early Childhood Education）中，她们按照时间的顺序论述了世界学前教育的发展历程，书中涉及很多对学前教育发展起着至关重要作用的人物，如裴斯泰洛奇、福禄贝尔、杜威、蒙台梭利、皮亚杰等，在叙述他们个人历程的同时也论述了他们的学前教育思想，其中就包括学前教育课程的内容。Rebecca S. New 在 Carol Seefeldt 编著的《早期儿童课程——对于当前研究的回顾》（The Early Childhood Curriculum——A Review of Current Research）一书中，撰文回顾了幼儿教育课程整合的历史及其当前的发展和研究现状。她在文中论述了卢梭、裴斯泰洛奇、福禄贝尔、杜威、蒙台梭利、皮亚杰等人在幼儿教育课程整合过程中的作用，也指出了当前美国课程模式发展的多样化状况及未来课程的发展趋势。③同样，Patricia Monighan Nourot 则在 Jaipaul L. Roopnarine 和 James E. Johnsom 编著的《学前教育课程》（Approaches To Early Childhood Ed-

---

① ［英］大卫·菲利普斯. 比较教育中的教育政策借鉴理论［J］. 钟周，译. 清华大学教育研究，2006（2）：1 -9.

② 张烨. 重读五十年代的院系调整——基于教育政策借鉴理论的视角［J］. 华东师范大学学报（教育科学版），2007（1）：88 -96.

③ Rebecca S. New.（1992）. The Integrated Early Childhood Curriculum：New Interpretations Based on Research and Practice. In Carol Seefeldt（eds），The Early Childhood Curriculum——A Review of Current Research（2nd Ed）. Published by Teacher College，Columbia University，pp. 286 -315.

ucation)一书中,撰文回顾了学前教育的历史发展。在文中,他以时间为节点回顾了18至20世纪学前教育的历史发展,主要论述了儿童观,环境和课程,教师的角色,学校、父母和社区的关系等诸多影响学前教育发展的因素的历史变迁。另外,他还重点论述了20世纪美国学前教育的发展历程,包括蒙台梭利"儿童之家"的革新、美国的危机和学前教育、进步主义的衰退和人造卫星的影响、学前教育中的建构主义理论,以及"开端计划"和当前美国学前教育的走向。①而在Stacie Goffin和Catherine Wilson合著的《课程模式与学前教育》(Curriculum Models and Early Childhood Education)一书中,作者从学前教育的背景、社会系统的变革、政治环境、心理学观点的影响等几方面论述了课程模式在美国的发展史。②可以说,这也从一个侧面反映了西方课程模式的发展历程。

近年来,国内的学者对西方幼儿园课程发展历程的研究也逐渐增多。朱家雄在《幼儿园课程》一书中比较详细地介绍了当代西方著名的课程模式和教育方案,包括银行街(Bank Street)学前教育方案、蒙台梭利课程模式、直接教学方案、高宽(High/Scope)课程模式、方案教学(Project Approach)和瑞吉欧课程模式,并指出了西方幼儿园课程的发展趋势。这种横向介绍虽能够比较清楚地说明每种课程模式的内容和特点,却无法反映出当代西方课程模式发展的历史脉络和线索。袁爱玲在《当代幼儿园课程发展》一书中,首先是综述了国际幼儿园课程发展的基本趋势,然后分别论述了美国、日本、英国、俄罗斯和意大利等国幼儿园课程的基本理念、课程模式、幼儿园课程改革与发展等几方面的内容。虽然书中也介绍了各国幼儿园课程的历史沿革和发展特点,但论述过于概况,缺乏翔实的资料论证。李敏谊从历史发展的角度论述了美国课程模式的变革历程。她详细论述了美国课程模式发展的两次浪潮,一次是追求课程模式有效性的浪潮,一次是着眼课程模式适宜性的浪潮。③可以说作者很好地把握了美国

---

① Patricia Monighan Nourot. (2005). Historical Perspectives on Early Childhood Education. In Jaipaul L. Roopnarine & James E. Johnsom(eds), Approaches To Early Childhood Education(4th Edition). Upper Sadddle River, New Jersey: Pearson Education, Inc. ,pp1 – 27.

② Stacie Goffin & Catherine Wilson. (2001). Curriculum Models and Early Childhood Education(2th Edition). Upper Saddle River, New Jersey: Pearson Education, Inc. ,pp. 11 – 34.

③ 李敏谊.美国课程模式研究[D].北京:北京师范大学,2006:9 – 27.

课程模式发展的历史脉络和发展趋向。

从当前的研究趋势来看,对于西方幼儿园课程发展历程的相关研究在增多,但是专门针对西方幼儿园课程发展的历史和理论的研究仍然比较薄弱,俗话说“以史为鉴,可以知兴替”,我们需要通过研究历史挖掘其背后所潜藏的东西,为我们以后的发展提供有益的参考和启迪。

2. 关于中国幼儿园教育课程发展历程的研究

幼儿园课程一直是学界研究的热点问题,20 世纪 80 年代以来就受到了学界的持续关注,涌现出了大量的著作和论文。在著作方面,有白月桥编著的《课程改革概论》(1996)、唐淑主编的《幼儿课程基本理论和整体改革》(1998)、熊明安著的《中国近现代教学改革史》(1999)、唐淑主编的《幼儿园课程研究与实践》(2000)、石筠弢著的《幼儿园课程论》(1999)、许卓亚编著的《幼儿园课程理论与实践》(2002)、王春燕著的《中国幼儿园课程百年发展与变革的历史研究》(2004)等。

在论文方面,具有代表性的有《论幼儿园课程改革》(赵寄石、唐淑,1988)、《中国幼儿园课程结构改革概述》(唐淑,1990)、《幼儿园课程改革的回顾和思考》(虞永平,1994)、《新中国幼儿园课程改革述评》(熊焰,1995)、《中国幼儿园课程的历史沿革》(严仲连、肖全民,1999)、《中国第三次幼儿园课程改革的回顾和反思》(刘剑眉、杨龙祥,2000)、《上世纪 80 年代以来中国学前教育课程改革述评》(曹能秀,2003)、《新中国幼儿园课程改革历程的否定之否定》(袁爱玲,2004)、《20 世纪中国幼儿园课程改革的历史回顾》(蔡红梅,2005)、《建国 60 年来中国幼儿园课程论研究的发展历程和反思》(王春燕,2010)、《从模仿到创新的百年探索旅程——中国学前教育改革进入新的战略调整期》(霍力岩、李敏谊,2010)等。近年来,许多学位论文对这一问题也进行了研究,如:《20 世纪 80 年代以来中国幼儿园课程改革的研究》(华南师范大学硕士学位论文,2003)、《中国学前课程百年发展、变革的历史与思考》(南京师范大学博士学位论文,2003)、《新中国幼儿园课程改革的理性反思》(湖南师范大学硕士学位论文,2004)、《论中国幼儿园课程的历史演变》(南京师范大学硕士学位论文,2006)、《民国时期(1912—1937)幼儿园课程研究》(河北大学硕士学位论文,

2009）等。

综合来看，学界对百年来中国幼儿园课程变革和发展的研究有以下的特点：这些研究一般都对中国幼儿园课程发展进行阶段划分，论述不同发展阶段的课程发展情况，包括课程发展的历史背景、指导思想、课程的目标和内容、取得的成果、对今后的影响等，力求反映中国幼儿园课程发展的历史演变；并在展示中国幼儿园课程历史演变的基础上，论述其发展的特点及其启示等。

通过对中国幼儿园课程发展阶段的划分，有研究者在分析其发展历程的基础上指出：第一，中国幼儿园课程的发展、变革受各种教育流派的影响，与世界学前教育发展的脉络相关；变革的主线在中外教育文化的交流中不断地进行引进与本土化；幼儿园课程变革受民族文化传统的影响；幼儿园课程百年变革中主流知识观也是嬗变的，经历了经验主义—理性主义—经验主义—建构主义知识观的变化；幼儿园课程研究范式从封闭走向开放，从预设走向生成，课程意义不断地在动态过程中建构。第二，在对历史进行挖掘、梳理、分析、提升的基础上对学前教育的基本问题做了新的思考，提出幼儿园课程的价值取向应做重心的转移：从关注知识转向关注儿童生存的意义；幼儿园课程应以建构儿童的可能生活作为自己的目标；幼儿园课程应促使儿童人格的全面发展；幼儿园课程教学活动应走向师幼的交往与对话；幼儿园课程的实施更应强调兴趣、游戏、体验。①

概而言之，目前中国幼儿园课程史的研究特点是：

第一，已有关于中国幼儿园课程发展的专门研究，多以百年来中国幼儿园课程发展的几次重大变革为线索，从整体上描述了中国幼儿园课程发展的历史进程。

第二，关于中国幼儿园课程发展的专门研究相对较少，一般是在论述中国学前教育发展史时将幼儿园课程作为其组成部分而进行有限的阐述，对于中国幼儿园课程百年发展历程中理论和实践发展的历史实相，以及与之关联的历史和社会影响因素都缺乏深入的研究，也缺乏对于其发展规律的探寻和历史经验

① 王春燕．中国学前课程百年发展、变革的历史与思考［D］．南京：南京师范大学，2003：i．

的总结。

第三，以上研究成果中对于新世纪以来中国新一轮的幼儿园课程改革的研究略显薄弱，很多问题有待进一步探究，如：如何实事求是地评价和看待改革开放以来中国所进行的幼儿园课程改革及现行的课程体系；如何认识改革开放以来中国幼儿园课程改革中的成败及其背后的深层原因；当前中国幼儿园课程改革应当坚持什么样的价值取向、走何种发展道路等。

（三）关于课程模式建构的研究

从已有的关于课程模式的文献中，我们发现了一些与课程模式相关的关键词，如课程类型（curriculum types or categories）①、课程组织形式②、课程范式③、课程发展模式或课程理论模式④、标准样式⑤、教育方案或计划（aprroach & project & program）、课程系统等。这些概念有时会和课程模式的概念相混用，甚至表达相同的意思。由此可以看出，学界对于课程模式也是存在着多样化的认识，但是，大家基本上都认同课程模式包含了课程的理论基础、课程目标、课程内容、课程组织和实施、课程评价、课程产生和运行的条件、课程管理和决策等诸多方面的内容。因此，对于课程模式的建构也基本包括了以上几方面的内容。

西方国家对于学前教育课程建构的研究早已有之，而这种研究的热潮则始于20世纪60年代，尤其是欧美国家。以美国为例，到1971年，在美国的173个地方性的“坚持到底计划”中，就出现了22种课程模式，而到了1980年，仍然有19种课程模式自愿参加政府的课程实验。⑥分析和对比这些课程模式，会发现它们之间存在着某些共同点。这些共同点有可能是内容上的，但更多的是形式

① 顾明远.教育大词典(第1卷)[Z].上海:上海教育出版社，1990：264.

② 廖哲勋.论中小学课程结构的改革[J].教育研究，1999(7)：59－64.

③ 郭晓明.关于课程模式的理论探讨[J].课程·教材·教法，2001(2)：27－31.

④ 顾明远.教育大辞典(增订合编本上)[Z].上海:上海教育出版社，1998：898.

⑤ 蒋乃平.课程结构是课程模式的主要特征——对“宽基础、活模块”的再思考之九[J].教育与职业，1999(9)：25.

⑥ Goffin, S. G. & Wilson, C.. (2001). Curriculum Models and Early Childhood Education: Appraising the Relationship (2nd Ed.). Upper Saddle River, NJ: Merrill/Prentice Hall, p. 23.

上的。总的来说，这些课程模式的建构都是以一种或者几种生理学、心理学、人类学或者哲学等理论为基础，依托于当时的社会需要和教育实践，建构起一整套的课程架构和体系。这些体系涵盖了课程理念、课程的理论基础、课程目标、课程的内容及实施、课程评价等，而课程的内容和实施又包括了幼儿的关键经验、教师的角色、环境和材料等。以当前在世界范围内影响较大的高宽课程模式为例，在《幼儿园活动学习精要》(Essentials of Active Learning in Preschool)一书中，第一部分内容就是介绍高宽课程的源起、理念、理论基础和研究支持等方面的内容；第二部分介绍了高宽课程的教学实践，包括幼儿和成人的关系、学习环境的设置、一日常规、课程与家长和教师的关系等；第三部分介绍了高宽课程模式的内容，涉及语言和读写、身体和健康、数学、科学和技术、社会性和艺术方面的发展；第四部分和第五部分则分别论述了课程评价和教师培训模式。①

当前，中国有关课程模式的研究在逐渐增多，但基本上都是对于国外课程模式的介绍、比较和借鉴，很少有关于课程模式建构的研究。少数关于幼儿园课程建构的研究中，也很少有用到“课程模式”一词的，而是以课程开发、课程编制、课程设计、课程设置居多。此外，国内有一些研究者尝试从理论上建构出一些幼儿园课程框架或体系，如叶谦的硕士论文《“学会共处”取向的幼儿园课程建构》，李海红的硕士论文《基于多元智能理论的幼儿园课程设计》、袁爱玲的博士论文《学前创造教育课程及其理论构建》(2001)、杨晓萍的博士论文《学前教育回归生活课程研究》(2002)、严仲连的博士论文《幼儿园个性化课程研究》(2005)、于冬青的博士论文《走向生活世界的幼儿园课程设计研究》(2008)、路晨的博士论文《学前自然主义课程研究》(2009)等。但是这些研究仅仅是在理论上建构起了课程框架或体系，并不具备实践的可操作性，也无法对实践产生有效的影响。也有一些研究者和研究机构直接面向学前教育实践，设计和编写了幼儿园课程系列丛书，如北京市幼儿园快乐与发展课程编写组就编写和出版了《幼儿园快乐与发展课程》系列丛书、赵寄石和唐淑等人主持编写和出版了《幼儿园渗透式领域课程》系统丛书、霍力岩等人主持编写和出版了《幼儿园多

① Ann S. Epstein (2007). Essentials of Active Learning in Preschool. Ypsilanti, Michigan: High/Scope press. pp1 - 230.

元智能做中学综合主题课程》丛书；同样，上海市中小学（幼儿园）课程教材改革委员会、浙江省幼儿园课程指导编写委员会也都编写和出版了幼儿园课程丛书，主要也是包括教师指导用书和幼儿用书。这些幼儿园课程丛书的主要对象是幼儿园教师和幼儿，具有很强的针对性和实践性，在地区性的幼儿园中应用很广。也正因为如此，这些幼儿园课程丛书仅包括课程实施和评价两部分，很少涉及课程理念、课程理论基础等方面的内容，并非真正意义上的课程模式。

综观已有的研究，不同研究者从不同的角度揭示了幼儿园课程发展的理论和实践问题，虽然缺乏有关西方课程模式对中国学前教育影响的系统研究，但是已有研究也扩展了本论文的研究视野，为笔者提供了研究的理论视角和分析框架，也为本论文论点的提出提供了强有力支撑。

四、课程模式与教育借鉴理论

概念是把握事物本质属性的一种思维方式，也是人类进一步拓展其思维和认识的基础。本研究并非要对概念进行重新界定，而是为了论述需要必须对作为研究基础的几个核心概念的内涵进行明确的说明。本论文研究的是西方课程模式对中国学前教育的影响，其中包含了两个核心概念，即课程模式和教育借鉴。

（一）课程模式

课程（curriculum）可能是教育学中最具争议性的概念之一，不同的研究者从不同的角度对课程做出界定和分析，却很难达成共识。因此，对于幼儿园课程也有许多种不同的理解。在中国，当前人们普遍摒弃了学科倾向的定义，多采用经验取向或者活动取向的定义，但尚未形成一致的看法。有些学者认为将幼儿园课程界定为“学习经验”会导致教师的迷茫，因为这一概念不具有操作性，而采用“活动”说既可以反映幼儿学习的本质和特点，也便于教师把握和控制，因而主张活动取向的课程定义。[①]而另外一些学者则持相反的意见，认为活动取向的课程定义不能揭示幼儿园课程的本质特征，因为活动只是幼儿园课程

① 冯晓霞. 幼儿园课程[M]. 北京：北京师范大学出版社，2000：15.

的存在形态而已，是对课程的外延性界定，没有揭示课程的内涵，从而导致对课程本质的认识模糊不清，在实践层面则容易造成教师只注重外在的活动形式而忽视幼儿内在学习经验的建构和个性的发展，所以在开展具体活动之前还是应当首先确定为幼儿提供哪些有益的学习经验，因此主张经验取向的课程定义。①

本研究认为，幼儿园课程与其他教育阶段的课程不同，其对象是 3～6 岁的儿童，这一阶段的儿童更多的是通过活动和游戏在教师和环境的支持下获得发展，而非采取班级授课的方式进行教育。同时，幼儿园课程的计划和实施在很大程度上取决于幼儿的发展水平，注重儿童的体验和经验的获得，其评价方式也是过程性和形成性的。所以，本研究认为，幼儿园课程就是学前儿童在一定的环境和教师指导下通过活动获得的各种经验。

同样，对于课程模式（curriculum model），不同的研究者有不同的看法。伯纳德·斯波代克（Bernard Spodek）认为“课程模式是对一种课程方案基本要素的确立，涵盖了课程方案的理想成分，可以作为判断某个正在实施的课程方案靠近理想状态的指示物和标准”②。也就是说，课程模式是一个用于决定教育计划、行政策略、课程内容、教学方法和评价的参考框架。斯泰斯·戈芬（Stacie Goffin）则认为“课程模式是一种思维框架和组织架构，其中显示出教育中需要优先考虑的问题、目标、内容、教学方法、评价标准和管理政策等，是一种运用模板”③。

《教育大辞典》将课程模式理解为课程发展模式和课程理论模式，即在课程发展中根据某种思想或理论，选择和组织教学内容、教学方法、教学管理手段以及制定教学评价原则而形成的一种形式系统，用以表明课程理论研究的地位、范围和功能。④朱家雄等人则认为“当某种理论，或者几种理论综合成为一种指

① 刘焱. 幼儿园游戏教学论[M]. 北京：中国社会出版社，2000：267－268.

② Spodek, B. (1973). Early childhood education. Upper Saddle River, NJ: Prentice Hall. Cited in Goffin, S. G., & Wilson, C. (1994). Curriculum models and early childhood education: Appraising the relationship (1st Ed.). Upper Saddle River, NJ: Merrill/Prentice Hall, p. 15.

③ Goffin, S. G.. The Role of Curriculum Models in Early Childhood Education. ERIC Digest. [EB/OL]. http://www.ericdigests.org/2001－2/curriculum.html, 2011－9－17.

④ 顾明远. 教育大辞典（增订合编本上）[Z]. 上海：上海教育出版社，1998：898.

导思想,被作为制订某一具体的教育计划或者教育方案的基础,并被用以处理该计划或者方案中的各种成分之间的各种关系,使之成为一个协调的总体而发挥整体的教育功能时,这个具体的教育计划或者教育方案就不同于一般的计划或者方案,而可以成为一种课程模式了"①。

综合来看,虽然众多研究者对于课程模式的界定存在着一定的差异,但他们对于课程模式的认识也存在着某种内在的一致性,即:课程模式是一种以某种或几种理论为基础而建立的,包含教育目标、课程内容、课程实施、教育方法、课程评价等诸多因素的理论框架和组织结构,其具有很强的实践指向,是对理想性课程的表达。

(二)教育借鉴

在教育的发展和比较研究中,"借鉴"(Borrowing)则扮演了重要的角色,有力地推动了各国教育的发展。《辞海》中对"借鉴"的解释是:"谓以他人之事为鉴。今多指跟别的人或事相对照,以便取长补短。"②在英语中,"借鉴"乃是"采用从其他语言、人物或者资源那里得到的语词、思想或者方法等,用于自己的语言或者工作"③。由此推演,教育借鉴乃是指参考或者借用其他国家、地区或民族的教育思想、政策与实践等,用于推动本国教育的发展。对其他国家教育思想、体系和实践的了解,其目的在于通过探求别国的教育经验,为本国面临的教育问题寻求解决的途径和对策,因而,借鉴在教育发展中具有重要的实践价值。

随着全球化和国际化的发展,当今世界各国所面临的教育问题存在着某种共性,对于这些问题的解决往往需要我们学习和借鉴彼此的做法和经验,从而获得更好的解决之道。有研究者指出:"尽管引用其他国家政策或实践的情况非常频繁,但事实上很少有一个国家从另一个国家直接借鉴政策而被证明是实际可行的……在教育中大规模采用国外模式的情况并不是经常发生。"④但是,

---

① 朱家雄,张萍萍,杨玲. 皮亚杰理论在学前教育中的运用[M]. 上海:世界图书出版公司,1998:77.

② 辞海编辑委员会. 辞海[M]. 上海:上海辞书出版社,2009:1115.

③ 《新牛津英汉双解大词典》编辑出版委员会. 新牛津英汉双解大词典[M]. 上海:上海外语教育出版社,2007:239.

④ David Phillips. Investigating policy attraction in education. In David Phillips edited. Comparative Inquiry and Educational Policy Making. London and NewYork: Routledge, 2008:6.

“外国例子在教育决策中的特殊价值在于其潜在中所提供的间接经验。对外国教育各方面情况的有根据的研究可以为本国可能发生的改革结果提供有代表性的参考，从而免除了未经经验检验的改革所带来的风险”①。就是说，通过借鉴外国的例子和经验，能够更好地为本国的教育改革和改进服务，即使不能直接借用和采纳，也可以从中获得参考和启发，了解问题的多样性，从而促使我们从不同的角度和层面寻求问题的解决方案。

第二章　教育借鉴理论在课程模式历史和比较研究中的运用

研究思路是确定研究问题之后，在全面把握已有研究的基础上，对研究过程的整体规划和对研究结果的预期，其主要涉及研究视角的确立、研究方法的选择、研究框架的设计和研究内容的推进等。它一方面是研究者思维过程的展现和表征，另一方面也是研究科学性的体现。本研究以教育借鉴理论为研究视角，使用以问题法为主的综合研究方法，主要研究内容包括四个方面：首先，运用教育借鉴理论来分析西方课程模式影响中国学前教育发展的历史过程；其次，对这一历史进程中产生重要影响的四种西方课程模式进行比较分析；再次，在比较分析的基础上论述其对中国学前教育发展所产生的具体影响；最后，基于这种影响过程和结果，阐述中国学前教育的未来取向和发展思路。

一、教育借鉴理论的适宜性

教育借鉴理论是大卫·菲利普斯在大量比较研究的基础上，概括提出的用于分析国际间教育政策和实践转移与借鉴的理论。这一理论对国家之间教育政策和实践的借鉴过程具有很好的适用性和解释力，基于此，本研究将以教育借鉴理论作为研究视角，来审视西方课程模式对中国学前教育发展的影响。

① David Phillips. Investigating policy attraction in education. In David Phillips edited. Comparative Inquiry and Educational Plicy Making. London and NewYork：Routledge, 2008:6.

(一)教育借鉴理论在本研究中的运用

本论文研究的主题是西方课程模式对中国学前教育的影响,要将这一问题解答清楚,既要对影响的过程进行阐述,也需要对影响所产生的作用和效果进行说明。换个角度来说,西方课程模式影响中国学前教育发展的过程,也正是中国借鉴和学习西方课程模式的过程,而对于这种教育政策和实践的借鉴过程,大卫·菲利普斯的"教育借鉴理论"给出了很好的解释框架。因此,本论文将从"教育借鉴理论"的视角来审视西方课程模式影响中国学前教育发展的历史过程。

教育借鉴理论将国家或地区之间的教育政策和实践的借鉴过程分为四个发展阶段,这四个发展阶段主要包括以下内容:

第一阶段:跨国吸引(cross - national attraction)。作为教育借鉴理论的第一阶段,"跨国吸引"主要解释一个国家选择关注其他国家教育政策和实践的原因。菲利普斯认为,跨国吸引的出现至少基于两个方面的原因,即内在动力(impulses)和外化潜力(externalising potential)。其中,内在动力类似于我们常说的内因或内部动因,包括内部的不满、系统的崩溃、负面的外部评估、经济的变革与竞争、政治的变革或需求、知识与技术的革新等诸多因素;外化潜力类似于我们常说的外因或外部影响,包含指导性的哲学或意识形态、宏观构想与目标、战略、实施结构、过程和方法等。

第二阶段:决策(decision)。其主要解释对外国教育的关注如何影响本国的教育决策。菲利普斯指出,由跨国教育吸引引发的本国决策制定有四种类型①:第一种,理论决策(theoretical decision):主要体现了一个政府在教育政策上的一种宏观的理论视角,这种决策只是一种理论上的启发和激励,并不一定对政策和实践产生即时性的影响。第二种,实践决策(realistic/practical decision):这种决策的成功不在于考量历史文化、适应性等其他因素,而主要在于立即执行的可行性,有些成功的教育政策和实践并不囿于历史文化因素。这种决策具有一定的普适性,能够移植到另一个国家并继续发挥作用。第三种,虚假

① David Phillips. Policy borrowing in education: framework for analysis. http://www.springerlink.com/content/t833q38x7464728v/fulltext.pdf,2011 - 12 - 31:31.

决策(phoney decision):这种决策的出现源于某些热衷外国教育理念和政策的政治人物,或者一些政府教育官员在短期出访外国后带回来的外国教育新理念和新政策,这些新奇的事物对选民很有吸引力,但在实践中却缺乏实施或持续的可能性。第四种,快速决策(quick fix decision):这种决策是政治人物基于立即的政治需求而做出的决定,并不考虑现实的国情和需要,也是四种教育决策中最危险的情况。

第三阶段:实施(implementation)。其主要说明在借鉴他国经验基础上形成的教育决策如何在本国施行。对实施阶段产生影响的主要有三个因素:借鉴来的新教育政策或实践模式的国情适应性(suitability of context)、新教育政策或在实施过程中变革的速度(speed of change)、实施新教育政策或实践的重要行动者(significant actors)。其中,"国情适应性"指对其他国家政策或实践模式的借鉴在本国实际运用中的适应情况,这很大程度上取决于借鉴国与本国国情的相似程度;"变革的速度"是指借鉴来的政策或实践模式对本国原有政策或实践所产生的冲击和改变,这种改变可能是迅速的,也可能是长期的。"'重要行动者'是指拥有权力支持或者抵制改革和发展的那些人或者机构。'重要行动者'的态度对'变革的速度'具有一定的影响作用"。[①] 也有其他学者指出,教育借鉴的实施阶段——亦即某国借鉴国外教育政策或实践而实施重大教育改革时——通常需要两个前提条件:第一,政府内部强烈认为现行的教育体制存在重大问题,必须通过重大法案来保证教育改革的实施;第二,政府和社会需要就如何改革达成广泛共识。[②]由此,概括起来讲,教育借鉴的实施阶段主要受到五大因素影响,即:思想的共识,指政府和社会就如何改革达成的共识;制度的保证,即政府出台重大法案保证改革实施;重要行动者,即有权力支持或抵制教育改革的人士或团体;变革的速度,即借鉴来的政策或实践模式对原有政策或实践所产生的冲击和改变;国情适应性,即借鉴来的政策或实践模式在实际的操

① David Phillips. Policy borrowing in education: Frameworks for analysis. In J. Zajda (ed.), International Handbook on Globalization, Education and Policy Research (2005), 23 - 34. Springer. Printed in the Netherlands.

② T. Simkins, L. Elllision & V. Garrett, eds. Implementing Educational Reform: the Early Lessons . Essex: Longman, 1992.

作和运用中的适应情况。

第四阶段：内化或本土化(internalization / indigenization)。在内化或本土化阶段，外来政策或实践逐渐融为本土教育体制的一部分。主要包括以下四个过程：首先，对原有教育体系的影响(impact on the existing system)，用以说明借鉴来的政策或实践模式对原有教育系统所产生的作用和改变；其次，吸纳外来特征(the absorption of external features)，说明外国的教育特征如何，以及在多大程度上被本国吸收采纳；第三，融汇(synthesis)，描述和理解借鉴来的教育政策或实践模式如何成为一个国家政策或实践的有机组成部分；第四，评估(evaluation)，即反思和评估借鉴过程所产生的现实和不现实的结果和影响。在内化和本土化过程完成以后，外国的教育政策被吸纳融合，成为本国教育系统的一部分，在内外多种因素的作用下，新一轮的教育借鉴过程又重新开始了。

大卫·菲利普斯的教育政策借鉴理论主要基于实证和个案研究，因而能够随着研究的进展而不断做出修正和调整，且更为具体。这一理论很好地解释了教育政策和实践的借鉴过程，因此对于本研究的开展具有重要的指导作用。

(二)运用教育借鉴理论作为研究视角的适宜性

教育借鉴理论主要论述了教育政策或实践借鉴的四阶段模式，即跨国吸引、决策、实施、内化或本土化这四个阶段。本研究之所以运用教育借鉴理论作为研究视角，其原因主要在于：

1. 教育借鉴理论对教育政策与实践借鉴过程的透彻阐释

“我们能从国外的教育中学到什么?”这一直以来都是比较教育研究中的重要问题。有研究者指出：“如果比较教育研究的一个重要的目标是鉴定外国教育的成功做法，那么接下来这些好的做法可能会在本国得到潜在的运用。我们可能会‘学习’国外的例子并尝试进行改革，企图在其原有的优势方面获益。”① 但是，正如萨德勒所言：“学校之外的事情比学校内的事情更重要，其支配并说明着校内的事情……一个民族的教育制度是一种活生生的东西……其中隐含

① David Phillips and Michele Schweisfurth. Comparative and International Education - An introduction to theory, method, and practice. Continuum International Publishing Group, 2007: 17.

着民族生活中的一些隐秘的作用。”[①]教育政策与实践的转移和借鉴是一个非常复杂的过程,涉及诸多的条件、因素和问题。

从“教育转移的谱系”可以看出,一个国家或民族影响另一个国家或民族的教育政策和实践有多种渠道,这种影响既包括自愿的,也包括非自愿的。有研究者依据转移的自主性程度将其划分为五种类型,分别是被强加的(imposed)、外在约束下的要求(required under constraint)、外在约束下的协议(negotiated under constraint)、主动借鉴(borrowed purposefully)和广泛影响下的引进(introduced through influence)。[②]其中,主动借鉴是指一个国家在明确目标的指引下,主动引进和采用其他国家的教育政策或实践,即通过主动学习外国的经验来对本国的教育进行改革;广泛影响下的引进是指吸纳某些具有广泛影响和传播的教育思想、理论和方法,进行国内的教育改革。在这个连续的、从被动到主动的教育转移谱系中,教育借鉴理论主要适用的是后两种类型,即主动借鉴和广泛影响下的引进。[③]教育借鉴理论中的跨国吸引、决策、实施、内化或本土化的四阶段模型也主要是针对这两种类型,并且是在两百年来英国对德国教育借鉴的案例,以及其他许多发达和发展中国家案例研究的基础上总结和概括出来的,其理论的解释性和适应性较强,尤其适合于主动借鉴的教育转移类型。

并且,在“教育借鉴理论”及其分析模型提出之后,比较教育研究者们开始运用这一理论分析、解释世界各国教育政策与实践的借鉴过程。例如:吉塔·斯坦纳·卡姆塞(Gita Steiner – Khamsi)运用了蒙古和加纳等发展中国家的例子,从不同的角度检验了政策借鉴理论;[④]金伯利·奥克斯(Kimberly Ochs)运用

---

① M. E. Sandler. How far can we learn anything of practice from the study of foreign systems of education. Comparative Review, 1964(2):307 – 314.

② Kimberly Ochs. & David Phillips. Processes of educational borrowing in historical context. In D. Phillips & K. Ochs (Eds.), Educational Policy Borrowing: Historical Perspectives. Oxford: Symposium, pp.7 – 23.

③ Kimberly Ochs. & David Phillips. Processes of educational borrowing in historical context. In D. Phillips & K. Ochs (Eds.), Educational Policy Borrowing: Historical Perspectives. Oxford: Symposium, pp.7 – 23.

④ Gita Steiner – Khamsi., Silova, I. & Johnson, E. M. (2006) Neoliberalism liberally applied: educational policy borrowing in Central Asia, in: J. Ozga, T. Seddon & T. Popkewitz(Eds) World Yearbook of Education 2006. Education research and policy: steering the knowledge – based economy. New York, London, Routledge, 217 – 245.

这一理论来分析和解释英国伦敦巴金和达格南区(Barking and Dagenham)在20世纪90年代学习瑞士数学教育的情况;[①]雅子柴田(Masako Shibata)运用教育借鉴理论分析了20世纪80年代以来日本对于马来西亚等东南亚国家的"跨国吸引";[②]等等。这些研究或者是从不同的角度对教育借鉴理论进行了检验,或者是将其作为分析教育政策或实践转移(Transfer)的工具,或者是对其进行了某些方面的补充,但是从总体上看,这一理论对国家和民族之间的教育政策与实践的借鉴过程和诸多因素做出了很好的分析和解释,并具有较强的适用性。

2. 教育借鉴理论与中国幼儿园课程发展历程的良好契合

纵观中国幼儿园课程的百年发展历程,其主要走过了一条主动借鉴西方幼儿园课程及课程模式的道路,在清末民初是"以日为师",民国中后期是"以美为师",新中国成立以后是"以俄为师",改革开放以后则是借鉴和学习欧美。在这种主动借鉴的过程中,西方课程模式不断地涌入进来,不仅促进了西方学前教育思想和实践在中国的传播,客观上也促进了中国学前教育的发展。可以说,教育借鉴理论的特点恰恰契合了中国幼儿园课程的发展历程和特点,以主动借鉴为总体特点的中国幼儿园课程的发展在某种程度上契合了教育借鉴理论的分析框架。此外,这也是由"教育借鉴理论"的特性决定的,因为"一个国家的教育能够对另一个国家的教育产生重要影响,这种影响可以宏观到改变一国最高决策层的教育理念和构想,也可以微观到改变教室层面的教学方法"[③]。因此,这一理论既可以对宏观政策和理论的借鉴进行分析,也可以对微观的课程和教学的借鉴进行分析。而在实际研究中,这一理论得到了大量实证和个案研究的支持,这些研究涉及英国、美国、德国、日本、蒙古、马来西亚、加纳等不同国家和地区,历史的跨度达两个世纪之久,在实际的研究中得到了很好的运用、检验和

---

① Kimberly Ochs. (2005) Educational policy borrowing and its implications for reform and innovation: a study with specific reference to the London Borough of Barking and Dagenham, Unpublished Doctoral Dissertation, University of Oxford.

② Masako Shibata. Assumptions and implications of cross-national attraction in education: the case of 'learning from Japan'. In David Phillips edited. Comparative Inquiry and Educational Policy Making. London and NewYork: Routledge, 2008:99-113.

③ [英]大卫·菲利普斯. 比较教育中的教育政策借鉴理论[J]. 钟周,译. 清华大学教育研究,2006(2):1-9.

修正，其解释性和可信性强。

总体来看，研究20世纪中国借鉴和学习西方课程模式的历程和结果，也就是研究西方课程模式对中国幼儿园课程发展的影响，很符合"教育借鉴理论"的逻辑结构和分析框架。因此说，运用"教育借鉴理论"作为理论视角来分析西方课程模式影响中国幼儿园课程发展的历程是适宜的和可行的。

二、问题法与比较法的适用性

古语有云：工欲善其事，必先利其器。在教育研究领域，研究方法就是得到研究目的、取得研究成果的"利器"，可以说，研究方法的选择和运用对于整个研究的完成起着至关重要的作用。本研究综合采用问题法、比较法和访谈法来对有关问题进行研究。

（一）问题法

问题法是由英国著名的比较教育学家霍尔姆斯（Brain Holmes，1920—1993）于1965年提出的一种对各国教育进行比较研究的研究方法，也是本论文的主要研究方法之一。

1. 问题法的内容

布莱恩·霍尔姆斯是当代英国著名的比较教育学家。凭借其所具有的自然科学素养、对于比较教育研究的兴趣，以及对波普尔（Karl Popper，1902—1994）科学哲学和杜威（John Dewey，1859—1952）反省思维法的深刻理解，霍尔姆斯在长期研究的基础上提出了自己独特的比较教育研究方法——问题法。这一方法由两个核心部分组成：第一，资料搜集和分类的"四模式"，包括规范模式（normative pattern）、精神状态模式（pattern of mental states）、制度模式（institutional pattern）和自然模式（physical pattern）；第二，"问题法"之"五步法"，这一方法包括五个步骤：问题的选择和分析、形成假设或政策解决方案、详列起始条件或情境脉络、从假设逻辑中预测可能出现的结果、比较预测结果与观察到的事实。[①]作为比较教育科学研究时期的代表人物之一，霍尔姆斯一直非常重视比

① Holmes, B.（1981）. Comparative Education: Some Considerations of Method, London: George Allen & Unwin, p. 76.

较教育研究的科学性,因而,资料的客观性和测量工具的有效性成为其设计模式时的重要考量。他提出社会资料分类系统的“四模式”就在于提高资料的客观性和测量工具的有效性,目的是简化繁多、复杂的资料,帮助研究者在陈述教育制度存在的整体情境脉络或比较教育研究的初始条件时,从无数的条件中进行可辨别与可重复的选择,最终达到服务教育改革的目的。在此基础上他提出了教育问题研究的五个重要的步骤,也称“五步法”或“问题法”。霍氏的这一研究方法是建立在杜威的问题法(或反省思维法)和波普尔的假设—演绎法的基础上的,可以说是此两种方法的集大成者。

2. 问题法的运用

在本论文中,主要采用霍尔姆斯的问题法作为研究的主要方法。这一方法在论文中的运用主要体现在以下几个方面:

(1)问题的选择和分析

问题法是以杜威的问题法和波普尔的假设—演绎法相容而成的研究方法,也可以看作是一种认识论假定。从知识观的层面看,问题法认为知识是不断进化的,是经验性的,扬弃了过去对“真理”所持的静态的概念,反对所谓终极真理和最终知识的存在;同时认为经验性内容越多的知识愈是客观的知识,而知识的客观性和真理性也总是暂时性的,并且知识总是透过经验而不断地改造、进化和持续发展的。因此,问题法秉承“理论先于观察”的主旨,主张以“问题”作为研究的出发点,收集资料时以问题和假设作为引导,因而具有开放性及未来导向性。

在本研究中,研究问题的选择和确立正是基于教育内部的问题——课程模式的借鉴和比较问题——同时这也是世界各国在学前教育快速发展的潮流中共同关心的重要问题,其原因在于国际之间课程模式的借鉴问题经常发生,而作为其中的一个个案,中国的学前教育一直深受西方课程模式的影响。一百多年来中国的幼儿园课程发展史在某种程度上来说也是中国借鉴和学习西方课程模式的历史。那么,这种借鉴是如何发生的?经历了怎样的过程?产生了何种结果和影响呢?这些问题亟待回答,而对这些重要问题的回答也是为新世纪中国建构具有自己民族文化特色的课程模式奠定一个历史和理论的基础。

(2)形成假设或政策建议

在选择和确立了要研究的问题之后,就是尝试性地提出各种解决问题的办法,开始形成相应的一系列政策和建议。但是,需要注意的是,解决教育问题的方法可以是多种多样的,也不可能知道哪些政策或方法是最好的,每一种政策或方法的确立本身就是一种政策或者策略的选择,这些都有待于教育实践的检验。霍尔姆斯认为比较教育研究的任务就在于对教育政策和措施进行比较分析,在此基础上,对不同国家的教育政策和实践进行预测,提出各种可能性的教育问题解决办法,依据各国特殊的国情和起始条件来选择较为适宜的教育政策和实践。

在本研究中,在确立了研究问题——西方课程模式对中国学前教育的影响——之后,我们需要形成假设,这些假设是针对问题而来的,应该回答这些问题:这种借鉴是如何发生的?经历了怎样的过程?产生了何种结果和影响呢?而基于教育借鉴理论,我们提出如此的假设,即:中国对西方课程模式的借鉴是源于跨国吸引,经历了决策、实施和本土化的阶段,产生的结果和影响则涵盖了中国幼儿园课程发展的诸多方面,包括课程的理念、理论基础、目标、内容、实施和评价等,而这些都将为我们建构具有中国特色的课程模式提供很好的启示和借鉴。

(二)比较法

比较法是本论文中运用的主要研究方法之一,下面就简要地说明一下比较法的主要内容及其在本论文中的运用。

1. 比较法的内容

比较是人们日常生活中的一种常见的行为,而从词源上讲,比较是指"确定事物间相同点和相异点的方法。根据一定的标准把彼此有某种联系的事物加以对照,从而确定其相同与相异之点,便可以对事物做初步的分类。但只有在对各个事物的内部矛盾的各个方面进行比较之后,才能把握事物间的内在联系,认识事物的本质"①。在英语中,比较是思考两个或两个以上的事物、人物、

① 辞海编辑委员会. 辞海[M]. 上海:上海辞书出版社, 1999: 3840.

思想等,目的是展现他们是如何相似或者相异的。[①] 概言之,比较主要是指依据一定的标准把相互之间有一定联系的两个或两个以上事物进行比对,目的在于确定事物间的相同点和相异点,从而推进认识的发展。

比较是人类生活中不可或缺的组成部分,内容涉及政治、经济、文化、社会等多方面的行为和实践,比较的对象也涵盖了性别、种族、民族和国家。比较的过程既是一个认知的过程,也是一个思维发展的过程,其对于人类世界的发展具有重要的作用。而在教育研究中,比较法则成了一种重要的研究方法。有研究者指出:"比较法是指根据一定的标准,对某类教育现象在不同情况下的不同表现,进行比较研究,找出教育的普遍规律及其特殊本质,力求得出符合客观实际结论的方法。"[②]

2. 比较法的运用

本论文研究的是西方课程模式对中国学前教育发展的影响,其中一个重要的方面就是对影响中国学前教育发展的几种西方课程模式进行比较分析,因此,比较法成为本研究中非常重要的一种研究方法。在进行具体的比较之前,首先要确定比较的标准或者分析框架。在本研究中,主要是依据课程模式的核心要素,从理论基础、教育目标、课程内容、教育方法和课程评价等方面建构起比较分析框架,然后从这五个方面对影响中国学前教育发展的几种西方课程模式进行比较,通过比较分析来确定这些课程模式在核心要素方面存在的相同点和相异点,并以此为基础来阐释西方课程模式对中国学前教育产生的具体影响,从而为我们深入思考中国学前教育的发展道路奠定基础。

(三)访谈法

访谈法是教育科学研究中经常用到的一种方法,这种方法具有较好的灵活性和适用性,可以用于弥补测量法和问卷法的缺点,获得一些特别和个性化的资料。本研究主要运用访谈法来收集所需要的资料,为相关的论证提供证据支持。

---

① 英国培生教育出版公司. 当代高级英语辞典[M]. 北京:外语教学与研究出版社, 2004:370.

② 李秉德. 教育科学研究方法[M]. 北京: 人民教育出版社, 2001: 100.

1. 访谈法的内容

对于访谈法的定义，不同的学者的表述方式也不尽相同。有的学者将访谈定义为“访谈是一种研究性交谈，是研究者通过口头谈话的方式从被研究者那里收集第一手资料的一种研究方法”[①]。有的学者认为“访谈由采访者的口头提问和被采访者的口头回答两部分组成，访谈以对个人进行采访为主”[②]。虽然不同学者对访谈法含义的具体表述不同，但我们可以从中找出关于访谈法的核心要素：首先，访谈法是以口头谈话形式进行的；其次，访谈过程中，基本通过访谈者提问、被访者针对问题进行回答来收集资料；再次，访谈法所收集的资料一般为被访者的个人观点，是被访者以自己的视角、观点表述其对某一问题或事件的看法。综上，我们可以将访谈法做如下定义：访谈法即访谈者以口头谈话的形式，询问被访者相关问题，并从被访者的回答中获取所需信息、研究资料的方法。

2. 访谈法的运用

在本研究中，为了尽可能地了解西方课程模式对中国学前教育所产生的具体影响，我们在搜集、整理和分析相关历史文献的基础上，还特别运用访谈法，对经历数次幼儿园课程变革的参与者和经历者进行访谈，如教委主任、幼儿园园长、资深教师等，这些人都是当年幼儿园课程改革的见证者，对西方课程模式传入以及对中国学前教育发展的影响都有着切身的感受，有些人还曾积极参与对西方幼儿园课程模式的借鉴和学习，因此，他们对当时学前教育和幼儿园课程发展状况的回顾与思考，是非常珍贵的历史资料。本研究就是希望通过深入的访谈，让他们去阐述幼儿园课程变革的历程，而对这些亲历者进行访谈的过程，也是非常难得的研究经历，访谈的准备、访谈时的交流、录音的整理等就是口述历史研究的一部分。在研究成文的过程中，笔者尽量将口述资料与文献档案资料结合使用，进行严密的鉴别和核对，将经历者的记忆材料与相关文献研究结合，对所讲述的历史进行多方位的分析。

① 陈向明. 质的研究方法与社会科学研究[M]. 北京：教育科学出版社，2008：165.

② 梅雷迪斯·D. 高尔. 教育研究方法导论(第六版)[M]. 南京：江苏教育出版社，2007：243.

三、教育借鉴“四阶式”的适切性

比较和借鉴是世界教育发展中经常发生的现象,对其进行研究是比较教育的题中之意。本论文研究的是西方课程模式对中国学前教育发展的影响,其目的在于以西方课程模式的引入及发展作为一个切入点,揭示全球化背景下中国学前教育发展的历程,以及影响其发展的诸多条件和因素,从而为新世纪中国学前教育和幼儿园课程的发展提供历史的启示和参考。对于这一问题的研究,我们需要在已有的研究基础上建构一个适宜的研究框架,形成清晰的研究思路。

(一)分析框架的建立

1. 基于教育借鉴理论的纵向分析:考察发展历程

本文用教育借鉴理论来分析中国学前教育的发展历程,其根本原因在于学前教育的发展一直深受西方课程模式的影响,经历了一个不断借鉴和本土化的过程,而这种情况正是国际教育政策和实践转移的一种体现,属于主动转移的类型,非常适宜用教育借鉴理论来分析。同时,对教育借鉴理论的选择也是一个发展的过程,历史上众多比较教育学家的研究为我们提供了丰富的资源。

法国比较教育学家维克多·库森(Victor Cousin)是比较教育发展到借鉴时期的先驱,在多年实践和研究的基础上,他提出了教育借鉴的前提和四步骤。他认为教育借鉴有两个重要的前提:其一,要确定法国人已清楚地认识到特定的需求;其二,要描述国外满足类似需求且已证明是成功的东西。[①]同时,他提出了教育借鉴工作的四个步骤,即:确定当地的问题,发现国外的解决方法,描述当地的先例,提出借鉴的建议。在教育比较和借鉴中,库森始终不忘本国的国情,认为借鉴应该采取因地制宜的做法,正如他说:“研究的是普鲁士,思考的始终是法兰西。”[②]

对于比较教育的目的,萨德勒(M. Sandler)也有类似的观点,他认为比较教

① 王承旭.比较教育学史[M].北京:人民教育出版社,1998:45.

② Walter Brewer. Victor Cousin as Comparative Education, Teacher College Press, Columbia University, 1971,p.50.

育的目的在于对照和比较他国教育发展情况，从而发现本国在教育方面存在的问题和弱点，并予以改进。如他所言，"以正确的精神和严谨的治学态度研究外国教育制度的作用，以促使我们更好地研究和理解我们自己的教育制度"①。而在研究方法上，萨德勒则采用以历史法为基础的因素分析法，在他看来，"在研究外国教育系统的时候，我们不应该忘记，学校之外的事情比学校内的事情更重要，其支配并说明着校内的事情"②。因此，在研究外国教育时，不仅要关注学校、教师和学生的情况，更重要的是深入到社区、家庭和社会中去，探索"在实质上维系着学校制度，并能说明其所取得的实际成效的那些无形的、难以捉摸的精神力量"③。他反对比较教育研究中仅采用纯粹的统计方法，而主张挖掘教育背后所蕴含的民族、文化等更深层次的因素，因为教育是民族生活与特点的反映和写照，植根于一个民族的历史和文化之中，基于此，萨德勒提出了"民族性"的概念，并使之成为其分析教育资料的核心。

无独有偶，比较教育学家艾萨克·康德尔（Issac Kandel）也提出了"民族性"和"民族主义"的概念，这些核心概念是其比较教育思想的集中反映。在康德尔看来，比较教育研究的目的就在于："发现教育问题，探讨问题产生的原因及其在特定背景中的解决方法，以及发展教育的原理或原则。"④并且指出："比较教育研究首先要理解形成教育的无形的、不可捉摸的精神和文化力量，这些校外的力量和因素比校内事务更重要。因此，教育的比较研究必须建立在对学校所反映的社会和政治理想的分析之上，因为学校在传递与发展中集中体现了这些理想，为了理解、体会和评价一个国家教育制度的真正意义，有必要了解该国的历史与传统，统治其社会组织的力量与态度，决定其发展的政治与经济条

① M. E. Sandler. How far can we learn anything of practice from the study of foreign systems of education. Comparative Review, 1964(2):307－314.

② M. E. Sandler. How far can we learn anything of practice from the study of foreign systems of education. Comparative Review, 1964(2):307－314.

③ M. E. Sandler. How far can we learn anything of practice from the study of foreign systems of education. Comparative Review, 1964(2):307－314.

④ Kandel(ed). Education Yearbook 1939, International Institute of Teacher College Columbia University, New York, 1939, p.436.

件。”①在研究方法上,他继承和发展了萨德勒开创的历史功能主义分析框架,强调民族性和民族文化的作用,试图确定那些决定民族性,进而使教育体制具体化的因素和力量,一直以来他都在回答这样一个问题:“什么因素在国民教育体制的建构中起了作用?”②

到底有哪些因素在影响着国民教育体制的建构和发展呢?尼古拉斯·汉斯(Nicholas Hans)列出了三大因素:第一,自然因素,包括种族因素、语言因素、地理和经济因素;第二,宗教因素;第三,世俗因素,包括人文主义、社会主义、民族主义、民主主义等。但是汉斯提出的因素分析法主要是基于横向的比较,在更多时候我们需要将历史的维度和空间的维度结合起来。在这个方面,马克·贝雷(Mark Bray)尝试从多维度来建立更具解释性的分析框架,这一框架包括三个维度:第一,地理或位置的水平,包括 7 个层级,分别是世界各地区/各大洲、国家、州或省、地区、学校、班级、个人;第二,非地区人口学的群体,包括 6 个层级,分别是种族群体、年龄群体、宗教群体、性别群体、其他群体、整体人口;第三,教育和社会方面,包括 7 个层级,分别是课程、教学方法、教育财政、管理结构、政治变革、劳动力市场、其他方面。③

总体来看,马克·贝雷提出的分析框架虽然较过去的研究更为细致,也划分出了不同的维度,但是仍然缺乏历史感和动态感,对于国家之间教育借鉴过程的解释和说明较为无力。相比较而言,英国比较教育学者大卫·菲利普斯提出的教育借鉴理论则更具说服力,这一理论不仅重视对影响教育比较和借鉴的各种因素的挖掘和分析,而且其提出的借鉴四阶段模型——跨国吸引、决策、实施、内化/本土化——则从历史的角度对借鉴的发展历程进行了很好的说明。基于对比较教育研究中各经典研究方法论和方法的梳理和比较,我们认为,作为一种理论分析框架,大卫·菲利普斯的教育借鉴理论能够更好地解释和说明本文所研究的问题——西方课程模式对中国学前教育的影响——其原因在于

① Kandel. Comparative Education . Greenwood Press Publishers, 1933, p. 19.

② Kandel(ed). Education Yearbook 1939, International Institute of Teacher College Columbia University, New York, 1939, p. 436.

③ Mark Bray and R. Murray Thomas. (1995). Levels of Comparison in Educational Studies: Different Insights from Different Literatures and the Value of Multilevel Analyses, Harvard University pressed, p. 66.

这一影响的过程也即中国学前教育不断借鉴和学习西方课程模式的过程。

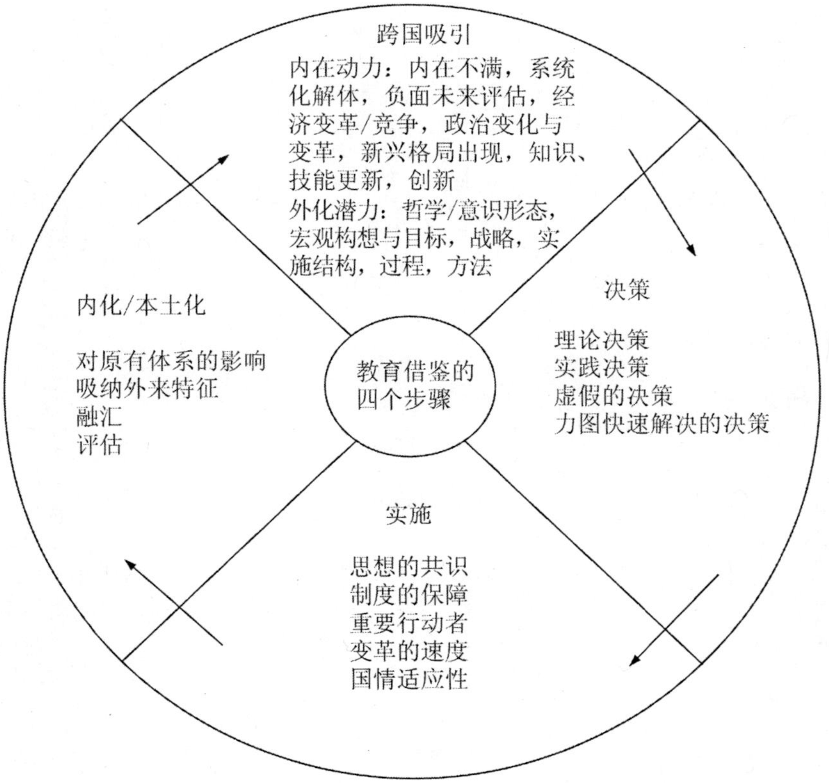

图 2－1　教育借鉴理论框架图

但是,教育借鉴过程,通常是一种外来教育政策或实践被一个国家所改变和调整,继而吸纳和实施的复杂过程。这种影响可以宏观到改变一国最高决策层的教育理念和构想,也可以微观到改变教室层面的教学方法。教育借鉴模型能够帮助我们更好地理解和解释教育借鉴这个复杂的过程以及在这一过程中教育所产生的复杂而重要的跨国影响。同时,这个模型需要用不同国家的实践来检验,适应不同国家的国情和文化,这也是一种“本土化”的过程。基于对教育借鉴理论的理解,本研究形成了以下分析框架:

表 2－1　课题纵向分析框架表

<table>
<tr><th rowspan="2">借鉴阶段</th><th colspan="3">因素关系</th></tr>
<tr><th colspan="2">影响因素</th><th>产生结果</th></tr>
<tr><td rowspan="14">跨国吸引</td><td rowspan="8">内在动力</td><td>1. 对本国教育现状的不满</td><td rowspan="8">在内在动因的激发下政策制定者去考察其他国家的教育经验</td></tr>
<tr><td>2. 教育体系的瓦解</td></tr>
<tr><td>3. 负面的外部评估</td></tr>
<tr><td>4. 经济变革和竞争</td></tr>
<tr><td>5. 政治上的迫切需要</td></tr>
<tr><td>6. 新生局面</td></tr>
<tr><td>7. 知识、技能创新</td></tr>
<tr><td>8. 政治的变革</td></tr>
<tr><td rowspan="6">外化潜力</td><td>1. 指导性的哲学或意识形态</td><td rowspan="6">基于这些外化潜力的“吸引焦点”，一个国家的教育会被另一个国家的教育所吸引，而这种吸引可能集中在教育的某些层面而不一定是教育体系的全部</td></tr>
<tr><td>2. 宏观构想与目标</td></tr>
<tr><td>3. 战略</td></tr>
<tr><td>4. 实施结构</td></tr>
<tr><td>5. 过程</td></tr>
<tr><td>6. 方法</td></tr>
<tr><td rowspan="4">本国决策</td><td rowspan="4">决策的类型</td><td>1. 理论决策</td><td rowspan="4">本国的决策者依据本国教育发展的需要做出向国外学习的决策</td></tr>
<tr><td>2. 实践决策</td></tr>
<tr><td>3. 虚假决策</td></tr>
<tr><td>4. 力图快速解决的决策</td></tr>
<tr><td rowspan="5">本土实施</td><td rowspan="5">实施的主要措施</td><td>1. 思想的共识</td><td rowspan="5">外国的教育制度和模式在本国的教育实践中得以实行</td></tr>
<tr><td>2. 制度的保证</td></tr>
<tr><td>3. 重要行动者</td></tr>
<tr><td>4. 变革的速度</td></tr>
<tr><td>5. 国情适应性</td></tr>
</table>

续表

<table>
<tr><th rowspan="2">借鉴阶段</th><th colspan="3">因素关系</th></tr>
<tr><th colspan="2">影响因素</th><th>产生结果</th></tr>
<tr><td rowspan="4">逐步内化</td><td rowspan="4">外来教育制度和模式在本国所产生的影响和结果</td><td>1. 对原有教育体系的影响</td><td rowspan="4">在内化/本土化阶段,外来政策逐渐融为本国教育体制的一部分</td></tr>
<tr><td>2. 吸纳外来特征</td></tr>
<tr><td>3. 融汇</td></tr>
<tr><td>4. 评估</td></tr>
</table>

2. 基于课程模式核心要素的横向比较:考察基本经验

在考察西方课程模式影响中国学前教育发展历程的基础上,我们需要对其中产生重要影响的几种课程模式进行比较分析,考察其发展的基本特点,由此论述这些课程模式对中国学前教育发展所产生的具体影响。因此,适宜的比较分析框架的建立就显得非常重要。

所谓“框架”(framework)乃是指某种事物得以建立或形成所依托的支撑性结构。[①]而结构则是要素的有机联系,它使一事物成为整体。因而,某种分析框架的建立实际上是基于其内在的基本要素而形成的有机联系,这些基本要素是分析框架得以建立的核心因素,因此,在对课程进行分析时也应该抓住其核心要素。同理,我们在建构课程模式的比较分析框架时,也需要明确课程模式的核心要素,而对于课程模式的核心要素的构成,虽然不同的学者的认识存在一定的差异,但也具有某种内在的一致性。

美国课程模式研究代表人物埃利斯·伊文斯(Evans, E.)认为:“课程模式是教育计划中之基本哲学、行政与教育成分之概念性的表征。它包含了内部一致性的理论前提、行政政策和教学秩序,以达到所预期的教育成果。这种概念性的模式可以作为教育决策时的基础。当决策转换成行动时,就称为模式的运用。”[②]伯纳德·斯波代克(Bernard Spodek)认为:“课程模式是对一种课程方案的基本要素的确立,涵盖了课程方案的理想成分,可以作为判断某个正在实施

① Procter, P. Cambridge International Dictionary of English[M]. London: Cambridge University Press, 1995:558.

② 简楚瑛. 课程模式[M]. 上海:华东师范大学出版社, 2005: 1.

的课程方案靠近理想状态的指示物和标准。”[①]也就是说，课程模式是一个用于决定教育计划、行政策略、课程内容、教学方法和评价的参考框架。斯泰斯·戈芬(Stacie Goffin)则认为“课程模式是一种思维框架和组织架构，其中显示出教育中需要优先考虑的问题、目标、内容、教学方法、评价标准和管理政策等，是一种运用模板”[②]。可见，其所阐述的核心要素包括教育目标、内容、方法、评价和管理等几大方面。

国内也有学者对于课程模式进行了研究。有研究者认为：“当某种理论，或者几种理论综合成为一种指导思想，被作为制订某一具体的教育计划或者教育方案的基础，并被用以处理该计划或者方案中的各种成分之间的各种关系，使之成为一个协调的总体而发挥整体的教育功能时，这个具体的教育计划或者教育方案就不同于一般的计划或者方案，而可以成为一种课程模式了。”[③]刘焱指出，课程模式“可以说是一种关于课程目标、内容与方法的理想化的结构，是理论与实践的融合。课程模式也是一种‘范例’。任何一种课程模式的倡导者，都希冀通过这种模式化的实践，向世人，尤其是教师和家长，展示一种教育理想和信念，说明托幼机构教育应当‘做什么’‘怎么做’以及‘为什么这么做’”[④]。霍力岩在《多元智力理论与多元智力课程研究》一书中从时代背景和社会背景、课程目标、课程内容及其组织、课程评价、课程开发的理论模型、课程概念等诸多方面对光谱方案、蒙台梭利教育法、高宽课程和瑞吉欧课程做了较为详细的比较。李敏谊在博士论文《美国课程模式研究》中主要比较了蒙台梭利课程模式、银行街课程模式和高宽课程模式，从教育目标、教育内容、教育方法、教育评价四个角度架构了其比较框架。

中国台湾学者简楚瑛非常赞同伊文斯对于课程模式的界定，她认为，“每一

① Spodek, B. (1973). Early childhood education. Upper Saddle River, NJ: Prentice Hall. Cited in Goffin, S. G., & Wilson, C. (1994). Curriculum models and early childhood education: Appraising the relationship (1st Ed.). Upper Saddle River, NJ: Merrill/Prentice Hall, p. 15.

② Goffin, S. G.. The Role of Curriculum Models in Early Childhood Education. ERIC Digest. [EB/OL]. http://www.ericdigests.org/2001-2/curriculum.html, 2011-9-17.

③ 朱家雄，张萍萍，杨玲. 皮亚杰理论在学前教育中的运用[M]. 上海：世界图书出版公司，1998：77.

④ 刘焱. 西方学前教育理论与实践的新进展[J]. 比较教育研究，2002(7)：1-6.

种课程模式都应有其理论上的基础以及课程本身所包含的要素"①。课程模式的理论基础应包括心理学、哲学、社会学和知识学。但是早期教育的课程模式事实上主要受心理学和哲学的影响,课程要素包括教育目的、课程内容、教学方法和评鉴。她在《学前教育课程模式》一书中对这几大核心要素进行了详细的论述,并从起源时之对象、年龄层、理论基础来源、教育目的、教育内容、教育方法、教育评量等方面对蒙台梭利模式、高宽模式、银行街模式、德沃里斯—凯米模式、直接教学模式进行了比较研究,揭示了这些课程模式在基本要素方面的异同点。

综合来看,虽然众多研究者对于课程模式的界定存在着一定的差异,但他们对于课程模式的认识也存在着某种内在的一致性,即:课程模式是一种理论框架,以某种或者几种理论或思想为基础而建立的,其内容涉及教育目标、课程内容、课程实施、课程评价等核心要素,具有很强的实践指向,是对理想性课程的表达。因此,本研究将以课程模式所包含的核心要素作为内部的分析框架,分别从理论基础、教育目标、课程内容、教育方法、教育评价五个方面来分析和比较影响中国学前教育尤其是幼儿园课程发展的课程模式。

(二)研究思路的形成

1. 纵向研究:西方课程模式影响中国学前教育发展的历程分析

在纵向研究阶段,本文主要以教育借鉴理论作为纵向分析框架,运用教育借鉴的四阶段模式,即跨国吸引、本国决策、本土实施、逐步内化这四个阶段,对西方课程模式影响中国学前教育发展的历史进程进行详细的分析。

(1)跨国吸引——中国被西方课程模式所吸引

跨国吸引主要用来解释一个国家会被其他国家的教育政策和实践吸引的原因,包括内在动力和外化潜力两方面的因素。对于本研究来说,中国学前教育的百年发展历程是我们研究得以展开的主要背景,而幼儿园课程则是其中不可分割的重要组成部分,要对这一历史发展进程进行分析和研究,划分阶段是必不可少的,因而,依据中国学前教育发展的总体特征我们将其划分为清末民

① 简楚瑛.学前教育课程模式[M].上海:华东师范大学出版社,2005:1-4.

初、民国中后期、新中国成立初期和改革开放以后四个阶段,同样幼儿园课程的发展也经历了这样的发展阶段。因此,对于西方课程模式对中国学前教育所产生吸引的分析也将分为四个阶段来展开,并且主要从内在动力和外化潜力两个方面来详细分析这种跨国吸引的内容和特点,涉及政治、经济、哲学和意识形态、国际关系、文化和社会等诸多因素。

(2)本国决策——基于内外动因做出学习西方课程模式的决策

本国决策阶段主要解答的问题是外国教育产生的吸引力如何作用于本国的教育决策和实践。大卫·菲利普斯将其划分为理论决策、实践决策、虚假决策和快速决策四种类型。在西方课程模式对中国学前教育发展产生了跨国的吸引以后,中国不同时期的决策者们依据国内政治、经济、历史文化、社会、教育等多方面的需求进行权衡和考虑,并最终做出借鉴和学习西方课程模式的决策。这些决策有的是理论上的考量而并没有实行,有的是在实践中得到了广泛的应用,而有的则可能是虚假或者是危险的。这些决策的做出在当时都有不同形式的表现,但是无论如何决策,都对中国幼儿园课程的发展产生了重要的影响。

(3)本土实施——西方课程模式在中国的学前教育实践中得以运用

实施在于说明从别国借鉴而来的教育政策或实践是如何在本国施行的。在做出借鉴和学习西方课程模式的决策之后,就是重要的执行和实施阶段了,在这一阶段,主要有五大因素影响着西方幼儿园教育课程模式在中国学前教育的实践中的实施情况,包括思想的共识、制度的保障、重要行动者、变革的速度和国情适应性。本研究也将从这几个方面详细论述不同历史阶段西方课程模式在中国学前教育中的实施情况。

(4)逐步内化——西方课程模式融入中国幼儿园课程的发展

逐步内化是外来政策或实践逐渐融入本国教育理论和实践的过程,主要涉及四个方面的内容:对原有教育体系的影响、吸纳外来特征、融汇和评估。经过实施阶段之后,不同的西方课程模式开始融入中国学前教育和幼儿园课程之中,并逐渐成为中国学前教育理论和实践的重要组成部分,也即是本土化的过程。对于这一过程,本研究也将从四个方面进行论述,即:西方课程模式对中国原有的幼儿园课程体系所产生的影响；中国如何以及在多大程度上吸纳了西方课程模式的内容和特征；西方课程模式与中国幼儿园课程理论和实践的融汇情况如何；对西方课程模式的借鉴产生了怎样的结果，会有什么样的影响等。

2. 横向研究：西方课程模式影响中国学前教育发展的经验分析

在横向研究阶段，本文主要以课程模式的核心要素为基础建构起横向比较框架，对历史上曾经影响中国学前教育发展的几种主要课程模式进行比较分析，探寻其发展的基本经验和特点，并在此基础上阐明这些课程模式对中国幼儿园课程发展所产生的具体影响。

具体而言，要对影响中国学前教育发展的几种西方课程模式进行比较分析，首先就必须了解其主要内容。由于课程模式所涵盖的内容较为庞杂，我们的研究不可能面面俱到，因此，需要将研究重点聚焦到课程模式的核心要素上，从而把握其核心内容，以便于比较和分析。通过对已有研究资料的搜集、整理和分析，最终我们将比较分析的框架建立在课程模式的五个核心要素之上，即理论基础、教育目标、课程内容、教育方法和教育评价。由此对影响中国学前教育发展的蒙台梭利课程模式、高宽课程模式、光谱课程模式和瑞吉欧课程模式进行比较分析，探求这些课程模式的发展特点及其背后的各种因素，以期更好地说明这些课程模式对中国幼儿园课程发展所产生的影响，以及今后中国幼儿园课程改革和发展的方向。

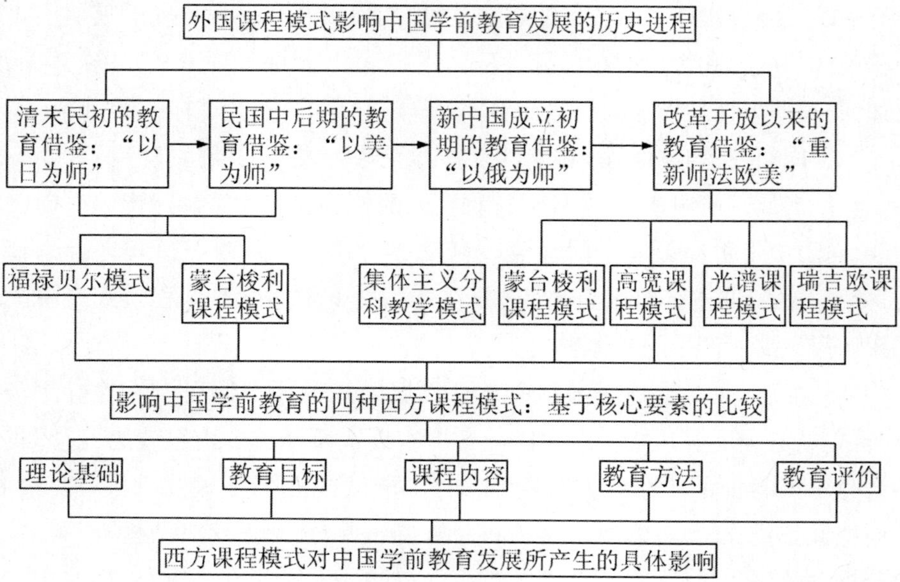
外国课程模式影响中国学前教育发展的历史进程
清末民初的教育借鉴："以日为师"
民国中后期的教育借鉴："以美为师"
新中国成立初期的教育借鉴："以俄为师"
改革开放以来的教育借鉴："重新师法欧美"
福禄贝尔模式
蒙台梭利课程模式
集体主义分科教学模式
蒙台梭利课程模式
高宽课程模式
光谱课程模式
瑞吉欧课程模式
影响中国学前教育的四种西方课程模式：基于核心要素的比较
理论基础
教育目标
课程内容
教育方法
教育评价
西方课程模式对中国学前教育发展所产生的具体影响

图 2－2　课题研究思路图

第二部分　外国课程模式影响中国学前教育发展的历史进程

美国教育史学家梅迪·纳克斯汀(Mehdi Khan Nakosteen)说过:"不了解过去,不仅现在毫无意义,将来也没有希望。"①学前教育的发展也是如此,其发展也是一种历史过程。自1903年在湖北武昌创办第一所幼稚园以来,中国学前教育至今已然走过了一百多个年头。在百年的发展历程中,中国学前教育课程的更迭变化一直深受国外课程模式的影响。要了解这种影响则需要我们深入到历史的过程之中,从历史脉络中寻找线索和依据。从历史的角度看,事物的发展总是对立统一的,国外课程模式影响中国学前教育发展的过程也正是中国不断学习和借鉴其课程模式的过程,教育借鉴理论则为我们分析这一借鉴过程提供了很好的理论工具,有利于我们更好地认识这一复杂的借鉴过程。此外,在利用这一理论分析国外课程模式影响中国学前教育发展历程时,我们跨过了对于"文化大革命"时期(1966—1976)的论述,因为在这"十年动乱"中,对新中国成立以来17年的教育进行了彻底的批判和否定,中国学前教育也遭受了史无前例的破坏,处于无序状态,原有的课程体系基本瓦解,教育内容和教育方法主要围绕着"文化大革命"的需要而展开,无视儿童身心发展的规律和需要,缺乏应有的教育性。因此,省却对这一时期学前教育发展的阐述也实属无奈之举。

---

① Mehdi Khan Nakosteen(1965). The History and Philosophy of Education. Univ Microfilms Inc., p.19.

第三章 清末民初的教育借鉴："以日为师"阶段(1903—1917)

清末民初是中国现代意义上学前教育的起步和确立时期，也是中国幼儿园课程的初始发展阶段。这种发展深受西方学前教育思想和课程模式的影响，并且主要是通过日本传递过来，带有浓厚的"日本化"色彩，而这种影响的过程也正是中国不断学习和借鉴的过程。

一、跨国吸引：日式课程模式符合清政府教育改革的需要

跨国吸引主要解释一个国家会被其他国家的教育政策或实践吸引的主要影响因素。跨国吸引包括内在动力和外化潜力两个方面的原因。清末民初中国对西方课程模式的学习和借鉴正是在内外因素的共同作用下而发生和发展的。

(一)内在动力：政府亟须进行教育改革

从内在动力来说，清末民初中国对西方学前教育课程的借鉴源于本国社会改革和发展的需要。1840 年鸦片战争以后，独立的中国日益沦为西方列强的殖民地和势力范围，民族国家陷入危亡的边缘。清政府已成为"洋人的朝廷"，帝国主义在中国推行"以华制华"政策，加强对中国政治上的控制、经济上的垄断和文化上的渗透。1895 年甲午战争的失败迫使清政府认识到了改革的必要性，也认识到通过学习西方先进的科技和文化，增加国力、实现富国强兵的重要性，并且认识到国家的发展强大需要培养大量现代化的人才，因而，变革旧式教育是关键。再加上清朝末期国内阶级矛盾、民族矛盾加剧，清政府不得不进行教育改革，以维护其统治阶级地位，加强社会稳定。教育改革作为清政府变法图强的一个重要工具和手段，与清朝政治机构改革、经济改革、军事改革一起，成为清政府变革的重要内容之一。

在当时，清末教育改革是在"中学为体，西学为用"的指导思想下进行的，目

的是培养维护封建社会纲常伦理和封建君主政体、“博通时务”“具备艺能”的奴才。清王朝以忠君爱国为国策，既希望通过学习西方，给垂死的中国封建肌体注上一剂强心针，又唯恐过分摄取西学影响其政体本身的安危。[①]因此，适宜于清政府改革需要的“榜样”的选择就显得尤为重要，其不仅要为清政府的新式教育改革提供可资借鉴的“成例”，而且还要切实可行，以维护王朝的统治。于是，放眼寰宇，与中国一衣带水的邻邦日本就成了最好的选择。一方面，地理距离较近，留学所需费用较少，两国又具有类似的文化渊源；另一方面，日本教育还保留着浓厚的封建性，最重要的是当时的中国与明治维新前的日本境况相同，清政府从日本崛起的经验中认识到日本是可供选择的最佳范本，希望借鉴日本明治维新后教育改革的成功经验，把教育改革作为富国强兵的重要手段。

（二）外化潜力：日式福禄贝尔课程模式的影响

从外化的潜力来看，中国对西方学前教育课程的借鉴主要是通过学习日本来实现的。当时的日本在借鉴和学习西方文化教育方面取得了斐然的成就，让世界各国侧目。此时的日本，经过“明治维新”的大变革之后，建立了中央集权国家，资本主义经济和文化在日本得到快速发展。明治政府在改革期间，采取“全盘西化”的态度，实施了富国强兵、殖产兴业和文明开化三大政策，并且注重典章制度与思想、观念方面的改革。而所谓的“文明开化”政策就是学习西方文明，发展现代教育，提高国民知识水平，培养现代化人才。

在学前教育方面，受西方欧洲各国学前教育思想和文化的影响，“日本于明治初期创设了福禄贝尔主义的幼儿园”[②]。1872 年，明治政府颁布了《学制》，其中第 22 章规定：“幼稚小学，可招收 6 岁以下的男女儿童，实施入小学之前的教育。”但是，幼稚小学并未建立起来。“日本真正的学前教育机构，是以‘幼儿园’这个名称，从东京女子师范学校附属幼儿园的建立开始的”[③]。这所幼儿园是 1876 年以美国幼儿园为榜样建立的，课程设置和管理主要是学习福禄贝尔式幼儿园，以“恩物”和游戏为主要的教学和活动内容，此幼儿园后来成为日本

---

① 邹岚萍.清末中国的教育改革与学习日本[J].中山大学学报论丛,1994(1):213－226.

② 日本世界教育史研究会.世界学前教育史[M].吉林:吉林人民出版社，1986：313－360.

③ 日本世界教育史研究会.世界学前教育史[M].吉林:吉林人民出版社，1986：313－360.

全国幼儿园的样板。1879 年，明治政府废除学制，颁布《教育令》，对于学前教育，《教育令》指出："幼儿园并非要归属小学校""坚持富国强兵的国策，尽早引进欧美的先进文化"。[①] 1899 年，日本制定了第一个关于幼儿园的设施、设备、保育内容及保育时间等项规定的《幼儿园保育及设备规程》。而在课程指导思想上，"其实曾受到高度评价的福禄贝尔恩物，才是支撑日本学前教育的理念"[②]。在先进的学前教育思想和制度的保障下，日本的学前教育迅速发展起来，并在亚洲地区首屈一指。日本在文化教育方面的快速发展及其所取得的成绩也极大地触动和刺激了清政府，加快了其学习和借鉴日本的步伐。

从当时的情况看，清政府无疑将学习和借鉴日本的经验和做法作为了最好的选择，而内外两方面因素所形成的跨国吸引力，推动了中国对日本学前教育模式和课程模式的学习和借鉴。

二、本国决策：为实现"救国图强"走上"以日为师"的变革之路

决策（decision）主要解答的问题是外国教育产生的吸引力如何作用于本国的教育决策和实践。大卫·菲利普斯指出跨国教育吸引导致的决策类型主要有四种：理论决策、实践决策、虚假决策、快速决策。这四种决策类型是一种并列的关系，而非层级、递进或包含关系。清末民初中国做出的学习和借鉴日本课程模式的决策采取的是理论决策和实践决策模式。

（一）理论决策：仿照日本建立学制系统和课程体系

1. 将学前教育纳入国家正式学制系统

20 世纪初，在内外交困之下，清政府为了缓和矛盾，维护其统治地位，于 1901 年宣布实行"新政"，并开始改革教育。1902 年下谕禁用八股文，各省、府、州、县将书院改设为大、中、小学堂，各省派学生出洋肄业。[③] 相继派出姚锡光、李宗棠、罗振玉、吴汝伦、缪荃孙、胡景桂等官员去日本考察其教育情况，内容涉

---

① 日本世界教育史研究会. 世界学前教育史[M]. 吉林：吉林人民出版社，1986：313－360.

② 日本世界教育史研究会. 世界学前教育史[M]. 吉林：吉林人民出版社，1986：313－360.

③ 璩鑫圭，唐良炎. 中国近代教育史资料汇编. 学制演变[M]. 上海：上海教育出版社，2007：117－141.

及日本教育的各个方面,尤其是学制体系和课程设置等。① 在模仿日本学制的基础上,清政府于1904年正式颁布了《奏定学堂章程》,确定了较为完备的近代学制系统,设立了专门进行学前教育的"蒙养院",历史上第一次将学前教育(蒙养院)纳入国家正式的学制系统。1911年,辛亥武昌起义胜利后,成立了中华民国。1912年9月,教育部公布了《学校系统令》,之后又制定并颁布了"壬子癸丑"学制,将学堂改为学校,蒙养院更名为蒙养园。蒙养园成为学制体系上的教育机构,但它仍不占学制年限,仍然是其他教育机构的附属部分,附属在小学与女子师范学校内。在1916年政府颁定的《国民学校施行细则》中,还没有把蒙养园列入学校系统,只是规定"国民学校得附设蒙养园"。

2. 照搬日本幼教课程体系

为了使办理蒙养院有所依据,《奏定学堂章程》专辟了《奏定蒙养院章程及家庭教育法章程》对蒙养院的保育教导要旨、条目、设备等方面做了规定。包括:"蒙养院专为保育教导三岁以上至七岁之儿童,每日不得过四点钟。""按各国皆有幼稚园,其义即此章程所设之蒙养院,为保育三岁以上至七岁幼儿之所。"②蒙养院即具有幼稚园性质,遂成为中国教育体系中的一个重要组成部分,成为中国最早的学前教育机构。然而,其内容几乎是1899年日本《幼稚园保育及设备规程》的全盘照录,其中蒙养院的课程内容有游戏、歌谣、谈话、手技四项。从上可以看出,蒙养院的课程内容与目标是一致的,涉及了儿童的体、智、德等方面,也比较强调照顾儿童的年龄特征,"与初等小学之授以学科者迥然有别"③。尽管民初教育改革有取法欧美之处(如蔡元培的教育宗旨),但民初教育包括学前课程并没有实质性突破,虽然在幼稚园课程中增加了福氏的"恩物"、游戏与手技及"蒙台梭利的教育法",但学前课程从形式到内容仍在相当程度上沿袭清末效仿日本的模式,从课程宗旨、到课程目标及内容都深受日本的影响,带有浓重的日本化特点。

① 璩鑫圭,唐良炎. 中国近代教育史资料汇编. 学制演变[M]. 上海:上海教育出版社, 2007: 3－9.
② 舒新成. 中国近代教育史资料(中)[M]. 人民教育出版社,1961: 385－387.
③ 中国学前教育史编写组. 中国学前教育史资料选[M]. 北京:人民教育出版社,1989: 90－96.

（二）实践决策：选派留学生并聘请日本教习

1. 选派大量学生赴日学习

清朝末年，清政府看到了日本明治维新以后的迅速发展，开始选派大量学生赴日学习教育，同时也派成批的官绅赴日考察学务，再加上部分维新人士在日本避乱时致力于学术和教育方面的研究，使得日本的幼稚园教育得以正式完整地传入中国。部分出国学习和考察人员回国后撰写书籍报告日本的教育情况，包括教育史、近代学制体系、各级学堂章程、教育统计等，这对于中国学前教育章程和制度的制定产生了重要影响。①

2. 聘请日本教习主持幼教机构

新的教育制度建立以后，各地都开始设立新式学堂，清政府担心向日本遣送的速成生回来后不能胜任教学，还担心他们回来之后成了“乱党”，并且大量选派留学生政府在经济上也难以支持，因此决定聘请日本教习来中国授课，以代替学生出国留学。日本教习对中国幼教事业初期发展的影响是深刻的。从蒙养院、幼稚园的开办到培养中国幼教人才的女子师范学堂和其他幼师培训机构（如保姆传习所）的开办，都离不开日本教习的扶持。实藤惠秀曾在《中国人留学日本史》中评价道：“一个日本教习前往中国教学，其效果会相当于五十名中国学生留学日本。”②

综上而言，清末民初中国在内外因素的影响下，为实现民族独立和国家富强在教育方面做出了“以日为师”的决策，开始仿照日本建立学制系统和课程体系，并派遣留学生赴日学习，同时在实践中聘请日本教习，以促进教育的发展。

三、本土实施：西方课程模式通过日本第一次进入中国

实施的重点在于说明从别国借鉴而来的教育政策或实践是如何在本国施行的。实施主要受到五大因素影响，即思想共识、制度保证、重要行动者、变革速度、国情适应性。清末民初中国借鉴国外幼儿园课程时，在执行决策的过程中受到了上述五个因素的影响。下面将就五大因素进行说明。

---

① 杨洁琼．日本教习对中国幼教事业初期发展的影响[J]．学前教育研究，2011(2)：52－55．

② [日]实藤惠秀．中国人留学日本史[M]．谭汝谦，林启彦，译．北京：三联书店，1983：65．

（一）思想共识："中体西用"和儿童公育思想奠定思想基础

一般来说，思想观念的革新是实践变革的基础和先导，课程领域亦是如此。从国内的情况看，清政府所倡导的"中学为体、西学为用"思想以及康有为提出的儿童公育思想极大地影响了当时蒙养院课程的发展。

"中学为体、西学为用"是清政府进行一系列变革的指导思想。1904 年颁布的癸卯学制也是在这一思想的指导下制定的，其在立学宗旨上就规定："无论何等学堂，均以忠孝为本，以中国经史之学为基。俾学生心术壹归于纯正，而后以西学瀹其智识，练其艺能，务期他日成材，各适实用，以仰副国家造就通材、慎防流弊之意。"[①]此宗旨的确立也极大地影响着蒙养院课程内容的选择和确定，如《奏定蒙养院章程及家庭教育法章程》规定各省学堂主要选择《孝经》《四书》《列女传》《女训》《教女遗规》等书中的内容编定成册，发到学生家里，另外依据当时的国情选取外国家庭教育书籍，进行译书刊布，进行散发。[②]

在清政府的正统思想之外，一些有识之士和思想家的学前教育思想也影响着清末幼儿园课程的发展，康有为的儿童公育思想就是极其突出的表现。康有为非常重视教育的作用，并将其作为变革社会的重要方法和手段。康氏所著的《大同书》就建构出了一幅美好的社会图景，并认为，要造就大同世界，必先造就具有大同资格的公民。而大同公民的培养，必须从胎儿开始，妇女有孕之后就要入人本院，以进行早期胎教。儿童一生下来，就要由公家所办的"育婴院""怀幼院"来抚养，而后再经"小学院""中学院""大学院"等教育机构进行养育和教育，使之受到良好的文化教育，成为优秀的公民，为社会服务。为此，他对学前教育的开展提出了自己的设想，他主张将"养儿体，乐儿魂，开儿智"[③]作为育婴院的教育目的，并提出此阶段儿童学习的内容应该包括饮食、身体、语言、唱歌、制作、手工与游戏等。另外，康有为还在"去家界为天民"中论述了学前教育的环境，注意到了周围的自然环境和社会环境对儿童身心的影响。虽然限于当时的特殊环境其教育思想无法得以实现，但却开拓了中国学前教育思想的新天

---

① 《奏定学堂章程》，湖北学务处本，1－35.

② 舒新成. 中国近代教育史资料（中）[M]. 北京：人民教育出版社，1961：385－387.

③ 中国学前教育史编写组. 中国学前教育史资料选[M]. 北京：人民教育出版社，1989：90.

地，对后来学前教育的发展具有重要的思想价值。

（二）制度保证：政府颁布幼稚教育章程和法令

一项政策的实施和执行，需要有相应的规章制度和组织结构作为前提和保障。清末民初中国幼儿园课程的形成和发展也是建立在一系列教育制度和架构的基础上的。

1904年，清政府颁布了《奏定学堂章程》，自蒙养院到通儒院共分为三阶段七级学堂，蒙养院包含在初等教育阶段，第一次将学前教育列入国家制定的学制之中。在《奏定学堂章程》中，还为学前教育专门制定了《奏定蒙养院章程及家庭教育法章程》（以下简称《章程》），是近代中国学前教育的第一个法规，其颁布和实施标志着中国现代意义上的学前教育开始起步了。在《章程》中，对于学前教育的目的和作用、招收儿童的条件、保育的时间、机构的设置、课程的内容、场地和设备以及管理等方面都做出了具体说明。其指出，蒙养院的目的在于："一、保育教导儿童，专在发育其身体，渐启其心智，使之远于浇薄之恶风，习于善良之规范；二、保育教导儿童，当体察幼儿身体气力之所能为，心力知觉之所能及，断不可强授以难记难解之事，或使为疲乏过度之业；三、保育教导儿童，务留意儿童之性情及行止仪容，使趋端正；四、儿童性情极好模仿，务专示以善良之事物使则效之，孟母三迁即此意也。"①《章程》对于学前教育的作用也做了充分肯定，认为"蒙养通乎圣功，实为国民教育之第一基础"②；同时规定，作为教育学前儿童的专门机构，"蒙养院专为保育教导三岁以上至七岁之儿童，每日不得过四钟点"③；地址可以建在"各省厅州县以及极大市镇"的育婴堂和敬节堂；主要招收"本地附近幼儿，其父母愿送入其中受院内之教育"④。此外，对于蒙养院的屋场图书器具、管理人事务都做出了要求。《章程》为清末民初中国幼儿园课程的发展提供了制度保障和依据，也提供了基本的组织架构。

中华民国成立以后，在教育领域也进行了一系列的改革。时任临时政府教

---

① 中国学前教育史编写组. 中国学前教育史资料选[M]. 北京：人民教育出版社，1989：96.

② 中国学前教育史编写组. 中国学前教育史资料选[M]. 北京：人民教育出版社，1989：96.

③ 中国学前教育史编写组. 中国学前教育史资料选[M]. 北京：人民教育出版社，1989：93.

④ 中国学前教育史编写组. 中国学前教育史资料选[M]. 北京：人民教育出版社，1989：95.

育部第一任总长的蔡元培就颁布了教育宗旨令，指出教育的宗旨在于“注重道德教育，以实利教育、军国民教育辅之，更以美感教育完成其道德”①，并主持制定和公布了“壬子癸丑学制”，将蒙养院改为蒙养园。蒙养园成为学制体系上的教育机构，但它仍不占学制年限，仍然是其他教育机构的附属，附属在小学或女子师范学校内，招收六岁以前之学龄儿童。同年，教育部公布了《师范学校规程》，其中言明“女子师范学校并应设附属蒙养园”“或以公立私立之蒙养园代附属蒙养园”②。1915 年，教育部又公布了《国民学校令施行细则》，专列出一章论述“蒙养园及类于国民学校之各种学校”，对于蒙养园的教育目的、课程内容、教育教学方法、园长和保姆的配置和管理、蒙养园保育之人数以及各种设备等都做出了规定。

从历史发展的角度看，清末和民初有关学前教育的几项法规颁布和实施，使蒙养园的制度得以确立，改变了过去在家庭和宗祠中进行学前教育的落后现状。蒙养园要么附属于各级学校内，要么独立设立，同时还设置了保姆讲习科培养学前教育师资。这些规章制度和组织架构的建立，为中国学前教育的发展提供了制度化的保证。

（三）有识之士积极参与：促进了西方学前教育思想的传播和实践

在中国幼儿园课程的起步阶段，众多有识之士的积极参与有力地促进了西方学前教育模式在中国的传播和实践。从当时的情况看，西方学前教育思想和模式在中国的传播主要是通过两个途径来实现的：一是国内出版物对西方学前教育理论和实践的宣传，二是有识之士和西方教会及传教士在中国兴办学前教育时所产生的影响。当时出版的书刊主要是透过介绍日本的幼稚教育情况间接地引进了西方的学前教育思想和实践，而日本在学习西方教育方面是卓有成效的。作为近代中国最早发行的教育杂志，创刊于 1901 年的《教育世界》曾大量刊发日本学前教育的文章，如 1903 年刊发的《幼稚园恩物图说》一文主要介绍了福禄贝尔的 20 种恩物的游戏方法；1904 年刊发的《幼稚园保育法》一文介

① 璩鑫圭，唐良炎. 中国近代教育史资料汇编. 学制演变[G]. 上海：上海教育出版社，2007：661.

② 中国学前教育史编写组. 中国学前教育史资料选[M]. 北京：人民教育出版社，1989：244.

绍了日本东京女子高等师范教授东基吉关于幼稚园保育和课程思想。此外，还有很多杂志刊发日本幼稚园课程的文章，如1907年《天天日日新闻》发表的《论幼稚园》一文详细地介绍了日本幼稚园课程，并且对于清末中国幼儿园课程的发展还提出了具体的建议；1908年的《东方杂志》刊登的《论幼稚园》一文，介绍了西方学前教育发展情况和日本的幼稚园课程，尤其是佛罗卜氏（福禄贝尔）的教育思想。

与此同时，当时一些著名的蒙养院也开始实施日本式的幼儿园课程，如创建于1905年的湖南蒙养院不仅在课程内容上与日本幼稚园无异，甚至在课程名称上都照搬自日本；天津严氏蒙养院不仅采用了日本式的课程，而且聘请的是日本教师，设备是从日本购买的，玩具主要是“恩物”，等等。西方传教士和教会在中国所进行的学前教育实践也促进了西方学前教育思想在中国的传播。他们本意在于通过教会加强教育工作，积极控制和影响中国教育，从而扩大本国教会在华势力和影响。但是，西方教会在华开办的幼稚园在课程内容和实施上常常采用西方学前教育课程思想和模式，客观上促进了这些课程思想和模式在中国的传播和影响。

（四）变革速度：建立起现代意义上的学前教育机构和教师培养机构

要发展教育，教育机构的建立和师资的培养必不可少，而中国现代意义上的学前教育机构和幼儿园教师培养机构也正是在借鉴和学习日本学前教育体制的过程中建立起来的。1903年，湖北巡抚端方在武昌模范初等小学堂内开办了幼稚园，后更名为蒙养院，这是中国最早的一所官办学前教育机构。1904年《奏定蒙养院章程及家庭教育法章程》颁布以后，中国各地相继开办了学前教育机构。湖北于1904年公布了《湖北幼稚园开办章程》，同年，上海也公布了《上海公立幼稚舍章程》，而江苏、福建、山西等省也都曾下令贯彻执行《奏定蒙养院章程及家庭教育法章程》。在此形势下，湖北、上海、湖南、江苏、福建、北京、天津、河北、山西、安徽、江西、广州等地都相继建立了不同数量的公立幼稚园。①除

① 李桂林，戚名琇，钱曼倩．中国近代教育史资料汇编．普通教育[G]．上海：上海教育出版社，2007：6－28．

官办的幼稚园和蒙养院之外，私人开办的学前教育机构也同时出现，有代表性的如1904年上海务本女塾附设幼稚舍，1905年天津严氏蒙养院亦在严氏女子小学内开始设立，1907年上海私立爱国女学附设蒙养院，1908年江苏金山县节妇朱氏捐献田产创办怀仁幼稚舍，1909年山西育婴堂附设幼稚园。[①]此外，教会也开办了大量的幼稚园，在光绪二十八(1902)年，教会办的幼稚园已经有6所之多了，自后便日益扩充。[②] 这一时期，大量学前教育机构的设立，为中国的幼儿园课程创立和实施提供了重要的实践场所。

除了建立现代的学前教育机构，幼儿园教师的培养也成为人们关注的重要方面。在1907年公布的《学部奏定女子师范学堂章程》中指出："女子师范学堂以养成女子小学堂教习，并讲习保育幼儿方法，期于裨补家计，有益家庭教育为宗旨。"[③]在课程设置上要求设立保育科目，并且要求女子师范学堂设立附属蒙养院供师范生实习，以便毕业生能充当教习和保姆。1912年，教育部公布了《师范教育令》，其中规定女子师范学校要附设保姆讲习科，以培养蒙养园保姆为目的。这些政策为当时幼儿园教师的培养提供了一定的指导和保障，各地的幼儿园教师培养机构也开始发展起来。1907年，上海公立幼稚舍创立了保姆传习所，招收学生36人，开设科目有保育法、儿童心理学、教育学、修身学、谈话、乐歌、图画、手工、文法、习字法、理化、博物等，[④]最终毕业21人。在1915年《国民教育令》规定"国民学校得附设蒙养园"以后，随着各地蒙养园数量的增加，对幼儿园教师的需求也急剧增加，很多地方开设了保姆讲习所和幼稚师范科，教师培养制度开始初步建立起来。

(五)国情适应性：福禄贝尔和蒙台梭利模式开始在中国扎根

清末对日本学前教育体制的学习和借鉴，使福禄贝尔式的课程模式在中国学前教育领域得到较为广泛的传播和应用，而在中华民国建立以后，蒙台梭利

---

① 唐淑，钟昭华. 中国学前教育史[M]. 北京：人民教育出版社，1993：78.

② 张雪门. 中国幼稚园的沿革[A]. 中国近代教育史资料汇编. 普通教育[R]. 上海：上海教育出版社，2007：437.

③ 中国学前教育史编写组. 中国学前教育史资料选[M]. 北京：人民教育出版社，1989：97－100.

④ 中国学前教育史编写组. 中国学前教育史资料选[M]. 北京：人民教育出版社，1989：114.

教育法传入中国并开始影响学前教育实践。随着近代中国学前教育的发展,这两种课程模式逐渐在中国学前教育的土地上扎根。

从当时的情况看,福禄贝尔模式的传入和应用是官方模仿和借鉴日本学前教育体系的结果,其重要的表现就是1904年《奏定蒙养院章程及家庭教育法章程》的颁布,这一章程的内容几乎是1899年日本《幼稚园保育及设备规程》的全盘照录,在课程理念和课程内容上极其相似,由于日本式课程深受福禄贝尔教育思想的影响,注重游戏和恩物的运用,因此也使福禄贝尔式的游戏和恩物成为当时中国幼儿园课程中的重要内容。而后,书籍和杂志的宣传也使福禄贝尔式课程得到广泛传播,很多蒙养院开始在学前教育实践中予以运用,包括当时较为著名的湖北武昌蒙养院、湖南蒙养院和严氏蒙养院,虽然这些蒙养院在课程内容上存在一些差异,但是游戏和恩物都成为其课程内容的重要组成部分。

与福禄贝尔式的官方介入不同,蒙台梭利教育法在中国的传播和影响则主要是基于一些有识之士的宣传和实践。在1913年的《教育杂志》上,分别发表了《蒙台梭利女史之新教育法》和《蒙台梭利新教育之设施》两篇文章,开启了蒙台梭利教育法在中国的发展之路。此后,介绍和宣传蒙氏教育法的文章和书籍开始增多。1914年,出版了但焘(1881—1970)翻译日本人今西嘉藏的著作《蒙台梭利教育法》和顾树森著的《蒙台梭利女史新教育法》,对蒙台梭利教育法进行了较为详细的介绍。同年,《教育杂志》陆续刊登了《蒙台梭利女史小传》《蒙台梭利教育法序言》《儿童研究》《美少年与教育》《模仿说》等宣传蒙氏教育法的文章。1915年,相继出版了顾树森与王维尹合著的《蒙台梭利教育之儿童》和樊炳清翻译的《儿童研究》等书。此后,对蒙氏教育思想和方法的宣传从未间断。但是,这一时期的引进更多停留在对思想的译介和探讨上,缺乏广泛的研究和实践,直到1923年才由卢岫霙在北京女高师附设的蒙养园创办蒙台梭利班。

四、逐步内化:中国幼儿园课程在教育借鉴中得以产生并初步发展

在逐步内化阶段,外来政策或实践逐渐融为本土教育体制的一部分。具体

而言，包括对原有教育体系的影响、吸纳外来特征、融汇、评估。清末民初，在借鉴日本幼稚园课程框架和体系的基础上，中国现代意义上的幼儿园课程得以产生，并在教育实践中获得初步发展。

（一）对原有教育体系的影响：改变传统的学前教育方式和格局

中国历来是一个尊师重教的国度，在古代就非常重视对幼儿的教育，但是在近代以前，这种教育主要是在家族和家庭内部进行，并没有走向社会。据《礼记·内则》记载，在周朝就出现了历史上第一个婴儿教养机关——“孺子室”，用于周王太子和诸侯王世子的教育。东汉邓皇后在宫廷内设置“邸第”，教导家族近亲子孙数十人，成为中国历史上第一个学前教育机构。①除了皇宫贵族之外，古代的官僚士绅阶层也非常注重子弟的文化教育，以功名为目的的家庭教育在官僚士绅阶层中具有普遍性，对子弟的教育一般是在家族或家庭中的私塾进行。在普通的平民阶层，由于经济条件的限制，只有很少的一部分平民子弟能够享受到家庭教育。而在教育内容方面，古代家族式的家庭教育除了传授传统文化知识外，封建伦理和道德教化是第一位的，包括孝悌、忠信、立志、品行等诸多方面，通常都采用成人化的注入式教学方法，很少顾及幼儿的身心特点和发展需要。对于这种教育，出生于1891年的张雪门深有体会，曾指出其幼年所受的教育是死记硬背四书五经的教育，孩子们的生活经历和体验与古圣人的经验相去甚远，“好像字纸篓中的烂纸一样，不但不能适合环境需要，解决实际问题，甚至连意义都弄不明白”。②

而清末民初中国在文化教育领域的借鉴和改革使中国教育事业开始走上近代化的发展道路。在学前教育领域，确立了蒙养园在学制系统中的地位，建立起了现代意义上的学前教育机构和教师培养机构。同时，在借鉴和学习日本和西方的学前教育理论和实践的过程中，具有现代气息的幼儿园课程体系开始初步形成，改变了过去以经史和封建伦理道德为主的学前教育内容，在教育方法上也开始注重儿童身心发展的特点和需要。总的来看，这些变革都大大改变

---

① 冉苒. 中国古代初期无婴幼儿教育机构说质疑[J]. 西南师范大学学学（报哲社版），1990(3):56－59.

② 张雪门. 中国三十年来幼稚教育的回顾[A]. 载中国幼教史（近代部分）资料选编（下册）[M]. 南京师范大学教育系中国幼教史编写小组编，3－56.

了中国传统的学前教育方式和格局。

(二)吸纳外来特征:幼儿园课程烙上了浓厚的"日本化"色彩

"以日为师"的教育改革之路有力地促进了中国教育的现代化进程,但同时也使这一时期的教育打上了浓厚的"日本化"烙印,在学期教育方面也是如此。1904年颁布的《奏定蒙养院章程及家庭教育法章程》对蒙养院的保育教导要旨、条目、设备等方面做了规定,但在课程内容和形式方面的规定基本上是1899年日本《幼稚园保育及设备规程》的翻版。

在这一章程的指导下,中国各地相继开办了蒙养院,并根据各自的情况在实践中设置和调整着幼儿园课程的目标和内容。当时比较有代表性的蒙养院是湖北武昌蒙养院、湖南蒙养院、天津严氏蒙养院。湖北武昌蒙养院是时任湖北巡抚端方于1903年在武昌阅马场创办的幼稚园,聘请了户野美知惠等三名日本保姆负责经办,在开办章程中指出"设园旨趣有三:一、保全身体之健旺,体育发达基此;二、培养天赋美材,智育发达基此;三、习惯善良之言行,德育发达基此"。课程科目"大概与日本幼稚园科目有出入,今列于下:行仪、训话、幼稚园语、日语、手技、唱歌、游嬉"。[①] 湖南蒙养院是时任湖南巡抚端方于1905年开办的官立蒙养院,聘请了日本春山和佐藤两位女士为保姆经办,在教课说略中详细论述了其课程内容,包括:"一、谈话,谈话者即教师示以为人之道也;二、行仪,择效作规矩自然合度而乏苦趣者教之;三、读方,日本学文分为三事,曰读方、书方、缀方;四、数方,系用指数器;五、手技,即配查恩物是也;六、乐歌,乐歌为体育之一端,与体操并重;七、游戏。"[②]湖南蒙养院不仅在课程内容上与日本幼稚园无异,甚至在语言上都照搬过来了。而作为清末私立学前教育机构的代表,天津严氏蒙养院的课程也很有代表性,其课程主要包括游戏、唱歌、手工、故事等。严氏蒙养院聘请的也是日本教师,设备是从日本购买的,玩具主要是来自日本的"恩物",故事中也包括很多日本故事,甚至唱歌几乎大部分是从日文翻译过来的。[③]

---

① 中国学前教育史编写组.中国学前教育史资料选[M].北京:人民教育出版社,1989:103-106.
② 中国学前教育史编写组.中国学前教育史资料选[M].北京:人民教育出版社,1989:106-110.
③ 中国学前教育史编写组.中国学前教育史资料选[M].北京:人民教育出版社,1989:110-113.

从以上内容来看，清末民初中国幼儿园课程的设置和基本内容主要是学习和借鉴了日本的幼稚园课程体系，而西方福禄贝尔的学前教育思想和实践也通过日本第一次传入中国。在实践的操作过程中，除了借鉴日本已有的学前教育政策和经验，也从日本购买了大量的玩教具和"恩物"，并且还聘请了很多日方的学前教育工作者主持和负责幼稚园的开办。对于刚刚起步的中国学前教育来说，这样的政策和措施有力地促进了中国幼儿园课程的建立和发展，但也带上了浓厚的"日本化"色彩。

（三）融汇：基于国内形势的改变转而学习欧美

中华民国成立以后，掌握政权的资产阶级开始将眼光投向欧美发达资本主义国家，直接向先进的欧美国家学习，但由于国内情况的复杂性，这种转变相对缓慢。在学前教育方面，1912 年颁布"壬子癸丑"学制，将学堂改为学校、蒙养院更名为蒙养园以后，教育部于 1915 年公布了《国民学校令施行细则》，其中一章对于蒙养园的教育目的、课程内容、教育教学方法等做出了详细的说明。该法令规定，蒙养园的课程目标在于"保育幼儿，务使其身心健全发达，得善良之习惯，以辅助家庭教育"；课程内容"为游戏、唱歌、谈话、手艺"；在教育的方法上，"幼儿之保育须与其身心发达之度相符，不得授以难解事项及令操过度之业务。幼儿之心情容止，宜常注意使之端正，并示之以善良之事例，令其则效"。[①]从内容看，民初教育改革多有取法欧美之处，在幼稚园课程中增加了福氏的"恩物"、游戏与手技及"蒙台梭利的教育法"。

而在学前教育的课程实践中，一些蒙养园和幼稚园还是根据当时当地的实际情况对幼儿园课程进行了一些改造，以适应学前教育发展的需要。当时，比较著名的幼稚园包括南通育婴堂幼稚园和北京女高师附设的蒙养园。南通育婴堂成立于 1907 年，开始是为寄养婴儿和收留弃婴的场所，后来成立了幼稚园。当年有人考察后做出了记述："察其节目，雅与幼儿脑力体力之发育程序相符合。保姆七人，司保育之职。宾至，保姆导幼儿为礼，彬彬然。入保育室，制

① 中国学前教育史编写组. 中国学前教育史资料选[M]. 北京：人民教育出版社，1989：225.

极朴，地不铺砖，保姆方与乙组幼儿谈话，其他各组则游戏于庭。”①从记述中可以了解，幼稚园的课程主要包括谈话、游戏、礼仪等内容，而这些课程内容不仅适宜于幼儿的发展，也符合当时社会文化的要求。北京女高师附设的蒙养园成立于1915年，其宗旨是“调护儿童之心身，培养其三育，以造就健全之国民，而为国民教育之基础”，②课程内容包括谈话、游戏、手工、音乐和点心。随后，其课程也随着时代的发展而不断改革，尤其是1923年聘请江夫人卢岫雯为主任后，进行了一系列的实验和改革。“江为幼稚教育改革大家，蒙台梭利氏高足，到园后大事整理，分旧班为五组，仍以福尔勃氏方法教授。招新班分甲乙两组，以蒙氏新法指导，改定旧班课程为积木、排板、手工、图画、谈话等。新班课程无固定，但以智识、感觉、口齿以及视、听、嗅、触诸感觉之自由训练，饮食操作、户外游戏、简单体操之自由运动”③。

（四）评估：在借鉴中推动中国幼儿园课程的创立和初步发展

清末民初对日本和西方课程模式的借鉴和学习极大地促进了中国幼儿园课程的发展，使中国学前教育实现了向近代化的转变，而这种转变主要体现在以下几个方面：第一，课程理念上，福禄贝尔的自然主义教育思想和蒙台梭利的自由主义教育思想对中国幼儿园课程的发展起到了重要的启蒙作用，尊重儿童、自由发展、民主精神等要素开始萌芽；第二，课程目标上，开始关注儿童在德、智、体、美等诸多方面获得发展，并注重幼儿的身心特点与中小学生的差异性；第三，课程内容上，在借鉴和学习日本学前教育课程体系的基础上，开始在实践中根据本土的特点和需要进行一些改造，以适应当时社会文化的需要；第四，课程组织和实施上，除了通过政府颁布一系列章程和法令对学前教育的实施进行规范外，为近代学前教育机构和教师培训机构的建立也提供了有力的保障。正是基于这些重要的转变，推动了中国幼儿园课程的创立和初步发展，中

---

① 李桂林，戚名琇，钱曼倩. 中国近代教育史资料汇编. 普通教育[G]. 上海：上海教育出版社，2007：443.

② 李桂林，戚名琇，钱曼倩. 中国近代教育史资料汇编. 普通教育[G]. 上海：上海教育出版社，2007：445.

③ 李桂林，戚名琇，钱曼倩. 中国近代教育史资料汇编. 普通教育[G]. 上海：上海教育出版社，2007：444.

国学前教育近代化的步伐大大加快。

总的来说,大卫·菲利普斯的教育借鉴理论作为一个理论工具,很好地解释了清末民初中国幼儿园课程创立和发展的过程。在"以日为师"的教育借鉴中,中国幼儿园课程得以创立并初步发展,虽然具有浓重的"日本化"和"西化"色彩,但是,经过"本土化"的洗礼,基本上适应了中国学前教育发展的需要。这也说明,只有经过逐步内化,外国的模式进入本国以后才有生命力和活力,也只有将借鉴而来的理论和实践内化成自我的东西,才能在本国产生影响。

表3-1　清末民初的教育借鉴分析表

借鉴阶段	具体内容
跨国吸引	内在动力:由于清末民初时期国家的内外交困,中国必须进行社会改革和发展。教育成为变法图强的一个重要工具和手段。由于中国与明治维新前的日本具有相同的国情,日本教育体制和模式成为可供选择的最好范本
	外化潜力:当时的日本在借鉴和学习西方文化教育方面取得了斐然的成就,日本学前教育的迅速发展强烈地刺激和影响了清政府
本国决策	理论决策:为了尽快建立学前教育课程体系,清政府做出了"以日为师"的决策,仿照日本学前教育体系,将学前教育纳入国家正式学制系统,并照搬日本幼教课程体系
	实践决策:在做出仿照日本建立学制系统和课程体系的理论决策的同时,在实践层面,政府开始选派大量留学生赴日留学,并聘请日本教习主持幼教机构

续表 1

借鉴阶段	具体内容
本土实施	思想共识:政府和社会就如何改革达成初步一致:"中学为体、西学为用"思想和康有为儿童公育思想成为新的思想共识
	制度保证:政府颁布系列学前教育章程和法令提供制度保证。如 1904 年的《奏定学堂章程》,第一次将学前教育列入国家制定的学制之中。1912 年颁布的"壬子癸丑学制"将蒙养院改为蒙养园,蒙养园成为学制体系上的教育机构。1915 年公布的《国民学校令施行细则》对于蒙养园的教育目的、课程内容、教育教学方法、园长和保姆的配置和管理、蒙养园保育之人数以及各种设备等都做出了规定
	重要行动者:有识之士积极地参与促进了西方学前教育模式的传播和实践。主要通过两个途径:一是国内出版的期刊和书目介绍西方学前教育理论和实践,二是有识之士和西方教会及传教士在中国兴办学前教育时所产生的影响
	变革速度:变革的速度即建立起近代意义上的学前教育机构和幼儿教师培养机构。1904 年《奏定蒙养院章程及家庭教育法章程》颁布以后,中国各地相继开办了学前教育机构。与此同时,一系列政策的制定为当时幼儿教师的培养提供了一定的指导和保障,各地的幼儿教师培养机构也开始发展起来
	国情适应性:福禄贝尔课程模式和蒙台梭利教育法开始在中国土地上扎根。福禄贝尔式的游戏和"恩物"成为当时中国幼儿园课程中的重要内容。蒙台梭利教育法在中国的传播和影响则主要是基于一些有识之士的宣传和实践

续表 2

借鉴阶段	具体内容
逐步内化	对原有教育体系的影响:改变了中国传统的学前教育方式和格局。确立了蒙养园在学制系统中的地位,建立起了现代意义上的学前教育机构和教师培养机构。同时,具有现代气息的幼儿园课程体系开始初步形成,改变了过去以经史和封建伦理道德为主的学前教育内容,在教育方法上也开始注重儿童身心发展的特点和需要
	吸纳外来特征:清末民初中国幼儿园课程的设置和基本内容主要是学习和借鉴了日本的幼稚园课程体系。实践中,除了借鉴日本已有的学前教育政策和经验,也从日本购买了大量的玩教具和"恩物",并且还聘请了很多日方的学前教育工作者主持和负责幼稚园的开办。这样的政策和措施有力地促进了中国幼儿园课程的建立和发展,但也带上了浓厚的"日本化"色彩
	融汇:在学习日本的基础上直接师法欧美。从内容看,在幼稚园课程中增加了福氏的"恩物"、游戏与手技及"蒙台梭利的教育法"。在课程实践中,一些蒙养园和幼稚园根据实际情况对幼儿园课程进行了一些改造,以适应学前教育发展的需要
	评估:借鉴而来的课程模式直接推动中国幼儿园课程的创立和初步发展,使中国学前教育在课程理念、课程目标、课程内容和课程组织和实施方面实现了向近代化的转变

图 3－1　清末民初的教育借鉴分析图

第四章　民国中后期的教育借鉴："以美为师"阶段(1918—1948)

1919 年五四运动以后，中国文化思想界呈现出各种文化的激烈冲突、碰撞和波澜壮阔的思想革命，欧风美雨一时盖过了"以日为师"。教育领域同样出现全盘"美"化的情形，幼儿园课程也从过去主要学习、模仿日本转向学习欧美。

1922年的壬戌学制便是在此历史背景下应运而生的。壬戌学制将实施学前教育的公共机构改名为“幼稚园”，并第一次在真正意义上确立了幼稚园在学制中的地位，幼稚教育从此成为整个教育体系中的一个重要组成部分。当西方各种教育思想、流派传入中国，广大教育界人士全面学习西方的时候，以陶行知、陈鹤琴、张雪门等为代表的老一辈教育家针对当时中国幼儿园课程外国化、宗教化及非科学化的弊端，深刻反思中国学前教育的实践，并尝试推动中国幼儿园课程本土化和科学化的自主探索。

一、跨国吸引：西方民主与科学思想的广泛传播与影响

民国中后期文化、思想处于剧烈动荡和革新阶段。社会有识之士不断将西方政治、文化理念引入中国，希冀以此作为建立新社会、新文化的重要基础。教育作为文化之中的重要组成部分，也受到了当时各界人士的关注，将新文化的理念渗入到学校教育之中也成为当时教育改革的重要内容。在这种背景下，西方课程模式成为中国学前教育改革的重要参考。

（一）内在动力：寻求通过发展新文化来建设新社会

1. 寻求建立以“民主”和“科学”为基础的新文化与新社会

中华民国的建立并没有让中国摆脱积贫积弱、内忧外困的局面。面对这一现实，仁人志士们开始反思近代以来中国的历次改革，“洋务运动”从器物层次上进行改革，“维新变法”和“辛亥革命”在制度上进行变革，但最终都没有实现富国强兵的目的，未能使中国走上现代化的道路。一些人认识到需要在中华大地上进行一场思想文化的革命，五四新文化运动由此孕育而生。

民主和科学是五四运动的两面旗帜。在当时的中国，要宣扬民主的思想，贯彻科学的精神，就必须非孔反儒，张扬个体自由的意识，改造国民性，进行教育改革、文学革新和语言转换等。在民主和科学的大旗下聚集了一大批先进的知识分子和思想者，包括李大钊、胡适、鲁迅、钱玄同、刘半农、沈尹默、周作人等人。在对中西文化比较以后，他们从整体上认同西方文化，认为中国文化在整体上劣于西方文化，应以西方文化之长透视、克制中国文化之短。“他们以阔达的胸襟尽量全面地输入近代以来的西方文化，并持以批判性重估、再造中国文

化,整体性反传统,创设了多元共存互补的思想格局,为中国思想文化史以及中国历史别辟新路异境,开示出复杂多变、丰富多彩的现代进程"①。这些思想和文化的先驱者们就是希望通过批判旧思想、旧文化,来建立起以"民主"和"科学"为基础的新文化与新社会。

2. 将教育改革作为建设新文化与新社会的基石

五四新文化运动的浪潮当然也席卷了教育领域,当时许多思想家和明达知识分子都认识到,政治革命之所以没有达到预期的理想目的,最主要的原因是没有进行一场扎扎实实、规模宏大、成效卓著的思想启蒙,没有把与新制度相匹配的新思想灌输到广大民众的头脑中去;民众不觉悟,没有新观念、新知识、新道德、新体魄,就不可能担当起民主自治的重任,而这一伟大的事业需要改革之后的"新教育"予以承担。蒋梦麟认为:"教育,一方法也,以此方法而解决国家、社会、个人、职业种种之问题也。"②并指出:"教育为立国之根本,欲解决中国种种问题,教育其一重要方法也。故今后之教育,不唯为全国教育界所当注意,即政治实业经济界诸领袖亦当亟为研究。"③陶行知亦指出:"我们深信教育是国家万年根本大计。"④基于这种认识,当时中国先进的知识分子们提倡大力发展以新文化和新思想为主要内容的新教育,以此来构建新文化和新社会的基石。

(二)外化潜力:西方学前教育思想和课程实践的传播与影响

1. 杜威实用主义教育思潮的广泛影响

在西方众多的教育思想中,标榜"民主"和"实用"的美国哲学家杜威的实用主义教育思想在某种程度上契合了近代中国社会和教育发展的需要,成为当时的主流思潮。杜威的教育思想之所以能被当时的人们所接受,在很大程度上是取决于这一思想的反传统精神,而这种精神恰恰投合了当时中国社会和教育亟待发展与改革的需要。杜威用"传统教育"来称呼以教师传授书本知识为主

---

① 昌切.清末民初的思想主脉[M].北京:东方出版社,1999:105.

② 蒋梦麟.教育与职业[J].教育与职业,1917(1).载曲士培主编.蒋梦麟教育论著选[M].北京:人民教育出版社,1995:1.

③ 蒋梦麟.教育评论[J].新教育,1919(1).载曲士培主编.蒋梦麟教育论著选[M].北京:人民教育出版社,1995:98.

④ 陶行知.陶行知文集[M].南京:江苏人民教育出版社,1981:143.

的学校教育，在他看来，传统教育的最大弊端就是脱离社会、脱离儿童、脱离实际，而“传统教学的计划实质上来自上面的和外部的灌输。它把成人的标准、教材和方法强加给只是正在逐渐成长而趋于成熟的儿童”①。他反对传统的分科教学、教师中心和“灌输”教育，主张以儿童为中心，充分尊重儿童的个性，在教育活动中提倡民主和科学精神，注重课程的社会化和生活化，并且提出了“教育即生活”“教育即生长”和“做中学”的思想。杜威的这些思想深深影响了中国幼儿园课程的发展，尤其是影响了一大批学前教育工作者，如陈鹤琴、陶行知、张雪门、张宗麟等，他们当初都是杜威教育思想的追随者和实践者，也正是他们后来推动中国近代学前教育走上了本土化和科学化的轨道。

2. 西方学前教育思想和实践的广泛传播

在五四新文化运动的推动和西方学前教育思想的影响下，国内介绍福禄贝尔幼儿园课程内容及蒙台梭利学前教育思想和实践的文章大量出现。1917 年至 1919 年前后的《教育杂志》上，先后登载了介绍蒙台梭利教育思想的《儿童创造力培养法》《儿童游戏与人类学之意义》等文章。1922 年《教育杂志》第 14 卷第 9 号发表的《蒙台梭利之小学教育方法论》一文已不再限于介绍，而是依据本国已有的实践开始对蒙台梭利教育法进行评论。1929 年，张雪门先生在其著作《蒙台梭利及其教育》一书中，详细介绍了蒙台梭利学前教育思想和教育方法。此外，著名学前教育家陈鹤琴、张宗麟等都对福禄贝尔和蒙台梭利的学前教育思想进行了研究。陈鹤琴在其编写的《幼稚教育》讲稿中，专门列出两章对福禄贝尔和蒙台梭利教育思想和实践进行介绍和评论，②并对当时幼稚教育实践中存在的“不是直抄福禄贝尔，就是直抄蒙台梭利，不肯自己加以变化”③的现象进行了批判。1933 年，在樊兆庚编撰的《幼稚教育》一书中，重点对福禄贝尔的 20 种恩物和蒙台梭利的教具进行了仔细的说明，并且配有详细的图解。④ 而同年出版的《玩具与教育》一书除了介绍蒙台梭利式教具外，还将蒙台梭利式教具

① 赵祥麟. 杜威教育论著选[M]. 上海：华东师范大学出版社，1981：346.

② 陈鹤琴. 陈鹤琴全集(第 2 卷)[M]. 南京：江苏教育出版社，2008：5.

③ 陈鹤琴. 陈鹤琴全集(第 2 卷)[M]. 南京：江苏教育出版社，2008：5.

④ 樊兆庚. 幼稚教育[M]. 上海：商务印书馆，1934：36－86.

与福禄贝尔的恩物和鼓楼幼稚园的玩具进行了比较。[①] 福禄贝尔和蒙台梭利教育思想和实践在中国的传播主要集中在1913—1933年间,对当时中国学前教育的发展产生了重要的影响。

可以说,这一时期西方学前教育思想和课程模式对中国学前教育所产生的跨国吸引可以概括为两个方面的原因:从内在动力来说,是民国中后期政治经济改革和社会文化发展的需要,特别是对教育在社会改革中重要意义的认识;从外化潜力来说,源于五四运动对于西方教育理论和学说的广泛宣传和西方学前教育思潮的影响。

二、本国决策:为建设新社会走上"以美为师"的发展道路

民国中后期的教育决策主要采取的是理论决策和实践决策模式。以美国为代表的西方教育思想对中国学前教育决策的影响主要体现在两个方面:启动学制改革;以欧美为师开办蒙养院并建设幼儿园。

(一)理论决策:启动学制系统改革

中华民国建立以后,内忧外患仍然困扰着中国——一方面,社会动荡,战争不断,民不聊生,另一方面,帝国主义列强在中国各领域的侵蚀进一步加深。而在社会文化领域,由于五四新文化运动的影响,一批先进的知识分子抱着教育救国的思想,希望通过教育来实现救亡图存、国家民主和改造社会,寄希望于教育能在捍卫国家主权、振兴民族经济方面发挥基础作用。民主、科学、平等、共和的思想逐渐深入人心。人民越来越寄希望于通过政治变革和文化教育的革新来改变中国衰弱的现状。与此同时,由于第一次世界大战的爆发,西方列强无暇顾及中国市场,中国的民族资本主义在这一时期获得了快速的发展,近代中国的经济也进入了发展的"黄金时期"。民族资本主义的发展壮大了工人阶级的队伍,大批家庭妇女走上工作岗位而无暇顾及年幼子女的教育。张宗麟曾指出:"以吾国而论,昔日可以隐居而自耕自食,自织自衣。今则难办到……为父母者或因谋生活,或因求知识,无暇于教育其未届学龄之子女。"[②]因此,学前

---

① 陈济芸.玩具与教育[M].上海:商务印书馆,1933:107.

② 张沪.张宗麟幼稚教育论集[M].长沙:湖南教育出版社,1985:19.

教育已不仅仅是一个教育问题，而成了影响妇女解放、社会分工的重要社会问题之一，发展幼稚教育成为社会发展之必须。

在此情况下，为了推动幼稚教育的发展，在1915年第一次全国教育联合会上，湖南省教育会提议改革学校系统案，主张全面推翻现有学制，建立国民教育体系。[①]在1921年举行的第七次全国教育会联合会的主要议题就是学制系统改革问题，有11省区提出了学制改革的提案，提出了《学制系统草案》，力图将幼稚教育纳入正规的学制系统，保障和促进幼稚教育的发展。在各方的努力下，最终于1922年颁布了《学校系统改革案》，正式将幼稚园纳入学制系统，规定各地幼稚园收受6岁以下的儿童，为幼稚教育的发展提供了制度支持。

（二）实践决策：以欧美为师开办蒙养园并建设幼儿园课程

虽然民国时期经济文化发展的形势迫切需要发展幼稚教育，但是当时幼稚教育的现状却并不乐观。从张雪门于1918年至20年代初考察的30所各类幼稚园的情况看，当时幼稚教育宗教化和日本化现象非常严重。[②]据1921—1922年中华基督教教育调查团的报告，基督教教会学校在五四运动前夕共7 382所，其中幼稚园139所，学生4 324人。[③]随后，南京第一女师在1924年调查中得出全国有幼稚园190所，教会举办的则有156所，占全国总数的80%。[④]而幼稚园日本化的现象则是源于清末民初全面学习日本所产生的惯性和影响。

针对国内教育发展的现状，早在1912年，作为南京临时政府教育总长的蔡元培就提出了军国民教育和实利主义教育，后来又在1917年提出“以美育代宗教说”，意在扭转中国教育中存在的外国化、宗教化等情况。而随着五四新文化运动的兴起，杜威的实用主义教育思想得到广泛的传播，福禄贝尔和蒙台梭利的教育思想和方法也开始在中国的幼稚教育实践中产生影响，中国幼稚教育开始以欧美为榜样来建立各种幼稚教育机构，模仿其教育内容和方法来推动幼稚教育的发展。在这种纷繁复杂的情况下，迫切需要国家在政策层面对幼稚教育

---

① 湖南省教育会提议：改革学校系统案[A].载于全国教育联合会报告[D].1915,6.

② 中国学前教育史编写组.中国学前教育史资料选[M].北京：人民教育出版社，1989：185－186.

③ 李楚材.帝国主义侵华教育史资料——教会教育[M].北京：教育科学出版社，1987：15.

④ 何晓夏.简明中国学前教育史[M].北京：北京师范大学出版社，1990：132.

的发展予以规范和指引。不久,在1921年举行的第七次全国教育会联合会上讨论通过了《推广蒙养园案》。[①]由此,在欧美教育思想和学前教育模式的影响下开办蒙养园并建设幼稚园课程成为此后的发展趋势。

综上而言,这一时期基于国内幼稚教育发展的现实情况以及欧美学前教育思想和模式的影响,民国政府做出了以欧美为师开办蒙养院并建设幼儿园课程的宏观构想和设计,经过教育界人士的共同努力,政府通过颁布规范和法令的形式把宏观设计变为现实的决策,为其后来的实施和本土化奠定了政策基础。

三、本土实施:在借鉴欧美的基础上进行本土化课程实验

在以欧美为代表的西方教育思想的影响下,民国中后期的教育政策在本土具体实施过程中主要体现在五个方面:五四运动对新教育的奠基作用促使教育领域对改革达到思想共识;仿照美国颁布幼稚教育规程和法案提供制度保证;中国学前教育研究者是重要行动者;首次颁布全国性的《幼稚园课程标准》;福禄贝尔和蒙台梭利模式的混合运用。

(一)思想共识:五四运动对教育思想变革的奠基作用

五四运动在其实质上来说是一场思想启蒙解放运动。五四新文化运动的发展在思想文化的层面就是一个"破"和"立"相互统一的过程。所谓"破"乃是指反对以孔儒为代表的旧思想、旧道德和旧文化。五四运动高举"民主"和"科学"两面大旗,而民主是以个体自由意识为基础,科学则是以理性观念为根基,要弘扬个体自由和理性观念,就必须反对中国宗法君主专制制度的义理根子——孔子儒家学说。统治中国思想两千多年的孔子儒家学说以伦理忠孝一贯,在社会人伦领域施以三纲五常,造就了等级森严的社会阶级制度。这些都与五四运动所倡导的个体自由和理性观念水火不相容。而所谓"立"乃是指建立以"民主"和"科学"为基础,倡导思想解放和个性解放的社会新文化。李大钊曾数落东洋文明的短处,列举了很多方面,其中有两个方面涉及个体:一是"不尊重个性之权威与势力",二是"阶级的精神,视个人仅为一较大单位中不完

---

① 金曾澄.广东提出学制系统草案之经过及其成立[J].新教育,1922(4):2.

全之部分,部分之生存价值全为单位所吞没”。[①] 对于中国传统的儒家宗法社会来说更是如此,个人被儒家文明捆绑得越死,个体地位就越卑微。因而,“五四”一代先进的知识分子们反其道而行之,极力宣扬西方近代文明中的“民主”和“自由”,倡导个体自由和人的解放。在这一时期,人的解放是个体自由的发现,是倚重妇女、儿童或下层民众的一切人的重新发现。呼唤人的解放,实质上是呼唤文化的解放、社会的解放。因为文化是人的表意行为及其后果,其核心是人的价值、人的理想、人的终极关怀等,而这些都体现为文化的抉择,人是文化的生命活水。

五四新文化运动对教育领域的影响也是巨大的,当时的思想家和先进的知识分子们不仅认为可以通过新教育来建设新文化和新社会的基石,更希望通过新教育来塑造新人类、建构新文明。如此,发展新教育成为仁人志士的共识,为了促进新教育思想的传播和实践,他们在比较中西文化教育差异的基础上,对中国的传统教育观念和思想进行了激烈的批评。他们提倡学习西方先进的教育理论和教育思想来改造中国的教育实践,通过建立现代化的教育来改造国民性,促进人格独立和个性发展。

此时,幼稚教育也受到了人们的关注,陈鹤琴指出:“儿童教育是一切教育的基础。这句话是谁都承认的:因为儿童虽然不必定说是社会的主人翁,却是社会文化的继承者与创造者,将来社会文化的进步与否,全看现代儿童教得如何而定。所以谈教育的人,都说要注意基本的教育——儿童教育。”[②]恽代英也认为:“学前教育是学校教育的‘根基’,学前教育搞好了,就可以让儿童顺利地步入学校教育的大门。良好的学前教育对学校教育来说,‘既为之树根柢,又为之匡谬补缺’。”[③]所以说,正是由于五四运动对当时广大民众的宣传和引导,推动了当时个体和社会在思想文化领域的启蒙和解放,为后来幼稚教育改革和发展奠定了良好的思想文化基础。

---

① 蔡尚思,朱维铮.东西方文明根本之异点[A].中国现代思想史资料简编(第1卷)[M].杭州:浙江人民出版社,1982:128.

② 陈鹤琴.《现代父母》发刊词[J].现代父母,1933,1(1).

③ 恽代英.家庭教育论[J].妇女时报,第20号.载中外名人论学前教育[M].北京:中国妇女出版社,1988:6.

（二）制度保证：仿照美国颁布幼稚教育规程和法案

一项政策的实施和执行，需要有相应的规章制度和组织结构作为前提和保障。民国中后期中国幼儿园课程的形成和发展也是建立在一系列的教育制度和架构的基础之上的。

随着杜威来华演讲及其教育思想的广泛传播，此时的中国开始对美国的教育制度和教育体系推崇备至，并深受其影响。1922 年 10 月民国政府颁布的《学校系统改革案》，又称“壬戌学制”，就是在借鉴美国的“六三三”学制的基础上建立起来的。此次学制改革经过了各省区教育会的仔细研究和讨论，客观反映了当时社会发展的要求和教育的实际情况，属于一次自下而上的变革，完全不同于清末盲目照抄而来的学制。“壬戌学制”首先明确了学校系统改革的标准，以及改革和发展的方向，具体包括如下七条：第一，适应社会进化之需要；第二，发挥平民教育精神；第三，谋个性之发展；第四，注意国民经济力；第五，注意生活教育；第六，使教育易于普及；第七，多留各地方伸缩余地。[①] 在幼稚教育方面，“壬戌学制”正式将幼稚园纳入学制系统，规定各地幼稚园收受 6 岁以下的儿童，以制度的形式确立了幼稚园教育在国民教育体系中的重要地位，为民国中后期幼稚教育的发展提供了制度的保证。后来的实践也证明了“壬戌学制”是适宜于当时中国教育发展之实际的，并非是一味地模仿和抄袭，而是中国教育家们在实践基础上的主动选择，是一种中国化和本土化的结果。

1928 年的全国教育会议通过了《注重幼稚教育案》。在此次会议上，陶行知提出了“审查编辑幼稚园课程即教材案”，并建议编订一个符合中国国情的统一的幼稚园课程标准。随后，在陶行知、陈鹤琴、张雪门等老一辈教育家的努力下，教育部于 1932 年 10 月公布了《幼稚园课程标准》，为民国中后期幼儿园课程的发展提供了参考和指引。同时，面对当时幼稚园发展迅速、幼儿园教师短缺的现状，教育部于 1933 年 4 月公布了《师范学校规程》，其中规定“师范学校得附设特别师范科及幼稚师范科”，并对幼稚师范科的修业年限、课程设置、入学管理、毕业后的工作和服务情况等都做出了明确的说明，规范和促进了当时

① 璩鑫圭，唐良炎．中国近代教育史资料汇编．学制演变[G]．上海：上海教育出版社，2007：1008－1009．

幼稚师范教育的发展，为幼儿园教师的培养和发展提供了必要的保障。民国教育部又于1939年公布了《幼稚园规程》，后改为《幼稚园设置办法》，对于幼稚园教育的目的和设置做出了初步的规范。而1943年公布的《幼稚园设置办法》则较为详尽具体，对于幼稚园的教育目的、设置方式和地点、招收幼儿的年龄、日常管理、运作的经费、教员的编制、课程的设置等，都做出了详细的规定和说明，为幼稚园教育提供了重要的依据。

可以说，重要的教育文件和制度的公布和实施，都为民国中后期学前教育的发展提供了重要的制度保障和方向指导，也为这一时期幼儿园课程的发展提供了法制依据、课程标准和人员的保障，为学前教育及其课程的发展提供了有力的制度架构。

（三）重要行动者：中国学者进行本土化课程实验

五四运动前后，随着欧美社会和文化思潮的涌入，中国开始从全面学习日本转向全面学习欧美。在幼儿园课程领域，则出现了多种课程模式混杂的情况。张雪门在考察各类幼稚园的情况后指出当时幼儿园课程主要有三种类型：一种是蒙养院的日本式课程，一种是教会幼稚园的宗教式课程，还有一种是福禄贝尔、蒙台梭利课程。从发展情况看，当时幼儿园课程的外国化和宗教化情况比较严重。针对这种情况，中国学前教育的开拓者们在理论和实践的探索中，提出了自己的解决之道。

早在1923年，陈鹤琴就在南京创办了鼓楼幼稚园，亲自担任园长，开始探索学前教育中国化道路。不久将这所幼稚园作为东南大学教育科的幼教实验园，对幼稚园的课程、设备及教学原则和方法等进行实验研究，使这所幼稚园成为中国第一个幼教实验中心，开创了中国学前教育科学研究之先河。而对于当时中国学前教育的弊病，陈鹤琴也有深刻的认识，他曾撰文指出："倘是一些主张都没有，仍旧像中国初办教育时候，今日抄袭日本，明日抄袭美国，抄来抄出，到底弄不出什么好的教育来。"①他呼吁要根据中国历史和国情，通过实验研究的方法来探索适宜于中国的幼稚园课程、教材和教育教学方法。经过几年的研

① 陈鹤琴. 陈鹤琴全集(第2卷)[M]. 南京：江苏教育出版社，2008：75.

究，于 1927 年发布了《课程试验报告（一）》，1928 年出版了《幼稚教育丛刊》四种，具体介绍了试验的研究成果，并成为教育部分别在 1929 年和 1932 年颁布的《幼稚园课程暂行标准》和《幼稚园课程标准》的重要依据。

陶行知是中国学前教育改革和实验的先行者，1926 年发表了《创设乡村幼稚园宣言书》《幼稚园之新大陆——工厂与农村》和《如何使幼稚教育普及》等文章。在这些文章中，陶行知指出当时中国幼稚园的三种病，即外国病、花钱病和富贵病，主张通过本土化的研究和实验，建设中国的、省钱的和平民的幼稚园，用科学的方法来建立中国化和科学化的幼稚园课程。在推进平民教育的过程中，陶行知认识到农村和工厂是幼稚园的新大陆，1927 年 3 月在其领导和倡议下，在南京成立了南京实验乡村师范学校，后改成晓庄师范。在此基础上，他又创立了幼稚师范院和小学师范院。同年 11 月，他创办了燕子矶幼稚园，这是中国第一所乡村幼稚园。他还以晓庄师范学校为基点，建立起中心幼稚园以及小学和民众学校等，接着带领张宗麟并组织孙名勋、戴自俺等先后创办了和平门幼稚园、迈皋桥幼稚园、新安幼稚园和上海劳工幼稚园。[①] 1931 年创办了山海工学团，并在全国进行了巡讲，产生了广泛的影响。

张雪门是中国现代著名的学前教育专家，也是中国化幼儿园课程的探索者。1917 年，张雪门在浙江宁波创办了星荫幼稚院，自任园长，后又办了幼稚师范，任校长。1920 年，他应邀到北平主持孔德幼稚师范，又于 1930 年应香山慈幼院院长熊希龄之聘，在香山开办北平幼稚师范学校，并任校长。张雪门在其领导的北平幼稚师范学校建立了“中心幼稚园”作为学前教育的实验基地，为师范生提供实习的场地，同时还借用北平市的几所幼稚园开办平民幼稚园，专门接受平民子女。以北平幼稚师范学校及其所属的中心幼儿园所进行的一系列幼稚教育实验，对周边地区的幼稚教育产生了积极影响，遍及东北、华北、内蒙古、天津和北平等地。

正是由于陶行知、张雪门、陈鹤琴等一批有识之士的努力，民国中后期中国幼儿园课程在借鉴和学习西方幼儿园课程有益经验的基础上，中国化和科学化

---

① 中国学前教育研究会. 百年中国幼教[M]. 北京：教育科学出版社，2003：193.

的学前教育探索取得了重要的成果，为中国学前教育的发展做出了巨大的贡献。

（四）变革速度：首次颁布全国性幼稚园课程标准

在总结和概括前期幼稚教育研究和实践经验的基础上，1928 年在全国教育会议上通过了《注重幼稚教育案》，提出了"审查编辑幼稚园课程即教材案"，并提议在大学院和京都创办实验幼稚园，聘请专门人才编写幼稚园课程和教材。此后，编订一个符合中国国情的统一的幼稚园课程标准成了一项迫切的任务。目的在于通过颁布统一性的课程标准对国内不同类型和层次的幼稚教育进行规范和引导，促进幼稚教育更快发展。

当时在国内，陶行知和陈鹤琴等幼稚教育专家已经在南京鼓楼幼稚园、燕子矶幼稚园和晓庄乡村幼稚园进行了一系列的课程探索和实验，并且取得了一定的成果，积累了一些经验。鉴于这种情况，教育部便聘请了以陈鹤琴为首的 11 位幼教专家，开始编写幼稚园课程标准。1929 年 9 月草拟出幼稚园课程暂行标准以后，在全国各省市试行，后经过几番修改，最终于 1932 年 10 月由教育部公布施行，而后又在 1936 年进行了修改和完善。由此，中国有了第一部全国统一的《幼稚园课程标准》。这一标准共分为三个部分，即幼稚教育总目标、课程范围及教育方法要点。从内容上看，其明显受到了杜威教育思想的影响，强调儿童本位主义，注重以儿童为中心，关注儿童的快乐和幸福，而不是日本式幼稚园课程注入式的知识和技能教学。课程内容则主要是以活动为主，体现了以活动为中心的"活教育"思想，力图突破以前的按学科分类的课程形式，以儿童的生活活动来进行，学科服从活动的主题，以活动主题为中心组织课程。而教育方法的要点则体现了教师主导与儿童主体相统一的原则，体现了计划性与灵活性相统一的原则，通过多种活动方式很好地协调了纪律、自由与儿童兴趣的关系。

总体来看，1932 年颁布的《幼稚园课程标准》借鉴和融合了西方先进的学前教育思想，结构完整、内容充实，形成了较为完整的课程理论体系。同时这一课程标准又是陶行知、陈鹤琴、张宗麟等人长期的学前教育实验和实践的结晶，具有很强的实践性和可操作性。因此，这一课程标准对于当时中国幼稚教育课程实践的发展起到了很好的引领和指导作用,促进了民国中后期学前教育的发展。

(五)国情适应性:福禄贝尔和蒙台梭利模式的混合式运用

在五四运动前后,在新文化运动的感召下,中国各地相继开办了很多以西方教育思想为指导的幼稚园,很多幼稚园在课程领域也进行了一系列改革。由于福禄贝尔幼儿园模式和蒙台梭利课程模式具有良好的实践操作性,得以在中国的幼稚园中广泛应用。

在当时的幼稚园中,很少有幼稚园完全采用福禄贝尔式课程或者蒙台梭利式课程,一般都是两种模式的混合,或者一种模式的变体,这也是在借鉴和学习过程中调整的结果。这种情况在一些比较著名和有代表性的幼稚园中都有很好的体现。比如,成立于1915年的北京女子高等师范学校蒙养园,在1923年特聘请卢岫霙为主任,进行了一系列的实验和改革,并最终形成"分旧班为五组,仍以福尔勃氏方法教授。招新班分甲乙两组,以蒙氏新法指导,改定旧班课程为积木、排板、手工、图画、谈话等。新班课程无固定,但以智识、感觉、口齿以及视、听、嗅、触诸感觉之自由训练,饮食操作、户外游戏、简单体操之自由运动"①的课程模式。该模式实际上属于一种混合式课程模式。同样,创建于1920年的南京高等师范学校附属幼稚园也采用混合式课程,在课程思想上,其崇尚福禄贝尔和蒙台梭利等对于学前教育价值的论述;在设备和组织上,有作业室、音乐游戏室和运动室。其中,在具体的组织上,作业室的设立是基于蒙台梭利对于作业的重视,"用意或在养成'独立自主的精神'(蒙台梭利女士所谓自由的第三要义)"②;音乐室主要用于艺术教育,在活动中音乐被用作让儿童学习活动的节奏和自律,是蒙台梭利式课程中经常用到的;在运动室中,则设置了很多"恩物",对于游戏和"恩物"的重视很显然也具有福禄贝尔式幼儿园的特点。而在具体的课程内容方面,虽然主要借鉴和学习的是福禄贝尔和蒙台梭

---

① 李桂林,戚名琇,钱曼倩.中国近代教育史资料汇编.普通教育[G].上海:上海教育出版社,2007:444.

② 李桂林,戚名琇,钱曼倩.中国近代教育史资料汇编.普通教育[G].上海:上海教育出版社,2007:447.

利的课程内容,但是也加入了很多中国的元素,包括中国的节气、节日、音乐、故事、人物、活动等,同样是一种混合的模式。这一时期除了公立的幼稚园外,一些私立幼稚园也采用了西方的课程模式,如熊希龄于 1919 年创办的香山慈幼院,“蒙养园的规模也是相当大的,有小花园、动物园、游戏场,室内外的玩具教具等设备都极完备”,“教育的内容和方法完全采用欧美的单元教学”。[①]

无论是公立幼稚园,还是私立幼稚园,其幼稚园的课程设置和内容基本上都受到了西方幼儿园课程的影响,其中主要是借鉴和学习了福禄贝尔式课程和蒙台梭利式课程。在 20 世纪 20 年代中后期,由于陈鹤琴、张雪门、张宗麟等人的努力,中国幼儿园课程逐渐走上了科学化和中国化的道路。

综上所述,民国中后期在借鉴欧美学前教育思想和模式的本土实施阶段,主要受到了五大因素的影响:在思想共识方面,五四运动在推动思想启蒙的同时也促进了新教育思想的发展;而从制度的保证上分析,民国政府在欧美学前教育思想的影响下颁布了一些重要的幼稚教育规程和法案;在重要的行动者方面,以陶行知、陈鹤琴和张雪门为代表的中国学前教育研究者们在国内开展了一系列本土化的课程实验和实践;基于这些变革以及所取得的成果,民国政府于 1932 年颁布了全国性的《幼稚园课程标准》,并以此来引导和规范全国幼稚教育的发展;而在国情适应性方面,经过本土化的改造和实践,福禄贝尔模式和蒙台梭利教育法在中国的幼稚教育实践中得到了灵活运用。可以说,在本土实施阶段对欧美幼儿园课程思想和模式的改造和运用,有力地促进了中国幼稚教育课程的发展,为之后的逐步内化奠定了良好的基础。

四、逐步内化:初步进行了中国化的活动课程和综合课程的尝试

民国中后期中国在借鉴和学习欧美课程模式的过程中,开始形成本土化的课程体系,确立了“儿童中心”儿童观和生活化课程观,在融合西方教育思想的基础上建构本土化课程观,并初步进行了中国化活动课程和综合课程的尝试,但现实国情制约了学前教育的发展。

① 中国学前教育史编写组. 中国学前教育史资料选[M]. 北京:人民教育出版社,1989: 275.

（一）对原有教育体系的影响：开始形成本土化的课程体系

为了顺应中国幼稚教育实践发展的需要，在借鉴和学习西方先进学前教育思想和经验的基础上，通过陶行知、陈鹤琴等中国学前教育专家长期的幼稚教育探索和实践，当时的教育部于1932年正式颁布了《幼稚园课程标准》。这一课程标准成为引导当时中国幼稚教育发展的重要文件，为民国中后期幼儿园课程的发展提供了重要的依据和指导，在此基础上开始形成本土化的课程体系。

以《幼稚园课程标准》为基础建立起的新的课程体系具有强烈的本土化色彩，是西方先进教育思想和中国化学前教育实践相结合的产物，是陶行知、陈鹤琴、张雪门、张宗麟等教育家长期进行幼稚教育课程实践和实验的总结和提升，在一定程度上反映了中国幼儿园课程科学化和本土化探索的成果。它使中国学前教育摆脱了近30年的课程混乱局面，形成了自己本土化的幼稚园课程标准，并对三四十年代乃至解放前中国的幼儿园课程产生了重要的影响。此时的课程体系具有以下几个特点：第一，明显受到了杜威实用主义教育思想的影响，尤其是教育即生活、教育即生长、学校即社会以及教育无目的论等思想的影响；第二，体现了面向全体儿童，注重儿童整体发展的儿童观和课程观，从各项课程目标的总体结构和内容看，其涉及了儿童的身体、智力、社会性、艺术和道德等诸多方面的发展，既有最终目标，也有近期目标，涵盖了儿童发展的全面性和整体性；第三，体现了一种经验主义的知识观，强调知识是儿童与环境中的人、物、事相互作用所获得的直接经验，主张儿童通过各种活动来进行主动学习并获得生活经验，反对教师的直接灌输，反对幼稚园教育与儿童的现实生活脱节，在具体内容上与当时的社会生活结合紧密，具有特定时代的特点；第四，具有很强的实践性和可操作性，课程范围列出了详细的课程活动内容，涉及幼儿发展的各个方面，教学方法要点也很具有针对性和实践指向，为教师提供了有力的依据。

不过，这一时期的课程体系也存在一定的问题，主要是课程目标缺乏年龄层次的划分，没有体现出不同年龄阶段儿童的特点和发展需要，课程范围的纵向系统缺乏内在的联系，在具体课程内容上存在着照搬西方课程模式的倾向，尤其是照搬蒙台梭利课程模式的问题。比如，课程范围中“工作”一项基本仿照了蒙台梭利课程模式中对工作的要求，而在“静息”一项中则明确提出要“仿照蒙台梭利的办法，举行定时的静默”，并对具体的静默方式和内容进行了说明。但是，瑕不掩瑜，在当时的环境下，新的幼稚园课程体系是中国学前教育专家在探索、总结自己实践研究的基础上形成的，虽然吸收和借鉴了西方教育思想和课程模式，但是经过本土化的实践，能够洋为中用，适应了中国学前教育发展的需要，具有科学性和民族性的特征，是中国20世纪20年代至40年代幼儿园课程变革和发展过程中的重要成果。

（二）吸纳外来特征：确立“儿童中心”儿童观和生活化课程观

观念的改变历来是事物变革的前提，在教育领域，课程观是儿童观和教育观在教育实践中的凝结和具体化，有什么样的儿童观就会有什么样的教育观，从而也决定着课程观的相应变革。杜威用其实用主义理论为教育生活化做出了理论化的诠释；而蒙台梭利则认为教育的目的是通过培养具有健全人格的儿童建设理想的和平社会，并在学前教育的实践中努力践行着这种理念。世界范围内这种教育生活化的教育理念和改革浪潮也深深地影响了中国的教育，在批评中国传统的儿童观和教育观的基础上，“儿童中心”的儿童观和教育观在中国的文化界和教育界开始确立，尊重儿童、热爱儿童成为文化界和教育界人士的共识。他们反对成人轻视儿童，要求打破成人、学校对儿童的种种束缚，要求给儿童成长创造一个全新的生活环境与教育氛围。

伴随着教育生活化理念的传播和“儿童中心”观的确立，生活化的课程观也理所当然地成了学前教育课程发展的指导思想。尊重幼儿的生活、从幼儿的生活经验出发成了这一时期幼稚园课程的重要原则。陶行知在长期教育实践的基础上提出了“生活教育”理论，主张“生活即教育”“社会即学校”和“教学做合一”。陈鹤琴也认为幼稚园课程的目的主要在于帮助儿童过好当下的生活，因此，幼稚园的课程要从儿童的真实生活经验出发，而这些经验必须“合于儿童的需要，又顾及社会生活的意义及社会生活的重要”①。并指出：“小孩子的知识是由经验得来的。所接触的环境愈广所得的知识当然愈多。所以我们要使小孩子与环境有充分的接触。”②而陈鹤琴所指的环境主要包括两种，一种是自然

① 陈鹤琴.陈鹤琴全集(第2卷)[M]．南京：江苏教育出版社，1987：41.

② 中国学前教育史编写组.中国学前教育史资料选[M].北京：人民教育出版社，1989：152.

的环境,一种是社会的环境,即幼稚园的课程是以自然社会为中心的。

“儿童中心”的儿童观和生活化的课程观在幼稚教育领域的确立,对民国中后期幼儿园课程的发展产生了重要的影响,形成了以大自然、大社会为中心的课程内容体系,课程组织上强调整体性和生活化,实施方法上强调儿童游戏和户外活动,使中国学前教育的面貌焕然一新。

(三)融汇:融合中西教育思想形成了活动课程理论

民国中后期,中国学前教育家们在借鉴和融合杜威教育思想的同时,也积极开展学前教育实验,力图改变当时中国幼稚教育领域存在的“外国病”“花钱病”和非科学化问题,并最终形成了适宜于中国国情的本土化课程理论,包括陈鹤琴的“活教育”和张雪门的“行为课程”等活动课程理论。

陈鹤琴是现代中国学前教育改革和实验的先行者和探路人。在学前教育实践和研究的基础上,他撰文指出当时中国幼稚教育存在的四种弊病:一、与环境的接触太少,在游戏室的时间太多;二、功课太简单;三、团体动作太多;四、没有具体的目标。①而后针对这些问题他提出了发展幼稚教育的十五条主张,内容涉及幼稚园课程的目标、内容、设备、教学法、评价等诸多方面,初步形成了幼稚园课程发展体系。在后来的幼稚教育理论和实践中,陈鹤琴的“活教育”理论逐渐成熟和完备,20 世纪 40 年代中后期,他提出了活教育的三大纲领:目的论——做人、做中国人、做现代中国人;课程论——大自然、大社会都是活教材;方法论——做中教、做中学、做中求进步。此外,他还提出活教育的具体教学原则和训导原则。在课程内容方面提出了五种活动:健康活动,包括体育、卫生等学科;社会活动,包括史地、公民、常识等学科;自然活动,包括动植物、气象、理化、算术等科;艺术活动,包括音乐、图画、工艺等科;文学活动,包括读、作、写、说等科。②在课程的实施方法上提出了四个步骤,包括实验观察、阅读参考、发表创作和批评研讨。由此,形成了完整的“活教育”幼儿园课程理论。

张雪门的“行为课程”理论是在长期的幼稚教育实践和研究中提出来的。在 20 世纪 20 年代末,受美国行为主义学说的影响,张雪门开始了行为主义课

① 陈鹤琴. 陈鹤琴全集(第 2 卷)[M]. 南京:江苏教育出版社,2008:1 -3.

② 陈鹤琴. 陈鹤琴全集(第 2 卷)[M]. 南京:江苏教育出版社,2008:412 -423

程的研究。他先后发表了《幼稚园的研究》《幼稚园课程编制》《幼稚园教育概论》《新幼稚教育》《幼稚教育新论》等著作，阐述其幼稚园课程思想。他认为幼稚教育应该以儿童发展为本，主张课程就是经验，认为“幼稚园课程的目的，在于联络孩子们的旧观念，以引起其新观念，更谋其旧经验的打破，新经验的建设”①。基于这种教育观和课程观，在长期实践和研究的基础上，他建立起了“行为课程”理论。他指出：“生活就是教育，五六岁的孩子们在幼稚园生活的实践，就是行为课程。”这种课程与其他幼稚园课程的不同之处，就在于“这份课程，完全根据于生活；它从生活而来，从生活而开展，也从生活而结束”。②此外，张雪门还详细论述了实施幼稚园行为课程的原则、如何组织幼稚园行为课程、课程实施前的准备、课程实施中的指导和实施后的进展等诸多方面。1946 年去台湾以后，张雪门仍然致力于幼稚园行为主义课程的研究，于 1966 年出版了《增订幼稚园行为课程》一书，标志着其幼稚园“行为课程”理论体系的完成。

总体来看，陈鹤琴的活动课程和张雪门的行为课程都深受杜威教育思想的影响，强调课程内容都主要源于儿童的生活环境——包括了自然和社会两大部分，涵盖了健康、社会、艺术、科学等方面的内容，更为重要的是他们都在长期的学前教育实验和实践中得以内化和系统化，初步进行了中国化活动课程和综合课程的尝试。

（四）评估：现实国情制约了学前教育的发展

经过以陶行知、陈鹤琴、张雪门和张宗麟等为代表的学前教育家们的努力，中国学前教育获得了较快的发展，形成了一些有影响力的中国化学前教育思想和课程理论。另一方面，幼稚教育的发展也得到了政府层面的肯定和支持，颁布了全国性的《幼稚园课程标准》以及一系列幼稚教育方面的规程和法令，要求全国各地遵照执行。在各方力量的努力下，当时全国的幼稚园数量由 1929 年的 829 所增长到 1936 年的1 283所，在园儿童数量也由 1929 年的31 967人增长到 1936 年的79 827，人数是 1929 年的两倍多，幼儿园教师数量也几乎翻了一

---

① 戴自俺. 张雪门学前教育文集[M]. 北京：北京少年儿童出版社，1994：25.

② 戴自俺. 张雪门学前教育文集[M]. 北京：北京少年儿童出版社，1994：1088.

倍,达2 607人。[①]

但以上成就并没有促成学前教育春天的到来。从当时的统计数据来看,即使是学前教育发展最好的 1947 年,幼稚园的数量也只有1 301所,入园幼儿130 213人,[②]仅占当时全国适龄儿童的极少一部分。这些幼稚园大多集中在沿海城市,如:1947 年上海市有幼稚园 361 所,占全国总数的 27.7%。[③] 此外,民国中后期仍有相当一部分幼稚园是教会幼儿园或私立幼儿园。南京第一女子师范 1924 年调查得出,全国有幼稚园 190 所,其中教会办园 156 所,占全国总数的 80%。[④] 正是由于幼稚园分布的不均衡性和性质的多样化,导致幼稚园课程的纷杂无序,缺乏统一性和整体性。虽然在 1932 年教育部颁布了全国性的《幼稚园课程标准》,但这一标准仅针对当时的公立幼稚园而言,对于私立幼稚园和教会幼稚园并没有实际的约束和训导作用。以陶行知和陈鹤琴为首的教育家所践行和倡导的旨在实现幼稚教育平民化、普及化的幼稚园课程,很难在私立幼稚园和教会主办的幼稚园施行,即使是公立幼稚园,这种平民化的幼稚园课程也并不受那些公立贵族幼稚园的青睐。

从当时的社会发展状况来看,连年的内战和民族解放战争耗费了大量的人力、物力,国家贫困,社会矛盾重生,国民政府更无暇顾及学前教育的发展,学前教育事业发展的基本经费无从保障。与此同时,幼儿园教师的整体素质偏低,幼儿师资匮乏,有限的幼儿师范学校培养出来的教师根本无法满足当时学前教育发展的需要。诸多因素的影响,使得以陶行知和陈鹤琴为首的教育家所实践和倡导的先进幼稚教育课程思想和理论,没有能够很好地推广和应用到全国的幼稚教育实践中,这不能不说是一大遗憾,这也是时代发展的局限性所致。之后抗日战争爆发,学前教育事业转而日趋衰落,直到抗战胜利后才有所好转。

---

① 中国学前教育史编写组. 中国学前教育史资料选[M]. 北京:人民教育出版社,1989:360.

② 中国学前教育史编写组. 中国学前教育史资料选[M]. 北京:人民教育出版社,1989:360.

③ 牟映雪. 新中国学前教育变革与发展[M]. 重庆:重庆大学出版社,2004:35.

④ 何晓夏. 简明中国学前教育史[M]. 北京:北京师范大学出版社,1990:132.

表4－1　民国中后期的教育借鉴分析表

借鉴阶段	具体内容
跨国吸引	内在动力：中华民国成立后，面对积贫积弱、内忧外困的局面，政府寻求建立以“民主”和“科学”为基础的新文化与新社会，并将教育改革作为建设新文化与新社会的基石
	外化潜力：杜威教育思想广泛传播，并成为当时思想的主流，深深影响了中国幼儿园课程的发展。同时，在西方学前教育思想的影响下，国内介绍福禄贝尔幼儿园课程内容及蒙台梭利教育幼儿思想和实践的文章大量出现
本国决策	理论决策：为实现国家的振兴和教育的发展，民国政府做出了“以美为师”的决策，并仿照美国启动了全面的学制系统改革
	实践决策：在进行学制系统改革的同时，在实践层面上，政府开始借鉴欧美教育经验开办蒙养院并建设幼儿园课程
本土实施	思想共识：五四运动在推动思想启蒙的同时也促进了新教育思想的发展。幼稚教育也受到了人们的关注，为后来幼稚教育改革和发展奠定了良好的思想文化基础
	制度保证：在欧美学前教育思想的影响下颁布了一些重要的幼稚教育规程和法案。如1922年10月颁布的《学校系统改革案》，又称“壬戌学制”，以制度的形式确立了幼稚园教育在国民教育体系中的重要地位，为民国中后期幼稚教育的发展提供了制度保证。在1928年的全国教育会议上通过了《注重幼稚教育案》，教育部于1932年10月公布了《幼稚园课程标准》，为民国中后期幼儿园课程的发展提供了参考和指引
	重要行动者：中国学前教育研究者在国内开展了一系列本土化的课程实验。陶行知、张雪门、陈鹤琴等一批有识之士纷纷开办幼稚园，在借鉴和学习西方幼儿园课程有益经验的基础上，进行中国化的幼稚教育改革和实验，取得了重要的成果，为中国学前教育的发展做出了巨大的贡献
	变革速度：通过颁布全国性的课程标准来引导和规范幼稚园课程的实施。1928年在全国教育会议上通过了《注重幼稚教育案》，提出了“审查编辑幼稚园课程即教材案”，并提议在大学院和京都创办实验幼稚园，聘请专门人才编制幼稚园课程和教材。通过颁布统一性的课程标准对国内不同类型和层次的幼稚教育进行规范和引导，促进幼稚教育的更快发展
	国情适应性：在新文化运动的感召下，中国各地相继开办了很多以西方教育思想为指导的幼稚园，很多幼稚园在课程领域也进行了一系列改革。福禄贝尔幼儿园模式和蒙台梭利课程模式由于其良好的实践操作性，在中国的幼稚园中得到了广泛的应用

续表

借鉴阶段	具体内容
逐步内化	对原有教育体系的影响:基于本土化的课程理论和实践总结形成了国家性的《幼稚园课程标准》。这一课程标准成为引导当时中国幼稚教育发展的重要文件,为民国中后期幼儿园课程的发展提供了重要的依据和指导
	吸纳外来特征:教育生活化的教育理念和改革浪潮也深深地影响了中国的教育。“儿童中心”的儿童观和教育观在中国的文化界和教育界开始确立。同时,生活化的课程观也理所当然地成为学前教育课程发展的指导思想
	融汇:中国学前教育家们在借鉴和融合杜威教育思想的同时,也积极开展学前教育实验,建构本土化的课程理论
	评估:从当时的社会发展状况来看,国家贫困,社会矛盾重生,国民政府无暇顾及学前教育的发展,学前教育事业发展经费无从保障。同时,幼儿师资匮乏,有限的幼儿师范学校培养出来的教师根本无法满足学前教育发展的需要,幼儿教师的整体素质偏低。诸多不利因素都制约了学前教育的发展

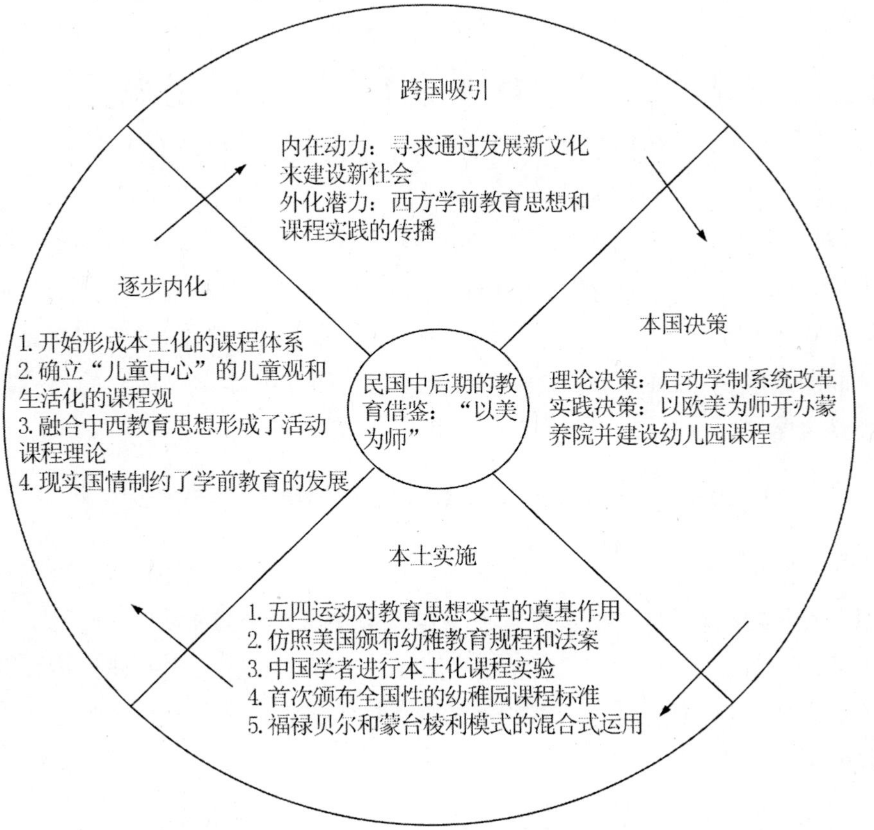

图 4－1　民国中后期的教育借鉴分析图

第五章 新中国初期的教育借鉴：“以俄为师”阶段(1949—1978)

1949年10月,中华人民共和国宣告成立,在中国共产党的领导下,中国经历了从新民主主义社会向社会主义社会的转变,自此走上了独立、自主、自强的发展道路。由于历史和时代的原因,新中国建立初期,在政治、经济和文化等方面全面向苏联学习,而在教育领域,也走的是全面系统地学习苏联的教育理论和经验之路。

一、跨国吸引:苏联模式在社会主义建设中取得巨大成就

新中国成立以后,面对着内忧外困的局面,亟待进行全方位的改革,尽快走上独立富强之路,但是中国共产党在建设社会主义国家方面并没有经验,国内也无成例可借鉴,而作为老牌社会主义国家的苏联则在社会主义建设中取得了巨大的成就,并与中国建立了密切的关系,此种情况下学习苏联经验成了一种较好的选择。

(一)内在动因:恢复和发展文化教育事业的需要

新中国的成立实现了民族独立和民族解放,使中国社会翻开了历史的新篇章。但是新中国成立初期的现实情况并不乐观,当时民生凋敝,经济和社会处于崩溃的边缘,政治制度和社会架构还没有建立起来,可谓是一个满目疮痍的破旧摊子。在全国范围内进行政治、经济和社会方面的改革,成了中国共产党领导下人民政府面临的紧迫任务。

在新中国初期的几年里,新政府并没有采取全面向苏联学习的发展策略,而是在总结和借鉴中国已有的教育经验,包括老解放区和国统区的教育经验,以及学习苏联先进经验的基础上,走一条温和渐进、稳步谨慎的改革之路,以求尽快走出困境。这些从新中国成立前夕出台的《中国人民政治协商会议共同纲领》(以下称《共同纲领》)中都可以看出。《共同纲领》规定:新中国的教育是新

民主主义的教育，是民主的、科学的、大众的教育。从而确立了教育改革和发展的新民主主义道路和方向。但不久之后，国际国内形势发生了重要的变化：在国际方面，随着朝鲜战争的爆发和冷战格局的形成，以英美为首的西方资本主义阵营对新中国实施了全面的封锁和禁运，严重威胁着中国的国家安全和发展，在此形势下，为了寻求苏联的支持和援助，新中国与苏联建立了更为亲密的关系；国内方面，经过三年多的奋斗，国民经济虽得到了根本的好转，并开始了对农业、手工业、资本主义工商业的社会主义改造，但缺乏建设社会主义的经验。为了尽快完成社会主义改造并实现国家富强的目标，苏联成了最好的学习和借鉴对象。

（二）外化潜力：苏联在文化教育领域成绩斐然

反观苏联，自1922年成立以来，经过几十年的改革和发展，建立起了工业化的体系，社会主义体制得以确立，由原来欧洲最落后的国家一跃成为一个社会主义强国。经历第二次世界大战的残酷洗礼之后，苏联不但没有衰落，反而成为唯一能与美国抗衡的超级大国，苏联的发展模式随即成为当时很多社会主义国家学习的对象。而在其发展过程中，苏联也的确吸收了很多资本主义国家发展过程的长处，确保其科技和文化始终处于世界的前列。苏联的发展让新中国的领导人产生了一种信念，认为“既然西方（即英国和美国）最好的科学和技术已被俄国人吸收，因此，‘最快最好的道路’就是直接从苏联接受其提取出来的精华。既然教育和工业是应用科学技术的主要机构，它们的组织和管理也要按苏联的模式来改造”①。这种信念和认识在当时一些高层领导人的讲话中得以体现，如1949年8月14日时任中共中央东北局书记的高岗在东北中苏友好协会代表大会上的政治报告中指出：“苏联人民在列宁和斯大林的领导下，已经建设起一个光辉灿烂的社会主义国家，具有无比丰富的经验，它以马列主义为武器，吸收了人类一切科学文化的精华，成为人类文化最进步的总汇。”②以此号

① 苏珊娜·佩珀.新秩序的教育[A]. J. R麦克法夸尔，费正清.剑桥中华人民共和国史（1949—1965）[C].北京：中国社会科学出版社，1990：206.

② 苏联的科学文化是人类文化的总汇，因为它是经过批判地吸收世界古今文化精华的结晶，学习苏联便是学习了世界进步的文化科学技术[J].东北教育，1949，1(5)：17.

召向苏联学习。

在当时中国的政治经济架构和发展背景下,教育事业的发展成为政治建设和社会主义改造的重要组成部分,是培养符合社会主义政治和经济建设人才的需要,具有浓厚的政治意义和意识形态色彩,从某种程度上说已经超越了教育的本来作用和意义。教育战线面临的主要任务是批判和改造旧的教育体系,建立适应中国新民主主义和社会主义发展的新教育体系,没有旧例可以遵循,唯有同为社会主义国家的苏联可资借鉴。在这种国际国内的大背景下,以毛泽东为首的新中国领导人调整了国家发展方略,采取了"一边倒"的方针,全面学习苏联。

而政治和国家发展上的"以俄为师"和"一边倒"方略也为全面学习苏联教育体系提供了历史契机。自此,中国学前教育也拉开了全面向苏联学习的序幕。

二、本国决策:基于国内外形势走上了全面"学习苏俄"的道路

新中国成立初期的教育决策主要采取的是理论决策和实践决策模式,主要体现在两个方面:确立"以俄为师"的教育发展方针;以学习苏联教育经验为要旨。

(一)理论决策:确立"以俄为师"的教育发展方针

新中国成立以后,中国的社会性质发生了根本性的改变,由半封建半殖民地社会转变为新民主主义社会,并逐步向社会主义社会过渡。在这一过程中,教育事业发展面临的重要任务是在批评和改造旧教育的基础上,建立起社会主义的新教育体系,为新中国的建设培养各方面急需的人才。但是,在满目疮痍的基础上建立起社会主义教育体系谈何容易,一方面是旧中国的教育体系不适应当时的国情和新形势下教育发展的需要,另一方面则是国内没有可资借鉴的基础和经验。在这种情况下,向同为社会主义国家并在国家建设中取得巨大成就的苏联学习成了一种较为合适的选择。

在 1949 年 10 月中苏友好协会成立大会上,刘少奇指出:"我们要建国,同样也必须'以俄为师',学习苏联人民的建国经验","苏联有许多世界上所没有

的完全全新的科学知识，我们只有从苏联才能学到这些科学知识。”[①]由此，全面向苏联学习也成为科技文化和教育界的发展方针和策略。在 1949 年 12 月召开的第一次全国教育工作会议上，钱俊瑞副部长在总结报告中明确提出：“建设新教育要以老解放区的教育经验为基础，吸收旧教育有用的经验，借助苏联先进的教育经验建设新民主主义教育。”[②]从这份报告可以看出，这一时期教育的方针和政策仍然是以总结和继承老解放区的经验为主，以借鉴和学习苏联的教育经验为辅。而在学前教育方面，1951 年 10 月国家颁布的《政务院关于改革学制的决定》正式将实施学前教育的幼儿园纳入国家的学制系统，开始成为新中国教育系统的重要组成部分，并在全面学习苏联教育的热潮中，得到了快速的发展，而这一时期的学期教育课程也深深地打上了苏联的烙印。

（二）实践决策：以学习苏联教育经验为要旨

事实上，对于中国共产党来说，向苏联学习的意向和实践早已有之，早在 20 世纪二三十年代，就有不少共产党人赴苏联学习，在文化教育领域，苏联对中国产生影响也主要是从 40 年代才开始的，1945 年毛泽东在《论联合政府》中提出：“苏联创造的新文化，应当成为我们建设人民新文化的范例。”[③]只是在当时的特殊条件下无法真正地落实和开展。1949 年 9 月公布的《共同纲领》确立了新民主主义的教育方针，是指导当时中国教育发展的纲领性文件。从教育层面来说，这份文件有三个来源：在理论上，新民主主义教育方针是以毛泽东的“新民主主义论”为指导的；在实践上，新民主主义教育方针充分地吸取和总结了老解放区的教育经验；新民主主义教育方针的提出，还深受苏联建国初期教育政策和经验的影响。新民主主义教育方针的提出，具有比较强的针对性。[④]而这种趋向在随后的教育方针和政策中得到了更充分的体现。

而后，宣传和学习苏联的教育经验成了中国教育发展的主线。在 1950 年 5 月 1 日创刊的《人民教育》上，毛泽东为其题词为：“恢复和发展人民教育是当前

---

① 金铁宽. 中华人民共和国教育大事记[M]. 济南：山东教育出版社，1995：4.

② 中国教育年鉴编辑部. 中国教育年鉴（1949 – 1981）[M]. 北京：中国大百科全书出版社，1984：684.

③ 毛泽东. 毛泽东选集（一卷本）[M]. 北京：人民出版社，1964：984.

④ 苏渭昌，雷克啸，章炳良. 中国教育制度通史（第 8 卷）[M]. 济南：山东教育出版社，2000：10 – 14.

重要任务之一。”在发刊词中，还刊发了时任教育部视导司司长柳湜的文章《为建设新中国人民教育而奋斗》，此文提出了在建设新教育的进程中《人民教育》应该担负的几大任务：一是“学习政策”的任务；二是“学习苏联教育经验”的任务；三是“总结解放区教育经验”的任务；四是“展开教育学术思想的批评”任务。①作为新中国第一份全国性的教育杂志，在当时的政治形势下，《人民教育》的地位和影响可想而知，在某种程度上说，它是国家教育方针和政策的宣传者与倡导者，对全国教育的发展具有重要的导向作用。毛泽东的题词和柳湜的文章不仅道出了今后一个时期中国教育发展的任务和方向，也指明了当时教育发展的策略和方法，而后，“学习苏联教育经验”日益成为中国教育发展的趋势和重点。在1952年11月号的《人民教育》上刊发了《进一步学习苏联的先进教育经验》一文，文章提出要系统地、彻底地学习苏联先进教育经验，包括苏联的教育理论、教育制度、课程、教材、教法等诸多方面。由此，在这一思想的指导下，中国掀起了一股全面学习苏联教育经验的热潮，涉及苏联的教育体制、教育理论和思想以及教育实践等诸多层面。

三、本土实施：全面否定西方课程模式并全面借鉴苏联的学前教育理论与实践

在“以俄为师”的教育思想的影响下，新中国的教育政策在具体实施过程中主要体现在五个方面：全面开展对苏联学前教育思想和理论的学习；基于苏联教育经验颁布了一系列学前教育法令和章程；聘请苏联学前教育专家进行课程理论和实践的指导；迅速确立了社会本位的教育观和知识中心的课程观；且苏联学前教育模式契合了当时学前教育发展的需要。

（一）思想共识：全面学习苏联的学前教育思想

为了尽快建立起适合国家政治经济改造和发展需要的新教育体系，新中国的教育工作者们在批判民国时期旧教育的同时，也开展了对苏联教育经验的借鉴和学习。为了更好地理解和实践苏联先进的学前教育经验，学前教育领域开

① 柳湜.为建设新中国人民教育而奋斗[N].《人民教育》创刊号，1950(1).

展了对苏联学前教育思想和理论的宣传和学习工作。这种宣传和学习主要是通过两种途径来进行的：一是通过书刊媒介的宣传，包括组织人力和物力来译介出版大量的苏联教育著述；二是聘请苏联学前教育专家来华，通过访问、讲座、授课、指导等多种方式来直接宣传和传播苏联的教育思想和理论。

在解放初期，我们就开始了对苏联教育经验的宣传和学习。早在 1949 年 12 月，时任东北人民政府教育部部长的车向忱和副部长董纯才就在《东北教育》杂志上发表了题为“苏联怎样办教育”和“学习苏联，改造我们的教育”的文章，宣传苏联教育经验，号召东北教育界向其学习。同时，东北教育社社长章炼峰也在这一期杂志上发表了题为“学习苏联教育的几个基本问题——参观旅顺苏联中学的简记和感言”的文章，阐述了学习苏联教育经验中的一些基本问题。不久，《人民教育》在其发刊词中指出：“研究和介绍苏联的教育经验的工作，在今天，希望多多有人来做，而且认真地来做，多翻译一些书，翻译一些论文。但要把力量集中到目前我们最迫切需要的部分，以便和中国当前教育改革的实践密切结合起来。”①由此，中国开始通过各种书刊媒介大量翻译和出版苏联的教育著作或者介绍苏联教育经验的文章。从当时的统计数据看，1949—1958 年刊登的苏联教育文章总数达2 003篇，占总数2 212篇的 90.6%。②其中，1950—1951 年全国报刊上关于苏联教育的文章总共达到685 篇，内容涉及各层级的教育和教育的各个方面，而学前教育方面的文章有 32 篇，占总数的 4.7%。③从内容来看，这一时期刊登的文章大多是翻译和介绍性质的，其中一些当时苏联知名的教育理论工作者的文章占了相当的比例，包括凯洛夫、马卡连柯、克鲁普斯卡娅、冈察洛夫、叶希波夫、戈林娜、马努依连柯等人的文章。在报纸杂志上刊发文章宣传和传播苏联学前教育思想的同时，从 1953 年起很多苏联学前教育

---

① 柳湜. 为建设新中国人民教育而奋斗[N].《人民教育》创刊号，1950(1).

② 生兆欣. 建国后十七年中国比较教育状况分析[J]. 比较教育研究，2007(3)：8－13.

③ 东北人民政府教育部资料室. 一九五一年报纸期刊教育资料索引[Z]. 沈阳：东北教育社，1951；东北人民教育部资料室. 一九五一年一月至四月报纸期刊教育资料索引[Z]. 沈阳：东北教育社，1951；东北人民教育部资料室. 一九五一年五月至八月报纸期刊教育资料索引[Z]. 沈阳：东北教育社，1951；东北人民教育部资料室. 一九五一年九月至十二月报纸期刊教育资料索引[Z]. 沈阳：东北教育社，1952.

著作被陆续翻译出版，如戈林娜的《苏联学前教育讲座》(1953)、苏罗金娜著的《学前教育学》(1953)、维尔比茨卡雅等著的《幼儿园体育教学经验》(1953)、查包洛塞兹的《幼儿心理学》、维特罗金娜的《幼儿园音乐教学法》、萨古林娜的《幼儿园绘画教学法》、凯洛夫等著的《论学前教育的基本问题》(1954)、马努依连柯的《儿童在游戏中的特点和教学游戏的指导》(1954 年印发的学习材料)、《马卡连柯全集》(1957)、《克鲁普斯卡娅教育文选》(1959)等，涉及学前教育的各个方面。

除了通过书刊媒介的形式宣传和学习苏联的学前教育思想和理论外，中国政府还聘请了很多苏联著名的学前教育专家来中国讲学和指导。根据有关的资料，从 1950 年暑假开始，先后有八位苏联教育学科方面的专家在北京师范大学工作，其中有两位学前教育专家，即戈林娜和马努依连柯。[①]这些专家在中国期间的工作主要包括：给各种类型的学员授课和演讲，指导青年教师和研究生进行教学和科研，编写讲义和指导编写教材，观摩各类型的幼儿园并指导其实验研究和实践活动，作为顾问来指导学校建设和教育学科建设等。同时，苏联学前教育专家也经常受邀到各地做专题讲座，并且很多讲稿都被结集出版，如戈林娜的《苏联学前教育讲座》《幼儿园游戏》《幼儿园的音乐教学》《创造性的游戏》《学龄前儿童的饮食》《苏联保育专家戈林娜同志报告记录》等。

如果说，通过大量的书刊媒介，中国学前教育工作者更好地了解了苏联的学前教育思想和理论，那么，来华工作的苏联学前教育专家们的讲演、介绍、现身说法及实践指导，则使广大的学前教育工作者们对苏联的学前教育理论和实践有了更简易和直观的认识，而专家们的理论素养、工作经验和工作作风也深深地影响了与之接触的中国学前教育工作者们，从而更为真切地促进了苏联学前教育思想和理论在中国的传播和实践。

（二）制度保证：基于苏联教育经验颁布学前教育法令和章程

在学习苏联先进教育经验的过程中，中国的学前教育工作者们也根据中国的实际情况对苏联的学前教育理论和实践进行吸收和融合，并逐渐建构起一套

① 北京师范大学档案馆. 北京师范大学教务处档案，1955 年第 7 卷.

学前教育发展的制度体系，为课程的实施和发展提供了制度的保障。

在1951年10月国家颁布的《政务院关于改革学制的决定》中，明确规定："实施学前教育的组织为幼儿园。收3到7岁的幼儿，使他们的身心在入小学前获得健全的发育。"①并要求在有相应条件的城市中首先设立幼儿园，大力发展学前教育，而后逐渐推广和延伸。由此确立了幼儿园在国家学制中的地位。当时在学习苏联的过程中，不仅翻译和出版了众多有关苏联学前教育方面的著作，包括苏联学前教育的教学计划、教学大纲、课程和教材，而且还聘请很多著名的苏联学前教育专家来华讲学并指导幼儿园的工作。并且，在苏联学前教育专家戈林娜的指导下，教育部于1951年制定了《幼儿园暂行规程（草案）》和《幼儿园暂行教学纲要（草案）》，1952年3月将这两个试行草案颁布，在全国试行。《幼儿园暂行规程（草案）》对于中国学前教育的目的、学制、设置和领导、教养原则和内容、组织和管理、经费和设备等都做出了简要的说明，对于新中国成立初期幼儿园的发展起到了重要的指导和规范作用。而《幼儿园暂行教学纲要（草案）》则论述了幼儿园的课程内容，主要是学习苏联的经验，以分科教学活动为主，各科目还包括目标、教材大纲、教学要点和设备等内容。这两个草案为新中国成立初期中国学前教育和课程的发展奠定了坚实的基础。

在随后的发展过程中，为了使学前教育的发展适应国情和教育发展形势，国家相继发布一些政策和文件，对学前教育的课程和教材问题予以引导和规范。1954年教育部联合出版总署颁发了《关于出版中学、小学、师范学校、幼儿园课本、教材、教学参考书和工农兵妇女课本、教材的规定》，进一步规范了幼儿园的课程和教材问题。1956年教育部公布了《关于幼儿园幼儿的作息制度和各项活动的规定》，其中明确指出："幼儿园的教育、教学工作，是通过游戏、作业及其他户外活动来进行的。"而1957年公布的《幼儿园教育工作指南（初稿）》，则是在吸取苏联学前教育长处和中国学前教育实践经验基础上，教育部于1954年委托北京师范大学学前教育专业组开始编写的，1956年初稿完成后由教育部下发全国各地征求意见。这份文件对幼儿园教育工作的内容进行了论述，包括

① 中国学前教育研究会.中华人民共和国学前教育重要文献汇编[G].北京：北京师范大学出版社，1999：44.

体育、游戏、认识环境和语言发展、计算、美术等活动，并且还详细地说明了幼儿园一天的教育工作流程。文件虽然在1958年遭到错误批判，但其对当时学前教育课程实践的发展产生了重要的影响。而后从1961年开始的调整、整顿，幼儿园课程又逐渐得到了恢复。在这个过程中，国家的一系列政策和文件也指导和规范着中国幼儿园课程的发展。

总的来说，《幼儿园暂行规程（草案）》和《幼儿园暂行教学纲要（草案）》奠定了新中国初期中国幼儿园课程的模式。而《幼儿园教育工作指南（初稿）》虽然不是政府的法令，但却对当时的幼儿园课程发展起了重要的作用，它既是对《暂行规程》《暂行教学纲要》的充实、说明与完善，又具有一定的可操作性与科学性，更加明确地体现了五六十年代中国幼儿园课程的理论观点，体现了新中国幼儿园课程变革的特点。

（三）重要行动者：聘请苏联教育专家进行课程理论和实践的指导

新中国成立初期，为了更好地理解和学习苏联先进的教育经验，推动中国教育理论和实践的发展，中国政府曾要求苏联政府选派教育专家到中国来指导教育工作，而那些选派来中国工作的苏联教育专家们则直接和有效地推动了苏联教育经验在中国的传播和实践。在学前教育领域，最早来中国的苏联学前教育专家是戈林娜，她于1950年9月来北京师范大学教育系任教，至1952年7月才离开。另一位来北京师范大学任教的学前教育专家是马努依连柯，于1954年1月上任。[①]苏联学前教育专家来华以后，主要从事三个方面的工作：第一，帮助建立新型的师范教育体系，提高教育人才的培养数量和质量；第二，通过各种方式指导管理者和教师学习苏联学前教育理论知识；第三，在调查研究的基础上帮助和指导幼儿园的教育教学实践。

当时聘请苏联教育专家来华的主要目的是培养高级教育学人才，包括培养教师、指导本科生和研究生、为校内外进修人员讲课辅导。从已有的资料来看，1950—1955年间，戈林娜曾开设学龄前教育学等课程，编写的讲义有《学龄前教育学》《苏联学前教育讲座》《幼儿园游戏》《幼儿园的音乐教学》《创造性的游

① 北京师范大学档案馆. 北京师范大学教务处档案，1955年第7卷.

戏》《学龄前儿童的饮食》《讲北京师范大学学前组在幼儿园进行教育实习的一些问题》等，共培养各类师资人员达 184 人；马努依连柯也曾开设儿童心理学、幼儿师范教育科目教学法、学龄前教育学等课程，编写的讲义有《儿童心理学》《幼师教育教学法》《学龄前教育学》《中国幼儿园教养员工作指南》等，共培养了各类师资人员达 257 人。[①]她们所培养的人员中包括了卢乐山、林嘉绥、周俐君、陈帼眉等日后成为中国学前教育奠基者的重要人物。[②]

除了通过授课和指导来培养各类型的人才以外，"苏联专家对我们的帮助是多方面的，他们还系统地向我们介绍了苏联先进的教育科学理论和其他科学理论，帮助我们制订教学计划、教学大纲，建立教学组织，改进教学方法，并在教学改革方面取得显著成绩"[③]。戈林娜对当时北京师范大学学前教育专业的教学计划给出了具体的指导，包括培养目标的确定和课程的设置与安排。同时，苏联学前教育专家也经常被邀请到校外机构做讲座、做报告。最早来中国的教育学专家卡尔波娃和学前教育专家戈林娜在 1950 年 10 月曾被邀请在北京市做关于初等教育的一系列专题报告。报告的内容有：苏联人民教育制度、初等学校教学大纲及教学计划、初等学校教育工作方法、初等学校教育制度和管理制度、编选课本的原则、学校行政管理学和行政领导等。[④]戈林娜还曾多次应邀在北京举办苏联学前教育讲座，并被聘为教育部的学前教育顾问，1952 年的《幼儿园暂行规程(草案)》和《幼儿园暂行教学纲要(草案)》就是在其指导下拟订的。此外，苏联学前教育专家还会通过指导学生实习、到幼儿园指导教育教学、参加观摩教学和教学评议会等方式深入学前教育的实践，促进学前教育课程和教学的发展。

在苏联学前教育专家的直接指导和参与下，中国很快确立了一套相对完整规范的学前教育课程和教学体系，有了较为统一的教学计划、教学大纲和课程组织方式，为幼儿园课程和教学的开展提供了规范和指导，并为其以后进一步

---

① 北京师范大学档案馆. 北京师范大学教务处档案，1955 年第 8 卷.

② 北京师范大学档案馆. 北京师范大学教务处档案，1955 年第 8 卷.

③ 北京市中苏友好协会宣传部. 苏联教育专家在北京[M]. 北京：时代出版社，1955：60.

④ 毛礼锐，沈灌群. 中国教育通史(第 6 卷)[M]. 济南：山东教育出版社，2005：74－75.

发展打下了较好的基础。

(四)变革速度:确立社会本位的教育观和知识中心的课程观

20世纪50年代,为了建立适应新中国发展需要的新教育体系,在教育战线上开展了一场"破旧立新"的教育改革运动。所谓"破旧"乃是指全面批判旧中国的教育思想和教育体系,"立新"就是在全面学习和借鉴苏联教育经验的基础上建立新民主主义和社会主义教育体系。在全面批判旧中国教育体系和全面学习苏联教育经验的基础上,新中国的教育体系开始建立起来,并逐步确立了社会本位的教育观和知识中心的课程观,这种观念的确立为日后数十年教育事业的发展定下了基调。

社会本位的教育观和知识中心的课程观在学前教育领域的确立是一个渐进的发展过程,这一变化过程在当时的国家教育政策文件中有着充分的体现。1951年7月公布的《幼儿园暂行教学纲要(草案)》明确规定:"各项作业的总任务,是在有目的、有系统、有组织地对幼儿顺次传达知识,发展他们的体力、智力并培养优良品德和习惯,打好准备升入小学的一切基础。"并指出:"幼儿园的首要任务是保证幼儿的健康和幼儿身心的正常发育",而后是智力、道德品质和艺术教育的发展。① 由此可以看出,这一时期学前教育的发展仍然是坚持"儿童中心"和儿童本位的。基于这种教育观,在课程内容和设置上主要通过体育、认识环境、语言、图画手工、音乐和计算等活动来促进幼儿的全面发展,在课程实施上主张教材内容和教学法要适合幼儿的年龄特点并与幼儿的实际生活相结合,反对进行识字教学。

随着教育改造的不断深入和苏联教育经验的影响,社会本位的教育观和知识中心的课程观日益占据主导地位。在1952年3月颁布的《幼儿园暂行规程(草案)》中,规定幼儿园的任务是:"根据新民主主义教育方针教养幼儿,使他们的身心在入小学前获得健全的发育;同时减轻幼儿对母亲的负担,以便母亲

---

① 中国学前教育研究会.中华人民共和国学前教育重要文献汇编[G].北京:北京师范大学出版社,1999:565.

有时间参加政治生活、生产劳动、文化教育活动等。”①此时的学前教育力图兼顾幼儿的发展和社会发展的需求。而在1953年社会主义改造完成后，社会主义教育体系得以建立，此时社会本位的教育观和知识中心的课程观在学前教育领域得以完全确立。1957年发布的《幼儿园教育工作指南（初稿）》明确提出：“中华人民共和国的幼儿园是根据国家的需要设立的，随着国家社会主义工业化和农业合作化，将有更多的妇女参加生产建设，也需要培养更多的社会主义建设事业的继承人。因此幼儿园的工作是和国家建设密切相关的。”同时指出：“中国学前教育的目的是向幼儿进行共产主义教育，使儿童的身心在入小学前获得全面的发展，并为培养社会主义及共产主义祖国的建设人才打好基础。”②这一时期，学前教育成为国家发展的重要工具，国家建设和社会发展的需要成为其最高目标。

在这种教育观的指导下，幼儿园课程更多考虑的是如何通过课程把前人积累下来的知识经验更好地传递下去，为新一代所掌握，因此在教育教学中注重系统知识的传授，注重教师在教育教学中的主导和中心作用，注重集体教育。可以说，这种教育观和课程观是凯洛夫“三中心”思想的典型表现，也是时代发展的产物，深刻地影响着中国幼儿园课程的实施和发展。

（五）国情适应性：苏联式课程模式契合了新中国学前教育发展的需要

新中国成立初期，苏联的学前教育思想和模式成为中国学前教育领域重点借鉴和学习的对象，而这种模式也契合了当时幼儿园课程理论和实践发展的需要，使得中国在短时间内迅速建立起较为完整的幼儿园课程体系。

经过三十多年的发展，50年代的苏联在学前教育方面积累了丰富的经验，建立起了较为完整的幼儿园课程体系。在教育目的上，其强调“共产主义社会的未来的积极建设者的全面发展是新生一代共产主义教育的基本目的”③，并指

① 中国学前教育研究会. 中华人民共和国学前教育重要文献汇编[G]. 北京：北京师范大学出版社，1999：49.

② 中国学前教育研究会. 中华人民共和国学前教育重要文献汇编[G]. 北京：北京师范大学出版社，1999：635.

③ 凯洛夫. 教育学[M]. 北京：人民教育出版社，1957：22.

出“苏维埃学校的任务是培养社会主义社会的成员……也就是要培养集体主义者”[①],充分体现了社会本位和集体主义的教育观。而在课程目标上,则主张通过体育、智育、德育、美育等方式促进儿童的全面发展。在课程内容上,苏联非常注重系统化知识的传授和学习,早在20世纪20年代,克鲁普斯卡娅就曾指出,幼儿园教学不应该只给予儿童零碎的、毫无联系的事实,必须教会他们去寻找现象的原因,并发现隐藏在现象之中的事物之间的联系,因而非常注重学前期对于系统知识的学习。乌索娃认为,给予儿童的知识应当反映事物之间的联系和关系,应当在他们的年龄可能范围内有效地促进他们的发展,并提出在选择教学内容时应遵循四个标准,其中之一就是“在某一个原则的基础上把知识组成体系”[②]。基于这样的课程内容,课程组织和实施也相应地采用分科教学的方式,按照纵向的发展序列,把需要儿童掌握的知识、技能大致分为体育、国语、认识环境、计算、美术、音乐等六科,每一科目依据自身的体系,依照年龄大小顺次提出要求进行编排,并制订严密的学科教学计划和活动安排,在具体操作中强调作业教学和教师的主导作业,以游戏作为教学的重要手段。

苏联对系统知识传授和学习的强调,以及在此基础上建立起来的幼儿园分科教学模式,能够以简洁、易操作的方式最有效地进行系统知识的传递与学习,从而促进儿童在身体、智力和道德等方面的发展,并且有利于儿童集体主义精神的培养,便于教师操作和执行,这些方面都契合了当时中国学前教育亟待恢复和发展的迫切需要。在苏联学前教育专家的帮助下,在借鉴和学习苏联经验的基础上,中国于1951年和1952年先后颁布了《幼儿园暂行规程(草案)》和《幼儿园暂行教学纲要(草案)》,对幼儿园课程的目标、内容、组织和实施的方法等都做出了明确的规定和说明,开始统一使用以苏联为样板而构建的幼儿园分科课程,由此建立起较为完整的幼儿园课程体系,并影响到五六十年代甚至改革开放之前的幼儿园课程的发展。

---

① 凯洛夫.教育学[M].北京:人民教育出版社,1957:27.

② 邓鲁萍.乌索娃和苏联学前教学理论的发展[J].外国教育资料,1987(5):65-70.

四、逐步内化：建立起直接教学模式和分科教学模式

新中国成立初期在借鉴和学习苏联课程模式的过程中，民国时期的幼儿园课程格局被彻底改变，形成了分科教学模式，幼儿园课程体系呈现出浓厚的“苏联化”色彩。然而，这种苏联式的课程体系割裂了与传统的联系和现实的需求。

（一）对原有教育体系的影响：改变了民国时期形成的幼儿园课程格局

新中国成立前夕颁布的《共同纲领》提出了要建设民族的、科学的、大众的新民主主义教育，并指出“人民政府应有计划有步骤地改革旧的教育制度、教育内容和教学法”。面对具体的教育任务和复杂困难的教育现状，该如何尽快建立起新的教育体系呢？在新中国成立初期，全国第一次教育工作会议提出了“建设新教育要以老解放区的教育经验为基础，吸收旧教育有用的经验，借助苏联先进的教育经验建设新民主主义教育”的政策和发展取向。

遵照这次会议的精神，学前教育方面也开始了全面的改革。在幼儿园课程方面，除了采用老解放区幼儿园、保育院和托儿所等托幼组织开设的唱歌、游戏、讲故事、识字、识数、图画、手工、跳舞、体操、户外活动等课程经验外，主要还是借鉴和吸收了国统区的学前教育经验，尤其是陈鹤琴、张雪门和张宗麟等著名学前教育专家所创设的幼稚园课程。这样做的原因主要在于，与解放区形式多样、内容灵活多变的课程相比，国统区的幼稚园课程更具理论性和系统性，更符合建设正规化学校教育系统的需要。在新中国成立初期的两年时间里，除了教会幼稚园和私立幼稚园在课程和管理上各行其是外，公立幼稚园仍然是以陈鹤琴倡导的“活教育”课程理论及其理论指导下的单元课程为其课程主体，课程设置和教材的选用与旧中国时期并没有较大的区别，只是取消了国民党统治区一些带有政治色彩的思想教育课程内容，“各校一律取消了反动的党义、公民、童子军训练等课程和反动的训导制度，中学增设政治”①。

但到了 1950 年年底，由于抗美援朝战争的爆发，中国面临的国际国内形势

① 卓晴君，李仲汉．中小学教育史［M］．海口：海南出版社，2000：20.

发生了很大的变化，以美英为首的资本主义国家不仅对中国实行了严厉的封锁和禁运，而且还严重地威胁着中国的国家安全和发展，在此形势下，国内开始清理崇美、亲美和恐美思想，开始对以美国为代表的资本主义思想和文化进行批判。而在教育界，杜威的实用主义教育理论则首当其冲地受到了严厉的批判，并由此波及了与杜威教育思想有一定渊源的陶行知的"生活教育"思想和陈鹤琴的"活教育"理论。时任中国学前教育处处长的张逸园就认为："现在一般幼儿园的教育内容和方法，还严重地存在着从英美搬来的老教条、旧框子，最显著的就是单元教学"①，对单元教学的来源、本质和具体内容进行了批判，并上升到旧教育思想和新教育思想的分界问题。于是，在1952年，《人民日报》就发起并组织了对单元课程和"活教育"理论的批判，后来还将批判的文章集结成《"活教育"批判》一书出版。

这一时期展开的对以陶行知和陈鹤琴为代表的民国时期学前教育思想和理论的批判是当时时代的产物，这种情况的发生除了政治和意识形态的原因以外，主要还在于两种教育价值观之间的差异和冲突。"活教育"理论及单元课程在教育观上是主张"儿童中心""活动中心"，在课程观上主张"大自然、大社会都是活的课程"，注重儿童的自由发展和直接经验的获得，在方法论上强调"做中教、做中学、做中求进步"，主要通过儿童自我探索和活动来获得经验和知识，并不注重系统知识的传授和学习。这些理念和做法都与当时发展教育的指导思想相悖。新民主主义教育强调"社会本位"，认为知识就是客观真理，强调知识更多的是系统的科学知识，应该用更经济的手段去获取知识，因而主张以教师为中心，通过有组织的课程教学来达到传授和学习系统科学文化知识的目的。

这种价值观上的悖逆和冲突在当时的政治形势下得到了无限的放大，并上升到了阶级斗争和政治路线的层面上。就如当时的文章所言："总而言之，新民主主义教育是无产阶级思想领导的教育，是要为中国人民的革命和建设服务。'活教育'是买办资产阶级思想的教育，是为帝国主义和本国反动统治服务。因

① 张逸园.新中国学前教育的基本情况和方针任务[J].人民教育,1952(2):15-18.

二者阶级性不同,领导思想不同,方法也就根本不同。"[①]当时教育界普遍认为苏联式系统知识的教学更符合社会主义培养人才的需要,有利于理论联系实际,能有效地提高教学质量,并促进儿童的自主性和创造性。而"活教育"和单元教学则是资产阶级的产物,片面地强调儿童中心和做中学的教育,儿童的学习零碎、狭隘且缺乏有机的联系,不利于系统知识的学习和教育的快速发展。在这种情况下导致了对"活教育"及单元课程的全面批判和全盘否定,没有采取批判继承的科学态度,从此民国时期中国学前教育工作者们本土化和科学化探索的成果被完全抛弃,中国幼儿园课程进入了一个完全空白的历史境地,这也为"全盘苏化"埋下了历史的伏笔。

(二)吸纳外来特征:形成影响深远的直接教学模式和分科教学模式

分科教学模式是中国在模仿和借鉴苏联教育经验的基础上形成的一种教育教学模式,在中国学前教育发展过程中具有非常重要的地位和作用。20 世纪 50 年代至 80 年代初期,分科教学模式在中国幼儿园课程发展中一直占据着绝对主导地位,其影响延续至今。分科教学模式之所以对中国学前教育的发展产生如此深远的影响,除了政治和国家发展需要的原因之外,另一个重要的原因是这种课程模式是建立在一定的生理学、心理学和教育学的基础之上的,尤其是巴甫洛夫的条件反射学说、维果茨基的文化建构学说、列昂节夫的社会文化历史发展论、加里培林的智力发展阶段理论等,这些理论都强调外部的环境、教育和训练在儿童生理、心理和智力发展方面的重要作用,为分科教学的形成奠定了理论基础。同时,在理论的指导下,苏联学前教育工作者积极地将理论运用于幼儿园的教育教学实践,具有较强的可操作性。

20 世纪 50 年代,苏联心理学家加里培林基于前人的研究成果,在实验研究的基础上提出了儿童智力活动发展阶段理论,在苏联教育界产生了极大的影响。他指出,儿童智力活动是一个从外部的物质操作活动到内在的认知和心理活动的发展过程,这一过程要经过五个发展阶段,即:活动的定向基础阶段、物

① 人民教育社. 人民教育(第三卷第 6 期)[J]. 1951-10-1.

质活动或物质化活动阶段、有声言语活动阶段、无声的外部言语活动阶段、内部言语活动阶段。① 此五个发展阶段表明儿童智力的发展是一个由外而内、由具体到抽象、由简单到复杂的发展过程。加里培林的观点表明儿童在知识掌握的过程中应根据知识的纵向发展方向，并注重知识的结构性和系统性。受此理论的影响，艾里康宁与达维多夫在教学实验的基础上提出了掌握系统知识的理论，为分科教学奠定了一定的理论基础。他们认为儿童智力的发展是由其所掌握的知识内容及其所使用的方法所决定的，只要能够选择恰当的教学内容，并以科学的方式进行组织，儿童便能够获得智力的发展，掌握相应的概念。如此，教育教学目标的实现就有赖于有计划的教学，这种形成概念的过程与自发教学有着本质上的不同，是在有组织的教学条件下完成的。首先，要根据一定的方式、结构和原则组织教学内容知识；其次，将这些知识由浅至深、循序渐进地传递给儿童。在这个过程中，每一个观念或概念的形成，都有赖于之前的观念或概念，整个体系也是依靠其中的核心概念加以组织的，儿童首先认识现象的某些外部特性，随后逐渐过渡到认识这些现象的内部联系。在这种教育教学理念的指导下，在苏联的学前教育领域也形成了分科教学的模式，注重在教师的主导下进行系统知识的传授和学习。

而随着中国"以俄为师"教育方针的确立，在全面学习苏联的浪潮中，苏联式的幼儿园分科教学模式也被引入，并迅速成为中国幼儿园课程发展中的主导模式。在1952年颁布的《幼儿园暂行规程（草案）》中将幼儿园教育内容分为体育、语言、认识环境、图画手工、音乐和计算等科目，教育方式以教师主导的有目的、有计划的系统教学为主。课程内容以一定的社会文化价值标准、幼儿身心发展阶段特点为依据，根据知识的逻辑体系，从不同的学科知识领域进行选择，将所选出的知识进行组织、设计，最终形成以分科为特点的幼儿园课程。在分科教学模式中，课程具有较强的计划性、系统性，作业尤其是必修作业是教学的主要形式，教师根据必修作业的计划循序渐进地向儿童传授一定的知识和技能，以促进儿童的发展。分科教学模式因其具备一定的教育学与心理学的理论

① 肖前瑛. 加里培林论智力活动[J]. 华南师范大学学报（社会科学版），1981(3):70－73.

基础，同时具有结构性强、易于教师操作和把握，以及可复制性，能够经济、有效地传递科学文化知识，符合了当时中国急于快速恢复和发展教育事业的需要，因此成为新中国成立初期幼儿园的主要课程模式。

综上，新中国成立初期幼儿园课程的变革与发展是在全面学习苏联幼教理论的基础上进行的，强调儿童的全面发展，主张教育对儿童身心发展的决定作用，注重教师的主导作用，倡导系统知识的作业教学，充分利用游戏的教学手段价值等，这些思想都直接影响了新中国幼儿园课程的变革与发展。

（三）融汇：幼儿园课程体系呈现浓厚的“苏联化”色彩

苏联教育理论与幼儿园教育的实践经验是新中国幼儿园课程的建设与发展的重要基础。戈林娜、福辽莉娜、马努依连柯、乌索娃、苏罗金娜、查包洛塞兹等教育家、心理学家在学前教育学、教育心理学及教学法等方面的著作论述，对新中国幼儿园课程的变革与发展具有重要的影响。苏联的学前教育理论主要源于20世纪四五十年代凯洛夫、乌申斯基、克鲁普斯卡娅、马卡连柯、维果茨基等人的学说与思想，由于新中国“以俄为师”的特点，这些教育家的理论对中国幼儿园课程变革与发展产生了巨大的影响。其中影响作用最为巨大、影响意义尤为深远的是教育家凯洛夫的教育思想。他所主编的《教育学》及其教育思想对中国的教育学领域产生了重大影响。如果说杜威否定了以赫尔巴特为代表的传统教育思想，那么凯洛夫则在更积极的意义上否定了杜威的实用主义教育思想，并重新强调教育以教师为中心、以课堂为中心、以教材为中心的“三中心”思想。他的新传统教育派思想，如强调教师在教学工作中的主导作用、强调集体主义教育、强调课堂及智育的重要性、重视人才培养的计划性等对当时中国幼儿园课程的变革与发展产生了一定的影响。

集体教育理论便是从凯洛夫的教育思想中延伸而来的，并发展成为苏联教育理论中的一个相对独立的理论体系。20世纪五六十年代，中国教育界各方面都受到苏联教育理论的影响，幼儿园课程也不例外，表现在幼儿园课程的目标、内容、实施等各方面，尤其特别强调集体教育，强调儿童集体主义精神的培养。结合幼儿的年龄特征进行集体主义教育是当时中国幼儿园课程的一个主要特点，幼儿园课程的一些纲领性文件中的有关内容也很好地证明了这一点。1951

年印发的《幼儿园暂行教学纲要(草案)》中,明确提出幼儿园要"培养幼儿集体主义精神"。例如:"领导幼儿很好地过集体生活,遵守规则,辨别好坏,敬爱父母、尊长,团结同学,彼此互助等","在幼儿园中要使儿童习惯于在集体中共同生活、游戏和进行作业;有礼貌地彼此相待,互不打搅;为入小学遵守集体的学习规则打好基础"。[①] 次年(1952 年),在苏联教育专家戈林娜的指导下,中国教育部先后颁布了《幼儿园暂行规程(草案)》《幼儿园暂行教学纲要(草案)》,规定了幼儿园课程的目标、内容、方法与体系,明令废除与禁止使用过去的"单元中心制"课程,开始统一使用以苏联为样板而构建的幼儿园分科课程,并要求在全国范围内试行。从此,中国的幼儿园课程真正有了统一的本土化幼儿园课程标准,但仍然带有浓重的"苏联化"色彩。

《幼儿园暂行规程(草案)》《幼儿园暂行教学纲要(草案)》初步确立了中国幼儿园课程的目标与内容体系。这个目标体系包括幼儿园最终的教育目标,小、中、大班各年龄阶段的中期目标及音乐、计算、美术等六科所要达到的切近目标,还有每一次作业或活动的具体目标。目标既具有层次性,又具有衔接性,符合儿童身心发展的阶段性与顺序性的特征。从课程的内容上来讲,增加了新时期的爱祖国、爱集体、爱家乡、爱父母、爱小朋友等"五爱"教育内容,并对儿童在德育方面的发展提出了新的要求,要求儿童具有诚实、勇敢、坚忍、顽强与克服困难的意志与性格等。

这带有浓重苏联色彩的幼儿园课程标准对于处于恢复和发展阶段的新中国学前教育产生了巨大的作用,其确立的幼儿园课程目标与内容体系对新中国幼儿园课程乃至 20 世纪 80 年代以前的幼儿园课程实践产生了极为广泛与深刻的影响。

(四)评估:割裂了传统与现实的联系

20 世纪 50 年代初期,在借鉴和学习苏联学前教育经验的基础上,中国迅速建立了苏联式的分科课程模式,这一模式对新中国学前教育体系的恢复和发展起到了重要的作用,但同时也割裂了其自身与中国传统的联系,没能很好地满

---

① 中国学前教育研究会.中华人民共和国学前教育重要文献汇编[G].北京:北京师范大学出版社,1999:567.

足学前教育发展的现实需要。

从新中国成立初期学前教育的发展情况看，当时主要有三种不同的课程模式汇合在一起。第一种模式是从民国时期继承和发展而来的以“活教育”理论为基础的“单元教学”模式，这种模式是西方文化和教育思想与中国传统文化混合的产物，在经过本土化之后更多地体现着传统文化的印记。第二种模式是中国共产党在老解放区所创造的非正规化学前教育模式，这种模式在教育方式上灵活多样，教育内容则面向基层生活实际，具有简便易行、便于推广的特点，同样也是扎根于中国传统文化的。第三种模式就是苏联的分科教学模式，这种模式强调系统化和正规化，对教师专业化的要求较高，体现了工业化社会的特点。在新中国成立初期的两年多的时间里，新民主主义教育政策基本上保留了以上两种代表中国传统文化的课程模式。但是，在随后全面“学习苏俄”的政策导向下，对民国时期的“单元教学”模式进行了严厉的批判和彻底的否定，苏联式学前教育模式随即在中国得以迅速确立，对课程和教学的系统化、正规化和专业化的要求就成了其发展的重要方向，老解放区的非正规化学前教育模式随之被抛弃，从而形成了苏联式分科教学模式“一家独大”的局面。

这种局面的形成造成了两种不利的后果：一是割裂了与中国传统文化和教育方式的联系，极易陷入“无根”状态；二是无法满足中国学前教育发展的现实需要，因为系统化、正规化的苏联学前教育模式是建立在发达的工业化基础之上的，无法在中国广大的农村地区进行推广和覆盖，不利于学前教育在中国特殊国情下的普及和发展。

表 5－1　新中国初期的教育借鉴分析表

借鉴阶段	具体内容
跨国吸引	内在动力：由于缺乏建设社会主义的经验，为了尽快完成社会主义改造并实现国家的富强，苏联成为最好的学习和借鉴对象。这一时期的内在动力主要是快速恢复和发展文化教育事业的需要
	外化潜力：苏联在社会主义建设中取得的巨大成绩，为新中国在文化教育领域全面学习苏联提供了历史的契机

续表 1

借鉴阶段	具体内容
本国决策	理论决策:基于国内外的形势走上了全面“学习苏俄”的道路,在文化教育方面确立了“以俄为师”的教育发展方针
	实践决策:在确立“以俄为师”的大政方针之后,在实践层面上,开始全面学习苏联的教育经验,推动学前教育各层面的发展
本土实施	思想的共识:全面开展对苏联学前教育思想和理论的学习。主要是通过两种途径来进行的:一是通过书刊媒介的宣传,包括组织人力和物力来译介出版大量的苏联教育著述;二是聘请苏联学前教育专家来华,通过访问、讲座、授课、指导等多种方式来直接宣传和传播苏联的教育思想和理论
	制度的保证:在借鉴苏联学前教育体制的基础上颁布了一些学前教育法令和章程。如 1951 年 10 月颁布的《政务院关于改革学制的决定》,1951 年制定的《幼儿园暂行规程(草案)》和《幼儿园暂行教学纲要(草案)》,这两个幼儿园课程文件奠定了新中国成立初期中国幼儿园课程的模式
	重要的行动者:聘请苏联学前教育专家进行课程理论和实践的指导,直接和有效地推动了苏联教育经验在中国的传播和实践。在苏联学前教育专家的直接指导和参与下,中国很快确立了一套相对完整规范的学前教育课程和教学体系,有了较为统一的教学计划、教学大纲和课程组织方式,为幼儿园课程和教学的开展提供了规范和指导,为以后进一步发展打下了较好的基础
	变革的速度:逐步确立了社会本位的教育观和知识中心的课程观,为日后数十年教育事业的发展定下了基调
	国情适应性:苏联学前教育模式契合了中国幼儿园课程发展的需要。在借鉴和学习苏联经验的基础上,中国于 1951 年和 1952 年先后颁布了《幼儿园暂行规程(草案)》和《幼儿园暂行教学纲要(草案)》,对幼儿园课程的目标、内容、组织和实施的方法等都做出了明确的规定和说明,开始统一使用以苏联为样板而构建的幼儿园分科课程,由此建立起较为完整的幼儿园课程体系

续表 2

借鉴阶段	具体内容
逐步内化	对原有教育体系的影响:彻底改变了民国时期在中国形成的幼儿园课程格局。这一时期展开的对以陶行知和陈鹤琴为代表的民国时期学前教育思想和理论的批判,导致了对“活教育”及单元课程的全面批判和全盘否定,从此民国时期中国学前教育工作者们本土化和科学化探索的成果被完全抛弃,中国幼儿园课程进入了一个完全空白的历史境地,为“全盘苏化”埋下了历史的伏笔
	吸纳外来特征:在吸纳苏联教育经验的基础上形成了影响深远的分科教学模式
	融汇:新中国幼儿园课程的建设与发展是在全面学习苏联教育理论与经验的基础上进行的,幼儿园课程体系呈现出浓厚的“苏联化”色彩
	评估:在借鉴和学习苏联学前教育经验的基础上,中国迅速建立了苏联式的分科课程模式,这一模式在新中国学前教育体系的恢复和发展中起到了重要的作用,但同时也割裂了与中国传统的联系,也没能很好地满足学前教育发展的现实需要

图 5－1　新中国初期的教育借鉴分析图

第六章　改革开放后的教育借鉴："重新师法欧美"（1979年以来）

20世纪80年代以来，中国幼儿园课程变革是伴随着经济体制与教育体制的变革而逐渐深入的。在这一时期，国际上的各种学前教育理念和课程模式如潮水般涌入国内，中国幼儿园课程就是在借鉴这些理念和模式的基础上逐步发展起来的。对于这一复杂的借鉴和学习过程，英国牛津大学著名学者大卫·菲利普斯提出的教育借鉴理论为我们提供了全新的认识视角，有利于我们对其进行深入的分析和解读。

一、跨国吸引：欧美活动课程和综合课程在理论与实践上的影响

"文革"期间，中国政治、经济、文化领域遭受了沉重的打击，各级各类教育全面倒退。改革开放之后，全面恢复教育领域工作尤显重要，学前教育也亟须恢复和发展。与此同时，随着国门再次打开，西方新的文化、教育理念也再次传入中国，欧美幼儿园课程与实践的理论、经验为当时学前教育改革提供了重要的参考。

（一）内在动力：中国教育改革发展的迫切需要

从中国20世纪70年代末的情况来看，无论是国家政治、经济、文化的宏观背景，还是中国学前教育的现实情况，尤其是幼儿园课程的情况，改革都势在必行。

1978年年底召开的十一届三中全会标志着"文化大革命"的彻底结束，在政治和意识形态上，实现了从"以阶级斗争为纲"向以发展经济为中心的社会主义现代化建设的转折。此时，教育的发展首先源自于经济发展的需要，因为"发展经济，必须发展教育。搞'四化'离不开科学技术人才、经济管理人才和其他

各方面的人才，而培养人才，就要靠教育”。①教育不再仅仅是单纯地为政治斗争服务，其在社会主义经济发展和现代化建设中的地位和作用开始凸显出来。不久，邓小平提出了著名的“三个面向”，即“教育要面向现代化，面向世界，面向未来”，并被写进了1985年的《中共中央关于教育体制改革的决定》和1993年的《中国教育改革和发展规划纲要》，进而成为20世纪末期中国教育改革和发展的总方针。而这一方针也总体上说明了当时中国教育发展的状况，即我们的教育与现代化、与世界、与未来是存有差距的。“尚未现代化，说明我们的教育很可能还处在近代甚至古代的水平，总之是落后的；尚未有国际视野，说明我们的教育还处于与世界隔绝的封闭状态；不能适应未来的要求，说明我们的教育系统还是僵死的”②。

“对现实问题的诊断是任何改革的出发点”③，幼儿园课程的变革也是随着其自身问题的不断发现与批判开始的。在20世纪50年代确立起来的苏联式的学前教育体系和课程体系在“文化大革命”中遭到了严重破坏，沦为政治斗争的工具，完全丧失了教育性和科学性。虽然在1979年以后逐渐开始恢复和发展，并于1981年颁布了《幼儿园教育纲要(试行草案)》，力图尽快建立起新的幼儿园课程体系，为学前教育实践提供规范和指导。但是，从整体的幼儿园课程体系和结构看，仍然采取的是分科课程的框架，“上课”在幼儿园教育活动中占据着主导地位，学前教育实践中普遍存在着重知识和技能的传授、轻情感和态度的培养，重学科自身的系统性和完整性、轻课程内容的综合性与开放性，重统一的要求和目标、轻儿童的个别差异和个性发展，重教师的教、轻儿童的学等问题，教师中心、教材中心和课堂中心的传统课程模式在学前教育中并没有改变，并且在幼儿园课程实践中，小学化的倾向非常严重。教育理论和幼儿园教学实践中存在的诸多问题导致了当时中国教育课程发展的滞后，亟待改革。因此，在改革开放政策的引导下，借鉴和学习西方先进的学前教育理论和实践成了必

① 董纯才. 积极开展教育科学研究——在中国教育学会第三次常务理事扩大会议上的讲话[J]. 中国教育学刊,1981(2): 3-7.

② 刘庆昌. 教育知识论[M]. 太原:山西教育出版社, 2008:142-143.

③ 钟启泉等. 课程设计基础[M]. 济南:山东教育出版社,2000:308.

要的选择。

(二)外化潜力:欧美活动课程与综合课程的快速发展

20世纪80年代以来,伴随着科学技术的发展以及知识经济社会的到来,各国对于学前教育的个人发展价值和社会价值有了更为深刻的认识。联合国教科文组织在《学会生存》中指出:“学前儿童教育是任何教育政策与文化政策的主要先决条件。”①在联合国倡导下,各国纷纷增加对学前教育的投资,相继推出学前教育改革方案。1989年日本推出新的《幼稚园教育纲领》;法国在1995年颁布了《母育学校教学大纲》,作为所有学前教育机构实施学前教育的依据;1987年“全美学前教育协会”颁发了《与0岁到8岁幼儿的发展相适宜的教育》,提出了DAP(Developmentally Appropriate Practice)概念,要求学前教育避免小学化倾向,应适应儿童的年龄特点和个别差异,该书被誉为美国学前教育改革和发展的“圣经”;1989年苏联国家教委批准《学前教育构想》,提出个性定向的教育模式,对学前教育进行改革。由此形成了世界学前教育改革浪潮。在此背景下,欧美国家的学前教育理论和实践呈现出一片欣欣向荣的景象。皮亚杰的儿童认知发展理论、亨特和布卢姆的智力理论、维果茨基的社会建构理论、布朗芬布伦纳的人类发展生态学理论、加德纳的多元智能理论等一系列理论的出现支撑和促进着学前教育课程的研究和发展,出现了与以苏联“直接教学”和“分科教学”为主要特点的集体主义教育模式截然不同的课程模式,即西方的活动课程和综合课程,如银行街教育学院模式(Bank Street College of Education Model)、高宽课程模式(High/Scope)、光谱方案(Project Spectrum)、瑞吉欧教育方案(Reggio Emilia Approach),以及20世纪60年代以后在美国及其他国家复兴的蒙台梭利模式等,逐渐形成了学前教育理论和课程模式科学化、个性化和多元化的发展局面,课程实施途径由单一的“上课”向多种多样的教育活动转化。

针对中西方在学前教育理论和实践中存在的诸多差距,以“教育现代化”为目标的中国学前教育工作者们,对新中国成立后幼儿园课程的发展进行系统的

① 联合国教科文组织国际教育发展委员会.学会生存——教育世界的今天和明天[M].北京:教育科学出版社,1996:232..

反思，重新认识了杜威的教育思想和理论，对陈鹤琴、张雪门、张宗麟等学前教育家的课程思想和理论做出了较为公正的评价，在此基础上，放眼欧美等国的活动课程与综合课程，开始了借鉴和创新的改革和发展之路。

二、本国决策：在“改革开放”政策指引下重新师法欧美

20 世纪 80 年代以来中国做出的借鉴和学习欧美课程模式的决策主要体现在两个方面：确立了“改革开放”的教育发展方针；积极学习和借鉴西方先进的教育经验。

（一）理论决策：确立了“改革开放”的教育发展方针

1978 年 12 月，中国共产党十一届三中全会的召开成为中国社会发展的又一个分水岭和转折点。此次会议做出了将全党的工作重心转移到社会主义现代化建设上来的战略决策，并提出了解放思想、开动脑筋、实事求是、团结一致向前看的指导方针，由此，中国社会的各领域开始了全面的改革和开放。在学前教育领域，改革和发展的脚步也就此开始。1979 年 9 月，国家教育部、卫生部、国家劳动总局、全国总工会和全国妇联共同组成了国务院托幼工作领导小组，召开了全国托幼工作会议，此次会议充分肯定了托幼工作的重要性，指出“对婴幼儿的早期教养，是为培养人才打基础的工作，也是极大地提高整个中华民族的科学文化水平所必须”，“在孩子身上舍得下功夫，花必要的人力、物力和财力，是一项重要的建设事业，是为未来投资”。①会议提出了当时应该解决的几个问题，包括托幼工作的领导、经费、组织机构、保教队伍和质量五个方面。随后颁布了《城市幼儿园工作条例（试行草案）》，其中对幼儿园的教育目标和课程内容做出了详细的说明，为中国幼儿园课程在新时期的改革和发展奠定了良好的基础。

在 1993 年国务院颁布的《中国教育改革和发展纲要》中也重申了这一方针和政策，即“进一步扩大教育对外开放，加强国际教育交流与合作，大胆吸收和

---

① 中国学前教育研究会. 中华人民共和国学前教育重要文献汇编[G]. 北京：北京师范大学出版社，1999：49.

借鉴世界各国发展和管理教育的成功经验”①。至此，学习和借鉴国外的教育理论和经验在国家政策的层面上得到了肯定。

（二）实践决策：积极学习和借鉴西方先进的教育经验

在“改革开放”教育方针的指引下，中国开始积极学习和借鉴西方先进的教育经验。为了推动教育改革的顺利进行，邓小平同志于1983年提出了“教育要面向现代化，面向世界，面向未来”的口号，而“面向现代化，就是要变落后的教育为先进的教育；面向世界，就是要变封闭的眼光为国际的视野；面向未来，就是要变僵死的教育为灵活的教育。要变落后的教育为先进的教育，必须改革；要变封闭的眼光为国际的视野，必须开放；要变僵死的教育为灵活的教育，必须搞活。所以，‘三个面向’是邓小平的社会改革思想在教育领域的表达形式”②。同时，“三个面向”也为中国学前教育未来的发展指明了方向，奠定了基调。1988年发布的《国家教委、国家计委、财政部、人事部、劳动部、建设部、卫生部、物价局关于加强学前教育工作的意见》明确提出：“要从中国国情出发，总结国内实践经验，并学习吸收国外教育理论和经验，开展学前教育科研活动。”③

从国家政策层面上肯定学习和借鉴国外教育理论和经验，一方面体现了政府在教育政策上的一种宏观的理论视角，另一方面也反映了当时幼儿园课程改革的迫切需要，以及国外成功教育思想和课程模式在中国实行的可行性。在国家改革开放教育政策的鼓励下，也是基于中国学前教育发展的需求，西方的学前教育思潮和课程模式也开始如潮水般涌入中国学前教育的田地，滋润着中国学前教育课程的发展。而在学习和借鉴“国外”或者“世界各国”的学前教育理论和经验的过程中，因为在学前教育方面发展较好或者说具有“成功经验”的国家主要还是欧美等发达国家，所以，改革开放以后中国幼儿园课程的变革主要还是受欧美等发达国家学前教育课程的影响，并且获得了较快的发展。

---

① 中国学前教育研究会. 中华人民共和国学前教育重要文献汇编[G]. 北京：北京师范大学出版社，1999：355.

② 刘庆昌. 教育知识论[M]. 太原：山西教育出版社，2008：142－143.

③ 中国学前教育研究会. 中华人民共和国学前教育重要文献汇编[G]. 北京：北京师范大学出版社，1999：278.

三、本土实施：在借鉴欧美课程模式基础上进行自主探索

在欧美教育思想的影响下，中国的教育政策在具体实施过程中主要体现在五个方面：在欧美教育思想的影响下确立了素质教育的理念；颁布一系列幼儿园改革和发展的相关法案；学前教育研究者在借鉴基础上进行自主研究和探索；逐步确立"以儿童发展为本"的课程价值观；多元化课程模式逐渐融入中国学前教育实践。

（一）思想共识：在欧美课程模式的影响下确立素质教育理念

随着改革开放政策的实施，中国改变了"关起门来搞建设"的错误路线，在对待西方先进文化的态度方面也由原来的完全否定到选择性地吸收。很多国外学者的著作被翻译成中文，一些先进的教育理论、课程理论、心理学研究成果和幼儿园课程实践经验陆续地传到中国，国内外的学术团体重新开始交流互访。在这样的背景下，西方以"活动教学"和"综合教学"为特点的自由主义教育模式，如蒙台梭利课程模式、高宽课程模式、光谱课程模式和瑞吉欧课程模式等课程模式逐渐被国人所认识和关注。这些课程模式是在充分吸收皮亚杰理论、维果茨基理论及多元智能理论基础上的结晶，虽然它们在理论基础、发展目标和课程内容方面存在一定的差异，但却在尊重儿童身心发展特点和规律、尊重儿童的个性和人格，追求儿童发展过程中知识与能力的统一、情感与态度的和谐等方面具有高度的一致性。虽然"从现象上看，这种教学方法是自由主义的"，但"在自由中却蕴含着计划性、目的性"，[①]儿童是在教师精心设计的环境和认真制作的材料中自主学习、自由探索，在此过程中，教师充分重视儿童认知的主动建构，倡导儿童运用多种方式进行认知、表达，强调教学中要注意激发儿童丰富的感觉经验，发掘儿童的内在潜力，促进儿童想象力、创造力的提升。

欧美教育思想和课程模式的引入和传播对改革开放初期中国学前教育的发展产生了影响，尤其是对于在借鉴苏联教育模式基础上建立起来的分科教学模式产生了强烈的冲击。在当时，由于受苏联分科模式遗风的影响，基础教育

① 顾明远．顾明远教育口述史[M]．北京：北京师范大学出版社，2007：195－196．

中的“应试教育”之风也愈演愈烈,“知识中心、分数至上”成为很多教育者、受教育者以及家长的共识。这种观念和风气甚至影响到了学前教育的发展,致使幼儿园教育实践中存在很多不尊重儿童年龄特点、个性差异,片面追求智力发展和知识掌握的现象。面对这种状况,有识之士在反思中国学前教育发展现状的基础上,转向对西方先进学前教育思想和课程模式的借鉴与学习,并根据中国学前教育未来发展的需要,提出了“素质教育”的理念,主张真正落实全面发展的教育,使得每个儿童个性和谐地发展,最终提高全民族的素质。这一理念提出不久就得到了国家政府层面的肯定,1993 颁布的《中国教育改革和发展纲要》明确提出:“中小学要由‘应试教育’转向全面提高国民素质的轨道,面向全体学生,全面提高学生的思想道德、文化科学、劳动技能和身体心理素质,促进学生生动活泼地发展,办出各自的特色。”①后来,在 1997 年和 1999 年,国家先后颁布了《关于当前积极推进中小学实施素质教育的若干意见》和《关于深化教育改革全面推进素质教育的决定》,从此,“素质教育”不仅作为一种理念,更是作为一种教育发展取向和政策确立起来。

从总体来看,“素质教育”的理念契合了世界学前教育发展的潮流,符合学前教育发展的规律和需要,从而进一步拉近了中国学前教育与西方学前教育的距离,推动了中国幼儿园课程价值观的变革。而这种变革是一种整体性的转变,必然涉及课程目标、内容、方法和评价等诸多方面,对日后幼儿园课程的发展影响深远。

(二)制度保证:颁布幼儿园改革和发展的相关法案

基于国内发展的需求和国际教育思潮的影响,改革开放初期的中国也确立了“教育先行”的观念。1978 年邓小平在全国教育工作会议上指出:“四个现代化,关键在科学技术现代化。”“科学技术人才的培养,基础在教育。”②“教育先行”的观念逐渐成为国家发展各项事业的总体方针。中国共产党十一届三中全会召开以后,确立了以社会主义现代化建设为中心的发展方针,全国各领域、各

① 中国学前教育研究会. 中华人民共和国学前教育重要文献汇编[G]. 北京:北京师范大学出版社,1999:355.

② 人民教育出版社. 教育改革重要文献选编[G]. 北京:人民教育出版社,1988:170.

行业开始了全面的恢复、整顿和改革。在学前教育领域，教育部于 1981 年颁布了《幼儿园教育纲要（试行草案）》（以下简称《纲要》），主要阐明了幼儿的年龄特点与教育任务、教育内容与要求、教育手段及注意事项。同时还发布了《教育部关于试行幼儿园教育纲要（试行草案）的通知》（以下简称《通知》），提出各地区要结合本地和本园的实际情况逐步试行，各部门为提高幼儿园质量要进行师资培训，为保证《纲要》的试行将组织力量编写教材教法。《通知》还指出了中国学前教育的理论和实践基础比较薄弱的现实状况，鼓励各地积极地进行改革和实验。虽然这份文件尚未摆脱苏联式教育方式的影响，提出的幼儿园课程仍然是分科式的，教育手段也是以作业和上课为主，但却为新时期中国幼儿园课程的改革和发展提供了重要的政策和制度依据。

1989 年，国家教委发布了《幼儿园工作规程（试行）》，在总则中指出："幼儿园是对三周岁以上学龄前幼儿实施保育和教育的机构，属于学校教育的预备阶段。"[①]学前教育的属性和地位开始在中国的政策文件中得以说明。在 1995 年颁布的《中华人民共和国教育法》中规定："国家实行学前教育、初等教育、中等教育、高等教育的学校教育制度。"学前教育成为国家学制的重要组成部分。在 1996 年正式颁布的《幼儿园工作规程》中，更为明确地指出："幼儿园是对三周岁以上学龄前幼儿实施保育和教育的机构，是基础教育的有机组成部分，是学校教育制度的基础阶段。"[②]至此，学前教育的属性和地位得到了国家法律和法规的保证。并且，这一规程还对幼儿园入园和编班、卫生保健、教育、园舍和设备、工作人员、经费和管理等各个方面的内容都做出了详细的规定和说明，为之后一定时期内中国学前教育的发展提供重要的指导和制度保障。

为了更好地将《幼儿园工作规程》中体现的教育思想和观念转化为教育行动，指导和规范全国幼儿园课程的发展，全面提高幼儿园教育质量，教育部于 2001 年发布了《幼儿园教育指导纲要（试行）》（以下简称新《纲要》），要求各地

---

① 中国学前教育研究会. 中华人民共和国学前教育重要文献汇编[G]. 北京：北京师范大学出版社，1999：420.

② 中国学前教育研究会. 中华人民共和国学前教育重要文献汇编[G]. 北京：北京师范大学出版社，1999：288.

教育行政部门、学前教育机构和人员予以重视和落实。新《纲要》首先对幼儿园教育的地位和作用做出了更为科学的界定："幼儿园教育是基础教育的重要组成部分，是中国学校教育和终身教育的奠基阶段。城乡各类幼儿园都应从实际出发，因地制宜地实施素质教育，为幼儿一生的发展打好基础。"[①]同时，将幼儿园教育活动划分为健康、语言、社会、科学、艺术五个领域，对各领域进行了具体的阐述，涉及每个领域的目标、内容、要求和指导要点，并且还对幼儿园教育活动的组织和实施，以及教育评价进行了简要而具有指导性的说明。与以前的学前教育政策和文件相比，这份新《纲要》更具有科学性和教育性。

可以说，经过历史的积淀和对理论不断的探索，2001 年公布的《幼儿园教育指导纲要（试行）》作为幼儿园课程大纲和课程指南，反映了当时国际学前教育课程发展的潮流和趋势，符合中国学前教育发展的实际和特点，为新世纪中国幼儿园课程的改革和发展提供了重要的政策架构和理论指引。

（三）重要行动者：研究者在借鉴基础上进行自主探索

从 20 世纪 80 年代开始，在改革开放政策的导引下，中国学前教育研究者在批判和反思苏联分科教学模式的基础上，开始大量借鉴西方先进的学前教育经验，尤其是美国的课程模式。在借鉴和学习的同时，研究者也积极地进行自主的研究和探索，而这一过程既包括对西方课程模式的理论研究，也包含了融汇西方先进教育理念之后的本土化的课程模式探索。

其中，理论研究的成果主要表现为一系列学术论文和著述的发布与出版。早在 20 世纪 80 年代，中国学前教育研究者就发表了一系列介绍西方课程模式的论文，并且还出版了专门著述。但这些学术论文、著作还是以介绍性为主，如 1980 年出版的《现代西方资产阶级教育思想流派论著选》一书就选录了蒙台梭利和皮亚杰的文章，1985 年出版的《蒙台梭利的学前教育》（卢乐山著）一书比较全面地介绍了蒙台梭利教育法的内容。进入 90 年代以后，介绍和研究西方课程模式的书籍和文章大幅度增加，以期刊为例，有研究者统计，1994 至 2002 年间专门研究蒙台梭利学前教育的学术论文达 30 多篇，而 80 年代以来人大复

---

① 中华人民共和国教育部. 幼儿园教育指导纲要（试行）[R]. 北京：北京师范大学出版社，2001：1.

印资料中有关蒙台梭利教育的文章有 80 多篇。[①]在著述方面，对于外文原著的翻译增多，有关西方学前教育课程的著作也不再仅限于介绍，研究性的著作也层出不穷。而在理论研究的同时，一些研究者也开始在借鉴的基础上进行本土化的课程探索和实践，如从 1983 年起，南京师范大学和南京市实验幼儿园就合作进行了“幼儿园综合教育课程”的实验研究；1994 年，人民教育出版社集结全国几十位幼教专家经过三年的辛苦研究，出版了“幼儿园教育活动”丛书；1996 年北京师范大学出版了“幼儿园目标与活动课程”丛书；新世纪以来，南京师范大学学前教育专家们在原有领域课程的基础上，探索出了“幼儿园渗透式领域课程”，同时，北京市也在汇集了 11 位特级教师多年来的优秀教育思想及宝贵教育经验的基础上，探索出了“幼儿园快乐与发展课程”等。

总的来说，中国学前教育研究者在借鉴和学习西方先进学前教育经验和课程模式的基础上所进行的自主研究和探索，一方面有利于西方课程模式在中国的传播和实践，另一方面也有利于加快其在中国本土化的过程，促进适宜中国学前教育实践的幼儿园课程的发展。

（四）变革速度：逐步确立“以儿童发展为本”的课程价值观

随着科学技术的进步，在谋求政治经济更快发展的时代背景下，人们逐渐产生了对科技的崇拜。海德格尔曾指出，现代社会是一个技术社会，技术作为“座架”影响着社会生活的方方面面，并指出“作为如此这般受促逼的东西，人处于座架的本质领域之中，人根本上并不能事后才接受一种与座架的关系”。[②]如此，追求实用和效率的工具理性支配着当代社会的发展。当今的教育也是这样，只关心对教育内容和手段的选择，而忽视对教育目的和教育本质的追问，作为教育主体的人逐渐沦为一种工具。在这种教育中，课程更多地接受了唯科学主义的浸透，将复制和传播代表客观性规律的知识作为主要任务，因而在课程中经常出现“见物不见人”和“只见分数不见人”的现象。

面对这种境况，人们开始批判和反思，要求恢复教育的本来面目，注重人的价值，于是 20 世纪七八十年代以来，人本主义教育思潮泛起，明确提出教育必

---

① 张莅颖. 蒙台梭利学前教育思想及其对当代欧美教育的影响[D]. 河北大学，2003：5.

② 海德格尔. 海德格尔选集[M]. 上海：三联书店，1996：942.

须实现“完美人性的形成”和“人的潜能的充分发展”①，要求通过教育促进人的整体性发展，来实现人的价值、尊严以及“自我实现”，反对唯科学主义、工具理性和智力中心论。在课程方面，要求课程内容由学科中心转向个体，反对“非人性”的课程，主张课程内容的选择要适合学习者在认知、情感、个体价值等多方面的需要，注重学生的生活经验，关注学校教育的日常生活。正如有的学者所言：“人本主义者认为，课程的功能是要为每一个学习者提供有助于个人自由发展的、有内在奖励的经验。自我实现的人这一理想，是人本主义课程的核心。”②在人本主义精神的影响下，幼儿园课程方面也开始打破过去教学中追求的单一和标准，以及泯灭学生创造力的行为和方式；取消通过死记硬背考察儿童的学习方式以及“填鸭式”的教学方法；废除一切扭曲儿童人格发展的行为，关注儿童的生命、人格、尊严，以及个性化和可持续发展。

这种教育思想也深深地影响着中国幼儿园课程的改革和发展。在20世纪八九十年代的幼儿园课程发展与变革中，普遍倡导整体性的教育观，整合的课程观，强调教师是儿童学习活动的促进者、鼓励者，也是儿童真诚的、可信赖的、有情感的指导者。90年代后期以来，随着维果茨基的最近发展区理论、社会建构论再次复兴及加德纳的多元智力理论在世界上盛行，中国幼儿园课程的发展、变革也越来越多地受其影响。其突出的特征就是重视儿童认知的主动建构，重视社会文化环境、团体合作对儿童发展的影响，倡导儿童运用多种方式进行认知、表达与沟通，获得完整的感觉经验，重视儿童作为完整的、多元智力发展的人参与课程活动，强调教学中要注意激发儿童丰富的感觉经验，促进儿童想象力、创造力的提升，发掘儿童的内在潜力，最终形成儿童的完满人格。③以儿童发展为本就成为80年代以来课程变革的重要取向，而且通过这次变革也基本上形成了这样的幼儿园课程价值取向。

20世纪八九十年代幼儿园课程改革和发展的成果在一些重要的政府文件中得到了很好的体现。《幼儿园工作规程（试行）》就指出：“儿童是教育过程的

---

① 单中惠. 西方教育思想史[M]. 太原：山西人民出版社，1996：971.

② 麦克尼尔. 课程导论[M]. 施良方，等译. 沈阳：辽宁教育出版社，1990：4.

③ 王春燕. 中国学前课程百年发展与变革的基本特点[J]. 学前教育研究，2003(10)：25－27.

主体。儿童是在与周围环境相互作用的活动中主动学习和发展的，幼儿园应该为儿童提供活动和表现的机会和条件；教育内容要从儿童的生活经验出发，关注儿童的兴趣，引导儿童积极主动地参与活动，提供选择和创造的条件；教育要关注个别差异，满足发展中的不同需要，促进每一个儿童在原有水平上的发展。"①到了新《纲要》中则进一步扩展与深化了以儿童为本的思想。可以这样说，新《纲要》的字里行间都旗帜鲜明地高扬尊重儿童、促进儿童全面和谐发展的观点。新《纲要》总则的五条中除第一条之外，其他几条都分别从不同角度，围绕"以儿童发展为本"，明确指出：共同为幼儿的发展创造良好的条件；满足幼儿多方面发展的需要，使他们在快乐的童年生活中获得有益于身心发展的经验；尊重幼儿的人格与权利，尊重幼儿身心发展的规律和学习特点……促进每个幼儿富有个性的发展等。不仅如此，这一精神还自始至终融入了新《纲要》的其他部分，指导着幼儿园课程的组织、实施、评价等环节。

（五）国情适应性：多元化课程模式逐渐融入中国学前教育实践

经过30多年的借鉴、改造和发展，从西方引进的诸多课程模式逐渐地融入中国的幼儿园课程之中。这种融合主要体现在两个方面：一是多元化的西方课程模式所体现的先进思想和理念为中国社会所接受并吸收；二是多种形式的课程模式开始在中国的幼儿园课程实践中得到应用并产生影响。

从思想的层面来说，改革开放以来，人们开始认识到，教育文化的引进与教育理论的输入是中国教育发展的必要途径，但这种引进应该是多元的而非一元的。多元的西方课程模式在传入中国的过程中，经过历史和实践的选择，被中国社会所接受，在学前教育领域产生了深刻的影响，多种形式的学前课程格局逐步形成。在2001年教育部制订的《幼儿园教育指导纲要（试行）》中，很多条款就与诸多西方课程模式存在着思想和理念上的共同点。比如新《纲要》提出："幼儿园应与家庭、社区密切合作，与小学相互衔接，综合利用各种教育资源，共同为幼儿的发展创造良好的条件。""幼儿园应为幼儿提供健康、丰富的生活和

① 朱慕菊．中国儿童教育发展的回顾与展望[A]．《幼儿园教育指导纲要（试行）》解读[C]．南京：江苏教育出版社，2002：23.

活动环境。”[①]这都与蒙台梭利教育法中“有准备的环境”以及瑞吉欧教育方案中的“教师、环境与活动浑然一体”的思想不谋而合。另外，在课程内容方面，新《纲要》认为幼儿园的教育内容应该是全面的、启蒙性的，并将其划分为健康、语言、社会、科学、艺术五个领域。这种内容的划分与光谱方案极为相似，建立在多元智力理论基础之上的光谱方案将学前教育的内容划分为八个领域，即运动领域、语言领域、数学领域、科学领域、社会领域、视觉艺术领域、音乐领域和活动风格领域。因此说，这些欧美的课程模式所倡导的思想和理念不仅在中国学前教育领域产生了共鸣，并且还得到了国家政策层面的认同。

四、逐步内化：在多元融合基础上寻求儿童适宜与文化适宜的中国化课程模式建构

中国的幼儿园课程改革从20世纪80年代初开始，至今已走过了30多年的风雨历程，在借鉴和学习西方先进的教育理论、课程理论的基础上，中国学前教育工作者经过认真的思考、实践、消化之后也在积极地进行本土化的探索和研究，使中国的学前教育发生了翻天覆地的变化。

（一）对原有教育体系的影响：由单一的分科教学模式走向多种课程模式并存

在20世纪50年代借鉴和学习苏联教育经验的热潮中，分科教学模式在中国幼儿园教育教学中的统治地位被逐步确立。虽然自1958年起苏联经验开始遭受到猛烈批判，但不可否认的是业已形成的分科教学模式却统领并影响中国幼儿园课程长达三十年之久，直至改革开放之后才逐渐沉寂。这种分科教学模式注重系统知识的传授，在教学方法上采用分科目上课的方式对儿童进行教育，注重教师在教育教学中的主导和中心作用。而在具体的课程实施过程中，有详尽的、具体的、可操作的课程目标，使得幼儿教师基本上是按照提前预设和准备好的课程进行教育教学活动，教育目标也同样是事先计划好的。虽然教师在执行中可根据实际需要做出一些小的改变，但课程实施的基本思路、基本内

---

① 中华人民共和国教育部.幼儿园教育指导纲要(试行)[R].北京:北京师范大学出版社，2001:1.

容、基本程序原则上是保持不变的。

1978 年十一届三中全会以后,中国确立了改革开放的政策,之后教育界也迎来了新的春天。这一时期人们开始全面总结和反思之前对苏联教育经验的全盘借鉴抑或疯狂批评,第一次对苏联教育模式及为其代表的凯洛夫的《教育学》做了较为全面和合理的认识,肯定"它对促进中国教育事业的发展,建立新中国的教育理论体系起过积极的作用"①。指出在"研究教育理论时,对于凯洛夫教育学中的合理因素,要理直气壮地拿来为我所用"②,但"要从凯洛夫教育思想体系中解放出来,结合中国特点研究教育理论和教育实践"③。

伴随改革开放的深入发展,众多西方学前教育理论和课程模式开始陆续进入中国,并得以广泛传播,这一过程深刻影响着中国幼儿园课程理论和实践的发展进程。

随着国际学术交流日益增多,一些新的儿童心理学、教育思想、课程理论相继传入国内。这一时期,皮亚杰的儿童认知发展理论、苏联的学前教学论、泰勒等人的课程理论得到了重新重视和借鉴,在此基础上,人们逐渐形成了学前教育的一些新观念。具体而言,众多西方课程模式所共同体现出来的"以儿童发展为本"的价值观深入人心;光谱方案中的多元智力理论以及其所提出的让每个儿童在自己强项的基础上发展的思想也得到了广泛的认同;高宽课程所主张的围绕关键经验培养主动学习的儿童的思想,以及瑞吉欧的教师、环境与活动浑然一体的建构主义理念都逐渐为人们所接受。在这些课程模式的影响下,20 世纪 50 年代以来的幼儿园分科课程模式被彻底改变,取而代之的是综合课程、领域课程、活动课程、主题课程等课程模式,多样化课程模式并存成为改革开放以来中国幼儿园课程实践的主要体现,而以儿童发展为本、关注个体差异、注重儿童的主动发展和适宜性发展等先进的学前教育思想和理念都在其中得到了很好的体现。

---

① 鲁洁,令狐昌毅,李湘林,吴也显. 他们究竟要"改造"什么——评《谁改造谁》[J]. 教育研究,1979(1):53-57.

② 陈友端. 评凯洛夫教育学[J]. 湖南师范大学社会科学学报,1979(2):142-147.

③ 吴杰. 从凯洛夫教育思想体系中解放出来——以时代要求和中国特点研究教育理论和教育实践[J]. 教育研究,1980(1):34-38.

(二)吸纳外来特征:倡导可持续发展观和终身学习理念

20世纪80年代末,国际社会提出了“可持续发展”的发展观。联合国在《21世纪议程》中倡导:当代教育,无论是正规教育,还是非正规教育都必须面向可持续发展。把环境和发展问题作为重要的教育内容,努力培养学习者与可持续发展相一致的环境意识和道德意识、价值观以及技能和行为。与此相关的则是终身教育理念的提出,这一理念被誉为是“可以与哥白尼学说所带来的革命相媲美”的“教育史上最惊人的事件之一”。[①]终身教育目标是“实现更美好的生活”,或者是“从中汲取一切有益的东西,使人过一种更和谐、更充实、更符合生命真谛的生活”,就是要培养富有个性、全面发展的新人。朗格朗认为在肯定学校教育的同时,要对传统的学校教育进行改革,学校不仅仅要传递现有的知识结构体系,更重要的是务必使每个学生学会学习。[②]学前教育是终身教育体系的起点,是终身教育一个不可缺少的重要环节,对终身教育起着基础性作用。随着时代的发展,世界各国也逐渐认识到学前教育在个体和社会的可持续发展中的重要作用,而终身学习和可持续发展也成为幼儿园课程的重要目标。

80年代以来,中国幼儿园课程中小学化现象严重,教学中重视知识和技能的灌输与训练,注重即时的学习效果和成绩,但忽视儿童的情感、态度的发展和个性化的需要。尽管儿童有可能较快掌握一些事实性的知识和操作性的技能,却丧失了发展的主动性和创造性,无法激发起儿童的学习兴趣和发展潜力,从根本上缺乏发展的可持续性,这一状况直至90年代幼儿园课程变革才得以改变。在可持续发展观和终身学习理念的影响下,中国幼儿园课程在观念和内容体系上发生了巨大变化。首先,课程理论和实践工作者逐渐确立了幼儿园课程应以坚持可持续发展和终身教育为指导,以联合国教科文组织所倡导的学会认知、学会做事、学会与他人共同生活、学会生存为支柱,倡导儿童从小学习相互理解、相互交往、与他人平等交流,以便更好地适应不断变革的世界,真正把社会的人带进21世纪。其次,这一时期的课程目标和课程内容也产生了重要变

---

① [瑞士]查尔斯·赫梅尔.今日的教育为了明日的世界[M].王静,赵穗生,译.北京:中国对外翻译出版公司,1983:22.

② [法]朗格朗.终身教育引论[M].周南照,陈树清,译.北京:中国对外翻译出版公司,1985:128.

化。课程目标方面，在可持续发展观的指引下，提倡培养儿童的独立意识、创新能力、团队合作能力、不断进取精神等良好品质。在课程内容上，则增加了许多与可持续发展直接相关的内容，如合作教育、生态教育以及和平教育等，使儿童懂得生态平衡的重要性，了解保护地球的重要性，激发儿童热爱和平的高尚情操，学会相互尊重，彼此合作，互相理解，从小培养儿童可持续发展的意识。

可持续发展观和终身学习理念的这种影响在 1996 年颁布的《幼儿园工作规程》（以下简称《规程》）以及 2001 年颁布的《幼儿园教育指导纲要》（以下简称新《纲要》）中得到了明显的体现。如《规程》中明确强调要培养儿童有益的兴趣和求知欲望，萌发儿童美好的情感，培养其自信、好问、友爱、勇敢的品性。新《纲要》中提出要“从不同的角度促进幼儿情感、态度、能力、知识、技能等方面的发展”，从而避免发展的片面性和盲目性，尤其指出教育内容要以儿童的兴趣和问题解决为出发点。特别是新《纲要》中对发展“情感、态度、能力、知识、技能”的排序，将情感、态度作为儿童发展的最重要方面，列于其他教育内容之前，由此可见其注重培养儿童终身学习与发展品质的鲜明课程目标取向。在《规程》和新《纲要》的倡导与要求之下，新的幼儿园课程在目标制定、内容选择时，便更强调儿童的情感和态度，以及儿童能力的发展，而不仅仅限制在知识的掌握。与此同时，对儿童掌握知识的要求，也不再强调通过记忆储存起来的特定的、静态的知识点，而是更加关注儿童在活动过程中获得的直接体验，关注儿童与环境的相互作用。

（三）融汇：在融合欧美课程模式基础上尝试本土化建构

20 世纪 80 年代以来，诸多西方课程模式在中国学前教育领域的传播和实践，深深地影响了中国幼儿园课程变革和发展的历史进程。而经过中国学前教育工作者的努力探索，在融汇中西方学前教育课程理念和实践的基础上，新的幼儿园课程体系雏形初现。如 80 年代初南京师范大学与南京市实验幼儿园开展的“幼儿园综合主体教育”探讨，南京市鼓楼幼儿园“单元教育课程”的研究及上海长宁区进行的“幼儿园综合主题教育”，都是中国学前教育工作者在吸收借鉴相关理论基础上产生的富有中国特色的课程模式。

这一正在形成之中的课程体系涉及课程理念、课程目标、课程内容、课程实施和课程评价等诸多方面。在课程理念方面，受维果茨基教育理论以及在其基础上建构起来的瑞吉欧方案课程的影响，中国幼儿园课程领域基本形成了预设与生成相统一的课程理念。课程目标从20世纪80年代《纲要》规定幼儿园教育的任务是“向幼儿进行体、智、德、美全面发展的教育，为入小学打好基础，为造就一代新人打好基础”，到90年代《规程》第三条明确提出“幼儿园的任务是实行保育和教育相结合的原则，对幼儿实施体、智、德、美诸方面全面发展的教育，促进其身心和谐发展”，再到21世纪初新《纲要》强调以儿童发展为本位的课程观，这反映了中国幼儿园课程的目标设置由知识本位逐渐演化为人本主义取向，达到了课程的社会发展的价值取向和人的发展价值取向的高度整合。课程内容也由过去“静态”的知识向“动态”的活动转变。“学科说”一直是20世纪80年代课程内容的主要价值取向，强调按学科体系来组织教学内容。80年代后期，“学习活动说”初露端倪，开始强调幼儿的主动学习，按儿童身心发展规律组织课程内容，出现了“活动教育课程”这种针对“学科说”的重视儿童主动学习的课程模式。90年代，中国又出现四大课程模式：综合课程、活动课程、游戏课程和领域课程。直至21世纪新《纲要》明确指出：“要坚持因地制宜、实事求是的原则，应从具体情况出发，切忌‘一刀切’。”随后，各种具有本地、本园特色的幼儿园课程出现了，风格各异，各有千秋，幼儿园课程内容向多样化发展。在课程实施上，20世纪80年代《纲要》规定了幼儿园各种教育活动应并重，不可偏废其一，纠正了教育工作中只重上课、忽视其他活动的倾向。《规程》提出：“幼儿园的教育活动是有目的、有计划引导幼儿主动活动的、多种形式的教育过程。”“教育活动”的提出标志着幼儿园课程实施的根本性转变，它取代了以往的“上课”成了正规教学活动的形式。新《纲要》同《规程》一样，强调了教育活动这一重要的课程实施途径，但形式更具有灵活性，指出“教育活动的组织形式应根据需要合理安排，因时、因地、因内容、因材料灵活运用”。①受蒙台梭利教育法和维果茨基教育理论影响，80年代以来中国幼儿园课程变革的一个重要成果就是充分重视在课程的实施中为儿童创设丰富的活动环境，因为蒙氏认为在教育

---

① 袁爱玲.当代幼儿园课程发展[M].广州：广东高等教育出版社，2007：196.

上环境所扮演的角色相当重要，孩子从环境中吸收所有的东西，并将其融入自己的生命之中。

经过近30年的变革，现在的幼儿园课程评价在理念上与原来相比发生了质的变化，评价越来越走向过程取向与主体取向的质性评价。过程取向的评价强调把儿童与教师在课程开发、实施及整个课程运行中的全部情况都纳入评价的范围，强调评价者与具体评价情境的交互作用，主张凡是具有教育价值的结果，不论是否与预定目标相符合，都应当受到评价的支持与肯定。因而过程取向的评价对人的主体性与创造性给予了一定的尊重。主体取向的评价强调课程评价是评价者与被评价者、教师与儿童共同建构意义的过程，是一种民主参与、协商与交往的过程。在评价情境中，教师与儿童都是平等的主体，是意义建构过程中不可或缺的组成部分。评价主体的自我反思与自我评价对评价过程作用很大，因而反对量化的评价。由此观之，后两种取向的评价在方法上主张的是质性评价。课程评价注重的不再是课程的预期结果与儿童的学习结果，而是儿童学习的过程、探索的过程，是课程真实进展的过程，从而使评价的过程成为为改进课程实践提供真实可靠依据的过程。

总的来说，近30年来中国一直在尝试走出一条全球化时代的民族化道路，正在努力超越生搬硬套欧美课程模式的时代，进入建设中国特色学前教育理论、寻求与儿童适宜与文化适宜的课程模式建构的新时期。如陈帼眉教授所说，中国特色的学前教育理论应从两个方面理解："一是符合中国国情的学前教育理论，另一是由中国人提出的、没有国界的、符合普遍规律的学前教育理论。当然，这两个方面是不能截然分开的。"①

（四）评估：形成多元化课程发展格局

从20世纪50年代到80年代初，在高度集权、强调高度统一的社会背景下，中国的幼儿园基本上就只有一种课程模式，即分科模式。改革开放以来的30年，我们学习和借鉴的是西方的学前教育模式，主要是欧美的以"活动教学"和"综合教学"为代表的自由主义教育模式，如高宽教育方案、蒙台梭利教育法、瑞

---

① 李彦琳．当代学前教育思潮的激荡与反思[J]．基础教育研究，2009(2A)：43－45．转引自陈帼眉，刘焱．学前教育新论[M]．北京：北京师范大学出版社，1996．

吉欧教育方案和光谱教育方案等。在欧美学前教育思潮涌入的同时,中国众多的学前教育机构和学前教育工作者也开始了积极"模仿"和"借鉴"之路,于是,"蒙台梭利教育法"到处"开花","高宽教育方案"盛行一时,"瑞吉欧教育方案"备受推崇,可以说,中国学前教育的花园里盛开着各种各样外来的花朵。

对于这种情况,有研究者指出:"当前国际上学前教育课程研究的发展趋势是要设计并实施适应各地区,各民族,各种经济、文化背景,各种自然、物质环境的多种多样的课程模式,而不是要求,也不可能,建立某一种到处适用的'最佳'模式。""针对中国地域广阔、人口众多、经济发展不平衡、文化背景不一致、民族特点和社会习俗多样等实际情况……当前幼儿园课程改革的方向是提倡建立多种课程模式以适应课程的需要。课程研究的焦点是通过互相交流,共同探讨,促使各种模式在各自的教育实践中日益完善起来。"①

正是基于这种认识,在学习和借鉴欧美国家幼儿园课程发展经验的同时,中国学前教育工作者们也开始了艰难的自主探索和创新的道路。如南京师范大学与南京市实验幼儿园共同开发的"幼儿园综合教育课程"、上海市静安区南京西路幼儿园的"游戏课程模式"、上海市宝山区红星幼儿园提出的"情感课程模式"、上海中福会幼儿园提出的"生存课程模式"、南京市太平巷幼儿园的"田野课程模式"、无锡市实验幼儿园的"生活·学习·做人课程模式"和湖州市实验幼儿园的"能力课程模式"等。中国学前教育理论和实践工作者的这种探索是中国幼儿园课程自主创新历程的开始。

可以说,改革开放以来,中国学前教育的现代化进程在相当程度上受到西方现代价值观的影响,中国的学前教育开始被打上西方文明和西方价值观的烙印。在学习欧美国家课程模式的同时,中国学前教育工作者从未停止过对具有中国民族特色幼儿园课程的积极探索。中西交流和交汇的结果彻底结束了中国20世纪50年代到80年代初分科课程模式一统天下的局面,形成了多元化的幼儿园课程发展格局。更为重要的是,中国学前教育理论和实践工作者的此种探索使得中国幼儿园课程的自主创新之路由此展开。

---

①　赵寄石.学前教育论稿[M].南京:南京师范大学出版社,2001:340.

表6－1　改革开放以来的教育借鉴分析表

借鉴阶段	具体内容
跨国吸引	内在动力:教育理论和幼儿园教学实践中存在的诸多问题导致了当时中国教育课程发展的滞后,亟待改革。因此,在改革开放政策的引导下,借鉴和学习西方先进的学前教育理论和实践成为必要的选择
	外化潜力:欧美活动课程与综合课程的快速发展使中国学前教育工作者们认识到了中西方在学前教育理论和实践中存在的诸多差距,由此开始了借鉴和创新的改革与发展之路
本国决策	理论决策:学前教育领域开始进行全面的改革和开放,学习和借鉴国外的教育理论和经验在国家政策的层面上得到了肯定
	实践决策:在"改革开放"政策指引下,并且基于中国学前教育发展的需求,中国开始积极学习和借鉴西方先进的教育经验
本土实施	思想共识:随着改革开放的深入发展,西方学前教育思想和课程模式开始涌入中国,与中国幼儿园课程改革和发展的现实需求相结合,素质教育的理念开始确立
	制度保证:颁布《中华人民共和国教育部幼儿园教育纲要(施行草案)》《幼儿园工作规程(试行)》《幼儿园教育指导纲要(试行)》等一系列学前教育法案,为中国幼儿园课程的改革和发展提供了重要的政策架构和理论指引
	重要行动者:中国学前教育研究者在批判和反思苏联分科教学模式的基础上,开始大量借鉴西方先进的学前教育经验,尤其是美国的课程模式。在借鉴和学习的同时,研究者也积极地进行自主的研究和探索
	变革速度:吸纳各种教育流派的思想,逐步确立"以儿童发展为本"的课程价值观。重视儿童认知的主动建构,尊重儿童的人格与权利,尊重幼儿身心发展的规律和学习特点,促进儿童全面和谐发展
	国情适应性:西方多元化课程模式所体现的先进思想和理念为中国社会所接受并吸收,逐渐融入中国的幼儿园课程,在中国的幼儿园课程实践中得到应用并产生影响

续表

借鉴阶段	具体内容
逐步内化	对原有教育体系的影响:众多西方课程模式所共同体现出来的"以儿童发展为本"的价值观深入人心,20世纪50年代以来的幼儿园分科教学模式被彻底改变,多样化的课程模式并存成为改革开放以来中国幼儿园课程实践的主要体现
	吸纳外来特征:世界各国逐渐认识到学前教育在个体和社会的可持续发展中的重要作用,终身学习和可持续发展成为幼儿园课程的重要目标,由此中国的幼儿园课程在观念和内容体系上也发生了巨大的变化
	融汇:在融合西方幼儿园课程理念和实践的基础上,中国进入建设中国特色学前教育理论、寻求与儿童适宜与文化适宜的课程模式建构的新时期,新的幼儿园课程体系雏形初现
	评估:在欧美课程模式的影响下,中国学前教育工作者也在积极努力探索和创新,这种中西交流和交汇最终形成了多元化的幼儿园课程发展格局

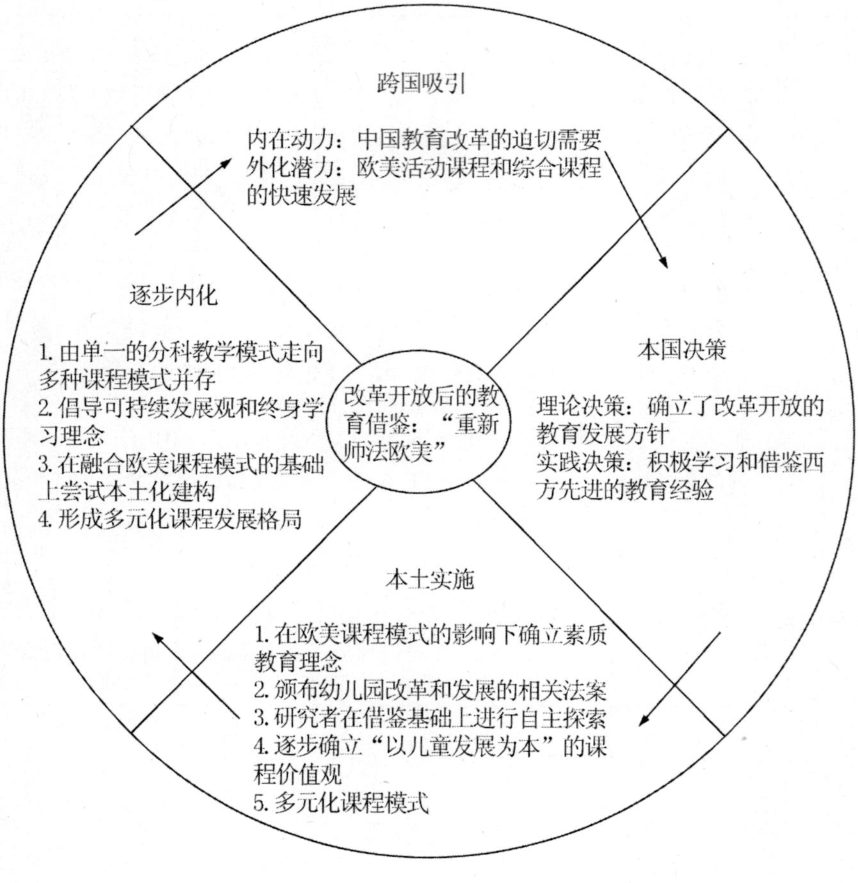

图 6－1　改革开放以来的教育借鉴分析图

小结:中国借鉴西方课程模式的总体特点

一、跨国吸引阶段:内因主导 VS 外因驱动

在中国幼儿园课程发展的历史进程中,西方学前教育思想和模式一直都散发着耀眼的光芒,吸引着中国学前教育工作者去学习和借鉴。虽然这种吸引是内在动力和外化潜力共同作用的结果,但是在不同的发展阶段,决定性的动因确实存在差异,这种差异主要表现在是内因主导而决定的,还是外因驱动的结果。

清末民初中国之所以会被日本学前教育模式所吸引,除了国内政治和社会文化改革的需要外,最主要的动因还是被日本的快速崛起模式深深地触动,希望通过学习和借鉴日本经验推动教育改革和发展,从而实现富国强兵的宏观构想与目标,因而外因的驱动成为主要动因。这种情形在新中国成立初期也出现过,当时苏联在社会主义建设中取得的巨大成就使新中国相信“苏联成了先进的社会主义文化的中心,成了为其他民族和国家照亮道路的火炬”①,所以希望通过全面学习苏联迅速建立起社会主义文化教育体系。与此不同的是,西方学前教育思想和模式在民国中后期和改革开放以后的时期对中国所产生的吸引则是内因主导的结果,是基于当时政治、经济和文化发展的现实需要,经过学前教育工作者的理性思考而形成的局面。

二、本国决策阶段:被动决定 VS 主动选择

就决策阶段而言,虽然中国在学习和借鉴西方课程模式不同阶段的决策类型不尽相同,但从做出决策的原因来看,基本上都是源于国内教育改革和发展的需要,以及国外学前教育思潮和实践的影响。而对于决策的主体而言,不同

---

① [苏]卡拉式尼柯夫.苏联教育三十年[J].龚远英,译.译文月刊,1949(1):61-66.

情况下所做出的决策则存在着性质的不同,即被动决定和主动选择的差异。在中国幼儿园课程发展的不同阶段,这种差异就很明显地表现了出来。

清末中国做出“以日为师”的教育决策就是国家危亡的形势所迫,不改革就可能遭遇灭亡的命运,于是清政府无暇多做思量就将在国家改革诸方面表现优良的日本作为照搬和模仿的对象,企图以教育救国,这种决策实乃一种被动的决定。同样,新中国成立初期做出“以俄为师”的决策亦是如此,当时面对着西方资本主义国家的敌对和封锁,一穷二白的中国唯有选择同属于社会主义国家的强大苏联作为全面学习的对象,才有可能迅速建立起新的教育体系。与此相对,民国中后期所做出的“以美为师”和改革开放以来“借鉴欧美”的教育决策则是主动选择的结果,究其原因,乃是因为在这两个阶段中国处于平稳发展时期,与世界有了更为广泛的联系,学前教育获得了一定程度的发展,政府和有关人员与机构有了更多思考和选择的余地,因此也提供了可供自主选择的机会,具有决策的主动权。

三、本土实施阶段:盲目照搬 VS 融汇创新

实施阶段主要在于说明从西方借鉴而来的学前教育政策和课程模式是如何在中国的学前教育实践中具体实施的。而纵观中国幼儿园课程发展的四个时期,借鉴而来的政策和实践在实施阶段呈现出两种截然不同的发展态势:一种是借鉴中盲目照搬,如清末民初的“以日为师”和新中国成立初期的“以俄为师”;另一种是借鉴中融汇创新,包括民国中后期的“自主探索”和改革开放以来的“自主创新”。

清末中国在被动中仓皇做出“以日为师”的教育改革和发展决策之后,在实施中基本上就是“全盘照搬”,不仅在学前教育政策和体系上仿照日本,颁布《奏定蒙养院章程及家庭教育法章程》,设置相同的课程目标和内容,而且从日本购买了大量的玩教具和“恩物”,并且还聘请了很多日方的学前教育工作者主持和负责幼稚园的开办,致使“日本化”色彩浓厚。新中国成立初期的“以俄为师”阶段也采取了全盘照搬的做法,无论在思想理论上,还是在课程体系的建构以及人员的指导和培训上,皆全盘吸纳了苏联的政策和实践,呈现出浓厚的“苏

化”色彩。相反，在民国中后期以及改革开放以来的两个发展阶段，面对着西方学前教育思潮和模式的冲击与影响，中国的学前教育工作者则采取了较为理性的做法，在学习和借鉴西方思想和模式精华的同时，在实验和实践中积极探索和创造符合中国国情、具有中国特色的学前教育理论和课程模式，并曾取得过辉煌的成就。

四、逐步内化阶段：畸形发展 VS 融合共生

本土化阶段在于说明西方学前教育思想和模式在被中国接受和吸纳后，继而如何成为中国学前教育体系发展的一部分。由于在实施阶段所采取的两种截然不同的态度和做法，西方学前教育思想和课程模式在中国幼儿园课程发展的不同阶段也产生了不同的结果，即畸形发展和融合共生的差异。

清末民初所采取的全盘照搬日本的做法虽然直接推动了中国幼儿园课程的创立和初步发展，使福禄贝尔课程模式和蒙台梭利课程模式在中国的土地上扎根，但是由于忽视了中国的国情和文化，致使“日本化”情况严重，并开始产生“外国病”“花钱病”和非科学化等诸多问题，导致畸形发展。这种情况同样发生在新中国成立初期的“以俄为师”阶段，由于采取全面苏化的做法，中国原有的幼儿园课程体系被完全推翻，苏联式集中统一的分科教学模式占据统治地位，虽然契合了当时中国快速建立起社会主义教育体系和学前教育发展的需要，但这种模式不符合学前教育发展规律和幼儿发展特点，形成了畸形发展的状况。正是鉴于以上阶段所出现的问题，在民国中后期和改革开放以来的这两个阶段，中国学前教育工作者则采取了融汇创新的做法，立足中国、放眼世界，在借鉴吸收西方先进经验的同时，结合中国的国情和发展需要，在实践中积极探索中国化的课程模式和发展道路，实现融合共生，健康发展。

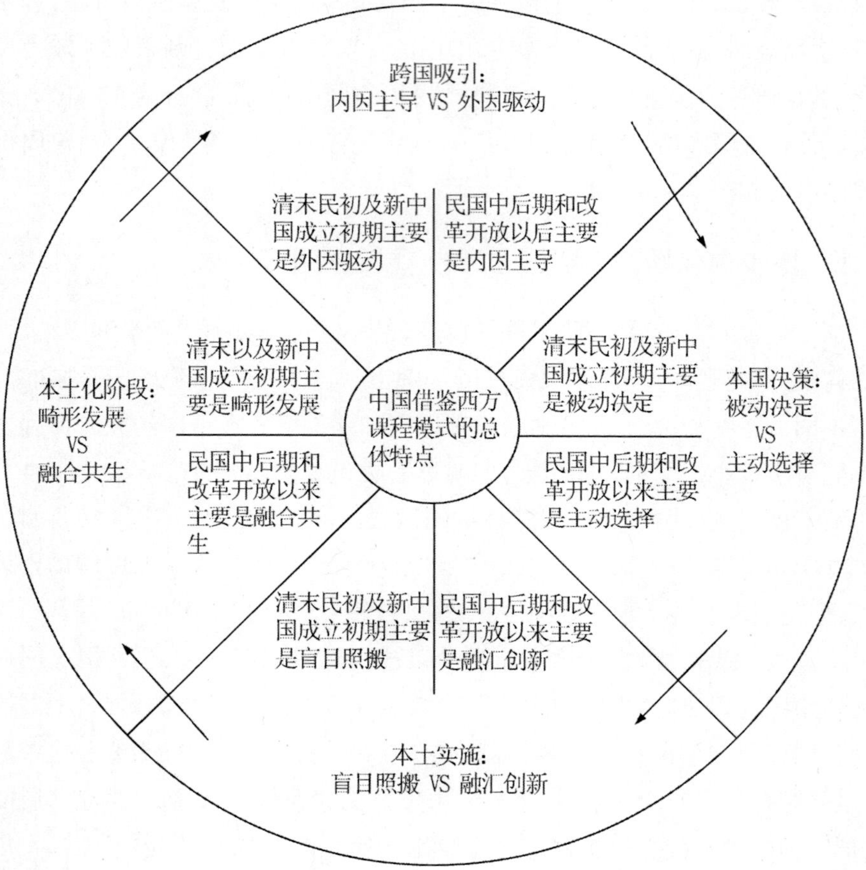

图 6－2　中国借鉴西方课程模式总体比较图

第三部分　西方课程模式影响中国学前教育发展的基本经验及启示

如果要了解西方课程模式对中国幼儿园课程发展到底产生了何种影响，那么，不仅要了解这一影响的过程，而且更要了解这一过程所产生的具体结果。而在研究和认识这种结果性影响之前，对产生影响的几种主要的课程模式做一番透彻的理解就成了认识的必要条件。

第七章　影响中国学前教育的四种课程模式：基于核心要素的比较

从中国幼儿园课程发展的历史进程来看，这一百多年来在中国产生较大影响的外国课程模式主要有以下几种：福禄贝尔课程模式、蒙台梭利课程模式、苏联的直接教学模式和分科教学模式、高宽课程模式、光谱课程模式、瑞吉欧课程模式等。但是，随着当今世界学前教育课程理论和实践的发展，福禄贝尔课程模式已经不适应学前教育发展的时代潮流，在理论和实践中逐渐丧失其影响力。同时，从地缘和历史文化上讲，苏联也很难算作真正的西方国家。从地缘关系看，俄罗斯是横跨欧亚大陆的国家；从历史文化角度看，俄罗斯文化具有东西方综合色彩，10 至 12 世纪的俄罗斯是在拜占庭的基督教——东正教文化影响下度过的，13 至 15 世纪鞑靼蒙古的统治给俄国人留下了东方专制制度的国家范式，而后彼得大帝的西方化改革使俄罗斯在军事、教育、科学和文学艺术方面全面向欧洲学习。可以说诸多历史文化因素的杂合使俄罗斯兼具东西方文化的特点,正如别尔嘉耶夫所言:“俄罗斯民族不是纯粹的欧洲民族,也不是纯粹的亚洲民族。俄罗斯是世界的完整部分,巨大的东方—西方,它将两个世界结合在一起。”①因此,在本文中,对于苏联的直接教学模式和分科教学模式将不做具体论述,并且从当前中国学前教育的发展情况看,这两种模式已经被理论和实践所扬弃,而其他几种西方课程模式却显得历久弥新。

鉴于此,本文将主要对蒙台梭利课程模式、高宽课程模式、光谱课程模式和瑞吉欧课程模式进行比较分析,而比较分析的框架则是建立在课程模式基本要素的基础上。

一、四种课程模式的理论基础

“当某种理论,或者几种理论综合成为一种指导思想,被作为制定某一个具体的教育计划或者教育方案的基础,并被用以处理该计划或者方案中的各种成分之间的各种关系,使之成为一个协调的总体而发挥整体的教育功能时,这个具体的教育计划或者教育方案就不同于一般的计划或者方案,而可以成为一种课程模式了”②。可见,理论基础是课程模式建立的出发点,理论基础的不同会带来课程主张的迥异。

(一)蒙台梭利课程模式:多学科知识的综合

蒙台梭利教育法(Mentossori Method)是由意大利学前教育家玛利亚·蒙台梭利(Maria Montessori,1870—1952)创立的一种课程模式。虽然有研究者指出,在福禄贝尔首创幼儿园模式之后,蒙台梭利教育法是其后世界上出现的第二个课程模式。③但是,蒙台梭利教育法可能是迄今为止世界上传播最广、影响最大、最具生命活力的课程模式。这一课程模式对中国幼儿园课程的发展产生了深远的影响。

与赫尔巴特宣称要建立“科学的教育学”而其实质仍然是“形而上学的教育

① [俄]别尔嘉耶夫.俄罗斯思想[M].雷永生,译.北京:三联书店,1995:25.

② 朱家雄,张萍萍,杨玲.皮亚杰理论在学前教育中的运用[M].上海:世界图书出版公司,1998:77.

③ Goffin,S. G. & Wilson, C. Curriculum models and early childhood education:Appraising the relationship (2nd Ed.)[M]. Upper Saddle River, NJ: Merrill/ Prentice Hall, 2001:37.

学”不同,蒙台梭利真正将自己的学前教育思想建立在科学的基础之上。蒙台梭利是医学博士,通晓自然科学,尤其是生理学和生物学,她曾研究过达尔文(Charles Robert Darwin)的生物进化论和孟德尔(G. J. Mendel)的遗传学说,而法国的昆虫学家法布尔(Jean Henri Fabre)、生物学家卡雷尔(Alexis Carrel)、荷兰生物学家德弗里斯(Hugo de Vries)等人的理论对她影响很大。法布尔注重在自然的环境中观察研究对象,德弗里斯曾提出昆虫生长的“敏感期”理论,而卡雷尔则从生物学的角度论证了学前教育的重要性。在心理学方面,英国心理学家麦独孤(McDougall)、德国心理学家费希纳(Gustav Theodor Fechner)和冯特(Wundt)等对蒙台梭利启发尤大。麦独孤的目的心理学主张把儿童心理的发展看作是有本能驱动的、努力达到某种生长目的的过程,强调人的心理具有积极主动的创造功能,并能在与环境的交往中主动地吸收环境,费希纳和冯特的实验心理学则主张教育学必须以心理学特别是实验心理学为基础。此外,她还全面阅读了卢梭、裴斯泰洛奇、福禄贝尔等教育家的著作,从中吸取思想的营养,在此基础上逐渐形成自己的教育思想。同时,在学前教育实践中,她曾认真钻研伊塔德(J. M. G. Itard)和塞贡(E. Seguin)对身心缺陷儿童的教育方法,并将其改造后运用到健康儿童的教育之中,取得了巨大的成功。

正是由于对当时的生理学、生物学、心理学、医学、哲学、人类学、教育学等学科的广泛涉猎和研究,才使蒙台梭利具有了广博而又深厚的知识背景,而诸多的科学研究理论和成果则在蒙台梭利的学前教育思想和课程实践中留下了深深的烙印。蒙台梭利也在这些科学知识的基础之上建构了一套全新的、科学的、独到的儿童观,包括:第一,儿童的发展是“潜在的内驱力”在适应环境中的自然展现。“幼儿的成长不是源于被抚养或者身处适宜的条件之中,而是由于其内部生活潜力的驱动力来实现的,是由于产生生命的‘胚芽’发展所致”①。第二,幼儿具有“吸收性心智”,这是一种下意识的、不自觉的感受能力,通过与周围环境中的人和事物的联系来“吸收”各种印象和文化,“幼儿利用周围的一切来塑造自己”②。第三,儿童的发展具有阶段性以及相应的“敏感期”。蒙氏

---

① M. Montessori, The Discovery of the Child, 1962, p. 92.

② M. Montessori, The Absobont Mind(1967), New York: Doll Publishing Co, p. 25.

将儿童的发展分为幼儿期(0~6岁)、儿童期(6~12岁)和青少年期(12~18)三个阶段,每一阶段都有身心发展的"敏感期",仅限于获得某种确定的特性,"敏感期"短暂而无法复制,"一旦某些特性得到发展,相应的敏感期也就消失了"①。第四,儿童需要在"工作"中实现自己的发展,而蒙氏的"工作"乃是指儿童在蒙台梭利教室中通过操作教师精心准备的学习材料所进行的各种活动。在此儿童观的支配下,蒙台梭利逐渐建构起一套独特的学前教育课程体系。

(二)高宽课程模式:基于认知发展理论

"高宽课程是根据儿童自然发展的教育规律而提出来的一种有关教育理念和实践的开放式的框架"②。这一框架主要是建立在当代认知发展理论的基础之上的,其中脑科学和皮亚杰(Jean Piaget)的理论在其中占据着重要的地位。脑科学的研究表明,在个体的生命历程中,大脑具有很强的可塑性,而与环境的互动水平则直接影响着大脑的发育水平。在皮亚杰看来,认识起因于主客体之间的相互作用,知识既是人和世界建构的产物,也是人和人建构的产物。对于儿童来说,"知识既不是来自物自身,也不是来自幼儿,而是来自幼儿与物体的互动"。③基于这些理论,高宽课程模式的创始者戴维·韦卡特(David P. Weikart)认为:"儿童的知识来自于与各种思想的互动、与物体和事件的直接经验,以及其逻辑思维能力在经验中的运用。"④因此,高宽课程模式非常强调儿童的主动学习,认为儿童是通过主动学习来建构他们自己的知识的。其中,主动学习被认为是"幼儿通过直接操作物体,在与成人、同伴、观点以及事件的互动

---

① M. Montessori, The Secret of Childhood, Notre Dame, IN: fides, p. 38.

② David P. Weikart, & Lawrence J. Schweinhart. (1993). The High/Scope Curriculum for Early Childhood Care and Education. In Jaipaul L. Roopnarine, & James E. Johnson (Eds.), Approaches to Early Childhood Education (2nd Ed.). Upper Saddle River, New Jersey: Pearson Education, p. 195.

③ Hohmann, M., & Weikart, D. P. (2002). Educating young children: Active learning practices for preschool and childcare programs (2nd ed.). Ypsilanti, MI: High/Scope Press, p. 15.

④ Shore, R. (1997, pp. 15, 18)转引自 Hohmann, M., & Weikart, D. P. (2002). Educating young children: Active learning practices for preschool and childcare programs (2nd ed.). Ypsilanti, MI: High/Scope Press, p. 16.

中,建构新的理解的学习过程”。[1] 如此,儿童就成了学习和建构自己知识的主体,儿童通过自己的计划、实施和反思进行最好的学习,教育的任务就是为幼儿提供一个主动学习和建构他们自己知识的环境;“成人的作用在于提供有助于儿童获取经验的环境,帮助儿童进行逻辑思考,并通过观察了解儿童的行为过程”[2]。而这种主动学习则包含四个要素,即儿童直接操作物体、儿童对自己的行动结果进行反思、学习动力来自于儿童的内在动机与兴趣、儿童在问题解决之中建构出自己对世界的理解。[3]

(三)光谱课程模式:多元智力理论与非普遍性发展理论的结合

光谱方案(Project Spectrum)是美国的一项儿童早期学习活动研究方案,其主要的目的是为学前和小学低年级儿童开发出一种新的评价方法和课程。该方案由哈佛大学加德纳(Howard Gardner)教授率领的零点方案(Project Zero)工作组和塔伏茨大学费尔德曼教授(Feldman, D. H.)领衔的研究小组合作完成。从 1984 年开始,持续了十年之久。而光谱课程模式的理论基础则主要来自两个方面,即加德纳的多元智力理论和费尔德曼的非普遍性发展理论。

作为多元智力理论(The theory of multiple intelligences)的创始人之一,加德纳在对人类认知能力的发展进行了多年研究之后,对传统的智力理论提出了异议,他认为智力是“个体解决实际问题的能力和在各种文化背景中生产出或创造出该文化所重视的产品的能力”[4],而并非传统意义上通过标准化测验得出的分数和单纯的问题解决能力。由此,加德纳提出了智力多元论的观点,他认为智力总是以组合的方式来进行的,每个人都是具有多种能力组合的个体,并在多年研究的基础上详细划分智力的多元结构,即在个体身上存在的八种智力:

---

① Hohmann, M. & Weikart, D. P. (2002). Educating young children: Active learning practices for preschool and childcare programs (2nd ed.). Ypsilanti, MI: High/Scope Press, p. 16.

② David P. Weikart, & Lawrence J. Schweinhart. (1993). The High/Scope Curriculum for Early Childhood Care and Education. In Jaipaul L. Roopnarine, & James E. Johnson(Eds.), Approaches to Early Childhood Education(2nd Ed.). Upper Saddle River, New Jersey: Pearson Education, p. 197.

③ Hohmann, M. , & Weikart, D. P. (2002). Educating young children: Active learning practices for preschool and childcare programs (2nd Ed.). Ypsilanti, MI: High/Scope Press, pp. 17 – 18.

④ Gardner H. (1993), Multiple Intelligences: The Theory in Practice, Basic Books, p. 15.

言语—语言智力、音乐—节奏智力、逻辑—数理智力、视觉—空间智力、身体—动觉智力、自知—自省智力、交往—交流智力和自然观察者智力。①同时，他还指出，智力既是一种实践能力也是一种创造能力，每一个个体的智力各具特点和独特的表现形式，应该以多元的眼光看待智力的发展，而智力的发展则受教育和文化因素的影响及制约。

光谱课程模式另一个重要的理论基础是费尔德曼的非普遍性发展理论(The theory of nonuniversal development)。与皮亚杰关注儿童认知发展的普遍性不同，费尔德曼的非普遍性发展理论则试图超越皮亚杰的认知发展理论，把传统认知发展心理学的研究范围从普遍性领域扩展到非普遍性领域，更加关注文化和教育因素的差异对个体认知发展的影响。费尔德曼认为，儿童的发展是从普遍性领域开始逐渐过渡到非普遍性领域的，并遵循一定的顺序：普遍性能力(Universal)→泛文化的能力(Pancultural)→文化的能力(Cultural)→学科的能力(Discipline-based)→个人专长(Idiosyncratic)→个人的独特性(Unique)。②儿童在这一发展过程中，非普遍性程度越高表明儿童的发展程度越高。非普遍性发展理论认为，就普遍性领域而言，儿童的发展靠的是他们自发的学习倾向，每一儿童都会经历同样的发展历程。皮亚杰的认知发展理论对儿童这一领域的发展做了很好的描述和解释。但在非普遍性领域，发展的差异性和多样性就表现得更为明显。非普遍性发展理论更加关注儿童之间、群体之间、文化之间和教育的差异对个体认知发展的影响。因此，对儿童来说，他们可以通过外在的教育培养和内在的主观努力，从而使非普遍性发展能力得到不断的发展和提高。

(四)瑞吉欧课程模式：众多思想和理论的融汇

瑞吉欧方案教学是一种理论与实践相结合的教育实践模式，其理论基础主要受到三方面因素的影响：第一，以杜威和克伯屈为代表人物的进步主义思想；

① Gardner, H. (1999). Intelligence Reframed: Multiple Intelligences for the 21st Century. New York: Basic Books, p. 47 -64.

② Feldman, D. H. Beyond Universals in Cognitive Development. Norwood, New Jersey: Ablex Publishing Corporation, 1980. 8 -11. xiv. 6.

第二，皮亚杰和维果茨基的建构主义心理学；第三，意大利的传统文化。瑞吉欧批判性地吸收了进步主义思想、建构主义理论，在融合百家理论的基础上，创造性地将这些理论运用到教育实践中。

1. 创造以儿童为中心的新儿童形象

以杜威为代表的进步主义思想批判传统教育重视教师、教材，提出了"儿童是太阳""儿童是中心"的观点。瑞吉欧方案教学继承了杜威的思想，充分体现了瑞吉欧课程模式对儿童个体的尊重。在瑞吉欧学前学校中，课程方案的主题是教师在充分考虑幼儿的需要、兴趣及经验的基础上权衡各方面的情况后与儿童一起制订的，同时方案探索的时间和深度往往也由儿童自己决定。[①]瑞吉欧的儿童是拥有独特权利的个体，是社会活动和文化活动的参与者，他们有权利得到别人的认真对待。杜威认为教育是个体化和社会化的过程。在这个过程中，对儿童来说有意义的直接经验将有助于理解的产生。杜威对教育的看法，是瑞吉欧实践的中心。在瑞吉欧的教育活动中，教师充分尊重儿童对世界的理解，认为儿童对发展社会的丰富性有所贡献。[②]在瑞吉欧人眼里，儿童是自己文化的创造者，有权利发表自己的看法，与成人一样，是拥有独特权利的个体。儿童拥有无尽的发展潜力，而这种潜力是以多元化的方式表现出来的，因而，他们才是自己发展的主人。

2. 皮亚杰与维果茨基思想的完美结合

以皮亚杰为代表的认知建构主义者非常重视主体知识的建构，认为知识来源于主体与客体的相互作用。瑞吉欧教育方案重视儿童与环境间的互动，在一定程度上体现了皮亚杰思想。在瑞吉欧教育中，我们可以看到这样的教学场景。例如：经常聚集在一个中心地带，比如广场，鼓励来自不同教室的儿童相互帮助，系纽扣，拉拉链，投入于更加精妙的混龄的符号游戏中去。在一个教室里，小窗户为婴儿和学步儿创造了躲猫猫的游戏，在另一个教室里，围绕戏剧游

① 屠美如. 向瑞吉欧学习什么——《儿童的一百种语言》解读[M]. 北京：教育科学出版社，2003：24.

② Goffin, S. G., & Wilson, C. . Curriculum models and early childhood education: Appraising the relationship(2nd Ed.)[M]. Upper Saddle River, NJ: Merrill/ Prentice Hall, 2001:241.

戏区的墙上一排铅笔大小的洞引起孩子们的好奇心，使他们窥探同伴的活动。[①]瑞吉欧重视儿童与环境互动，并鼓励儿童在环境中进行探究、合作。

瑞吉欧课程模式选择性地吸取和继承了皮亚杰理论，然而也对皮亚杰思想的一些不足之处进行了批判性分析。此外，瑞吉欧也吸取了维果茨基思想的精髓。维果茨基认为，心理发展的源泉是人与人之间的相互作用，社会相互作用对人的认知发展起着重要作用。儿童作为特定环境下发展中的个体，与具体的社会环境相互作用，并在这种互动中学习。瑞吉欧课程模式继承了维果茨基的思想，强调幼儿与同伴、教师、家庭、社区之间互动，认为学习是一种互动的、以某种关系为基础的社会建构过程。

二、四种课程模式的教育目标

教育目的是教育要达到的标准或效果，它规定着通过教育要把受教育者培养成什么样质量和规格的人。教育目的是教育工作的出发点和归宿，也是检验教育工作的尺度，所以教育目的对教育内容的确立、教育方法的选择和教育评价的开展具有指导作用。

（一）蒙台梭利课程模式：培养新人类以建设新社会

从蒙台梭利一生的发展历程来看，作为一位杰出的教育理论家和实践家，她的学前教育思想和理论也是在不断发展的。在早期的学前教育实践中，蒙台梭利认为教育的目的在于帮助和促进儿童的"正常化"发展和健全人格的培养。在人生的后半期，尤其是第二次世界大战之后，蒙台梭利更加注重通过教育来培养"新人"从而承担起建设"新社会"的理想和任务。有研究者认为，创造"新人类"是蒙台梭利教育法的直接目的，建设"新社会"则是其最终目的，并且这两者相辅相成，相互依存。[②]

在早期的教育实践和理论著作中，蒙台梭利认为教育具有双重目的："一是生物学的目的，二是社会学的目的。从生物学上讲，我们希望教育能够帮助个

① ［美］贾珀尔. L. 鲁普纳林，詹姆斯. E. 约翰逊. 学前教育课程［M］. 黄谨，等译. 上海：华东师范大学出版社. 2005：445.

② 霍力岩. 蒙台梭利教育法研究［D］. 北京：北京师范大学，1996：23－26.

体自然地发展;从社会学上看,我们教育的目的是培养个人适应环境。"[①]并且,蒙氏还指出对儿童所进行的教育都必须遵循一个原则,即帮助儿童身心的自然发展,同时培养儿童适应环境,以获得"正常化"的发展。这种"正常化"乃是代表儿童独立、自主、自信、守秩序、爱工作、有能力、内在精神协调、身心健康,从而形成健全的人格,这也成为蒙台梭利教育法的直接目的。

在人生的后期,经历了两次世界大战的蒙台梭利更加向往和平的社会,并把实现和平社会的理想寄托在儿童身上,对教育工作寄予了很大的期望。她认为,人的本性是善良的,人的各种缺陷都是错误的教育引起的,因此挽救人类必须从孩子做起,对孩子进行"新教育",培养内心种下了和平种子的健全发展的新人类,而蒙台梭利教育法就是这种新教育的集中体现。在她看来,蒙台梭利教育法不只是一种教育技术,也是一种社会性的改革手法:它不但能改变一个家庭或整个人类社会的发展,并能影响无可计数的后代。[②]从而最终实现通过培养具有健全人格的新人类来建设理想的和平社会的目的。

(二)高宽课程模式:培养主动学习的儿童

自20世纪60年代初戴维·韦卡特创立高宽课程模式以来,该课程模式就与美国推动学前教育发展的历史潮流紧密相关。在创始之初,这一课程模式的目的在于通过早期的教育介入,帮助经济上处境不利的儿童做好入学准备。70年代以后,随着该课程模式对于皮亚杰认知理论的关注,并将其纳入作为理论的基石之后,如何促进儿童的认知发展成为重要的目标。而后,随着1979年《活动中的幼儿:学前教育工作者手册》(Young Children in Action: A Manual for Preschool Educators)一书的出版,首次确立了儿童作为主动学习者和知识建构者在课程模式中的核心地位,其服务对象也由特殊儿童开始转向全体儿童,教育目标由仅仅发展儿童的认知思维转向以认知发展为中心,同时注意儿童的社会性与情感发展。进入80年代以后,主动学习(active learning)被提升为整个课程模式的核心原则和根本特征,其他关键经验和各种活动都围绕这一核心展开,此时,教育目标被确定为:"为儿童成功的'生命模式'(life pattern)打好基

---

① 蒙台梭利. 蒙台梭利学前教育科学方法[M]. 任代文,译. 北京:人民教育出版社, 2001:207.

② 艾琳·沃尔夫. 有知·有涯·有真[M]. 萧丽君,译. 台北:及幼文化, 1991: 129-130.

础，通过促进儿童的自我意识、社会责任感、独立意识以及设计有目标的生活能力，从而把儿童培养成为自立的、守法的公民。”①但同时，高宽课程模式也没有放弃为儿童做好入学准备的传统目标。

（三）光谱课程模式：发展儿童的智力强项和潜能

作为一项持续10年的早期儿童发展项目，光谱课程模式的教育目标也是在不断发展的，但是多年来其始终坚持一个核心目标：“找到识别儿童智力强项的方法，并根据每个儿童的智力强项为其提供丰富的早期经验，从而使教师、家长以及儿童自己认识并发展他们的强项和潜能。”②在光谱方案研究的第一阶段（1984—1988年），其目标是开发出一种评价学前儿童认知能力的新方法和新工具，经过四年的研究和实践，形成了一套评价活动，通过一系列活动来标识儿童的认知能力和认知风格。随后研究进入第二阶段（1989年），开始针对年龄稍大、面临学业失败的儿童（幼儿园和小学一年级）开发一系列适宜于这一年龄段儿童的有效活动，以识别其智力强项。当研究进入最后的阶段（1990—1993年），其目标开始转向通过开展多领域的学习活动，在识别儿童智力强项的基础上，促进儿童的学业成功和学校适应。此时，光谱课程模式的教育目标最终确立并可以划分为四个步骤：第一，引导儿童涉足更多的学习活动领域；第二，识别并支持儿童的智力强项领域；第三，培养儿童的智力强项；第四，建立儿童的智力强项与其他学科领域以及学业表现之间的联系。③

（四）瑞吉欧课程模式：发展儿童的潜能和创造力

瑞吉欧教育法的目的是让儿童“更健康、更聪明、更具潜力、更愿学习、更好奇、更敏感、更具随机应变的适应能力、对象征语言更感兴趣、更能反省自己、更

---

① Hohmann, M. & Weikart, David P. (1995) Educating Young Children: Active Learning Practices for Preschool and Children Care Programs. Ypsilanti, Michigan: High/Scope Press, p. 299.

② Jie-Qi Chen, Krechevsky, M. & Viens, J. (1998). Building on Children's Strengths: The Experience of Project Spectrum. Teachers College Press, p. 3.

③ Jie-Qi Chen, et al. (1998). Building on Children's Strengths: The Experience of Project Spectrum. Teachers College Press, p. 4.

渴望友谊"①。

瑞吉欧非常重视儿童创造性的潜能的发展。马拉古奇(Loris Malaguzzi)认为,创造性不是一个被分割开的精神能力,而是一种有特点的"思考、认知、选择的方式"。② 要实现促进幼儿潜能的发挥和创造力发展的教育目标,需要通过他们在日常生活中接触丰富的媒介材料和多样化的符号表达。瑞吉欧的创办者为他们在世界各地的成果巡回展起了一个富有诗意的名字"儿童的一百种语言",这里的语言泛指文字、动作、图形、绘画、建筑、雕塑、皮影戏、拼贴、戏剧或音乐等多种活动形式以及丰富的媒介材料。③ 可以看出,瑞吉欧的目标重点在于促进儿童潜能的发挥和创造力的发展,因为"教育的目标是要为幼儿带来更多的可能性去创新和发现……"④

总的来看,瑞吉欧课程模式并不追求什么外在的目标,而是更注重教育的内在品质,也即让学校中的儿童、教师,包括家长都能生活得幸福愉悦。"成长和成就的规律应用在孩子身上固然重要,但我们更应该重视的是孩子成长和成就的全面性和优质性,而不是只重视其节奏和速度"⑤。从而使儿童在愉悦的环境和氛围中发展得"更具有潜力、可塑性、开放性,渴望成长,渴望探索,渴望与人交流"⑥。

三、四种课程模式的课程内容

课程内容是实现教育目的的基本材料和主要媒介,主要谈的是"教什么"和

① [意]马拉古奇. 孩子的一百种语言[M]. 张军红,陈素月,叶秀香,译. 台北:光佑文化事业股份有限公司, 1996: 21.

② [美]贾珀尔. L. 鲁普纳林,詹姆斯. E. 约翰逊. 学前教育课程[M]. 黄谨,等译. 上海:华东师范大学出版社,2005:450.

③ 屠美如. 向瑞吉欧学习什么——《儿童的一百种语言》解读[M]. 北京:教育科学出版社,2003:67.

④ [美]甘第尼,福尔曼,爱德华兹. 儿童的一百种语言[M]. 罗雅芬,连英式,金乃琪,译. 台北:心理出版社, 1998: 91.

⑤ [意]马拉古奇. 孩子的一百种语言[M]. 张军红,陈素月,叶秀香,译. 台北:光佑文化事业股份有限公司, 1996: 21.

⑥ Rinaldi Carlina(1998). Projected curriculum constructed through documention —progettazione: An interview with Lella Gandini. In Carolyn Edwards, Lella Gandini, & George Forman(Eds.). The Hundred Language of Children :The Reggio Emilia approach: advanced reflections(2nd Edition). Greenwich, NJ: Ablex Publishing Corporation, p. 114.

“学什么”的问题。一般认为,课程内容应该符合知识内在逻辑的要求,符合儿童身心发展的规律。由于教育目的的不同,人们对课程内容的理解也存在很大差异。

(一)蒙台梭利课程模式:围绕基本能力组织的课程内容

源于多年的学前教育实践和研究,蒙台梭利课程模式在课程内容方面也是独具一格的。蒙台梭利通常将3~6岁儿童的学习内容划分为四个基本的领域:日常生活教育、感官教育、语言教育和数学教育。[①]而随着蒙台梭利课程模式在世界各国的传播和发展,也纳入了更多反映时代需求的内容。在当代,除了传统的四大学习领域,蒙台梭利课程模式还包含了音乐、艺术、运动和戏剧活动。其主要内容如下:

1. 日常生活教育

日常生活教育在蒙台梭利课程中也被看作是无处不在的,因为通过这种实际生活技能的练习,不仅可以培养其独立性,而且可以帮助儿童形成在教室中专心学习和“工作”的技能与倾向。蒙台梭利将这些教育活动主要分为基本活动、照顾自己、照顾室内环境和室外环境、社会性行为四个方面。[②]其内容具体包括:第一,基本活动,包含走、坐、站、握、搬运、缝、倒、切的方法等;第二,照顾自己,包含洗手、洗脸、刷牙、穿脱衣服、穿脱鞋、剪指甲等独立自主所必须学的行为;第三,照顾环境,包含美化环境、整理花草、饲养动植物等行为;第四,社会性活动,包含打招呼、致谢、道歉、基本的礼仪等行为。这些活动很少是标准化的,在不同的地域和文化中表现出很大的差异性,并随着时代和社会的发展而不断地改变。

2. 感官教育

注重感官教育是蒙台梭利课程模式的显著特点之一。感官教育包括视觉、触觉、听觉、味觉和嗅觉五个方面的活动。为此蒙台梭利设计了一系列的感觉

---

① Torrence, M. ,Lemont & Chattin, J. (2005). Montessori Education Today. In Jaipaul, L. R. & James, E. J. (Eds.). Approaches to Early Childhood Education(4th Edition). Upper Saddle River, New Jersey: Pearson Education, p. 375.

② 霍力岩. 蒙台梭利教育法研究[D]. 北京:北京师范大学, 1996:26.

材料，这些材料具有令人愉悦的美感和简洁的设计，将其提供给儿童使其可以进行编目和分类。[1]在这些感觉材料中，每一种材料都突出一个具体的概念或者感觉属性，如长棍（突出长度）、听筒（突出声音的强弱）、触觉板（突出粗糙和平滑）、颜色卡（突出颜色）、嗅觉瓶（突出各种气味）等。此外，蒙台梭利主张在其感官教育中，通过配对、排序、分类的所谓 P（Pairing）、G（Grading）、S（Sorting）三种操作方法帮助儿童运用感觉材料和各种教具来实现感觉的发展，从而为日后各种活动的发展奠定基础。

3. 语言教育

在语言教育方面，蒙台梭利吸取了很多当代整体语言理论家的思想和理论，并形成了自己的看法，她认为口语和书面语是自我表达手段的必然结果。[2]在蒙台梭利看来，随着"潜在内驱力"和"吸收性心智"的发展，3～6 岁的儿童已经具备学习文化知识的能力，教师应该为其提供有准备的语言环境来促进其听、说、读、写能力的发展。所以，在蒙台梭利课程模式中，语言教育主要包括口头语言教育和书面语言教育，其中，口语教育包括听和说，书面语教育包括读和写。而语言教育也是通过教具进行的，为此蒙台梭利专门设计了语言教育的教具，让儿童通过教具的操作活动来促进其语音、书写和阅读能力的发展。

4. 数学教育

蒙台梭利对于数学教育的重视源于其对数学的认识。在她看来，数学是人类心灵中自然而充分的功能，在实际生活中产生的秩序、精确度、顺序感和对细节的注意，这些都为她所说的"数学头脑"奠定了基础。[3]对于儿童来说，如果他们对数字间的关系有了系统的认识，他们就成了数学思考者和问题解决者。因此，蒙台梭利主张在对儿童进行读、写教学的基础上，对他们进行数学教育。数学教育的内容主要有：第一，0 到 10 的数字和数量；第二，线性计数（系统地数出

---

① Montessori, M. (1967b). The discovery of the child. Notre Dame, IN: Fides. (Original work published 1948).

② Montessori, M. (1964). The Montessori Method. New York: Schocken, p. 66.

③ Torrence, M. , Lemont & Chattin, J. (2005). Montessori Education Today. In Jaipaul, L. R. & James, E. J. (Eds.). Approaches to Early Childhood Education (4th Edition). Upper Saddle River, New Jersey: Pearson Education, p. 377.

由小到大的连续的数字);第三,十进制;第四,算术运算(加法、减法等),而数学活动材料也是根据这些内容分类设计的。[①]

5. 科学文化教育

蒙台梭利认为人类的需要十分广泛,而对地球上不同文化的学习就是对人类为满足自己的这些需要而与自然相互作用方式的探究。[②]所以,蒙台梭利主张应该充分利用幼儿3岁左右这个易于吸收前人所创造的文化科学知识的时期,使他们能够初步地掌握一些简单的文化科学知识。[③]因而,在蒙台梭利课程模式中,科学文化教育也是其重要的组成部分,其内容包括天文与地质、地理与历史、植物与动物等。蒙台梭利希望通过科学文化教育活动来发展儿童的智力、丰富其精神、增长其知识与教养、培养其对自然的热爱与好奇、了解各地的地理位置和风土人情等,从而发展儿童的科学探究、文化包容、多元变化观念,以利于其世界观和历史观的形成。

6. 音乐教育

在蒙台梭利课程模式中,音乐教育的目的在于帮助儿童感知音乐的基本构成、通过音乐表达情感,以及对儿童进行基本的音乐训练。蒙台梭利认为儿童的音乐教育主要包括三个方面:第一,旋律和韵律活动;第二,乐器弹奏;第三,识谱和记谱。[④]在蒙台梭利幼儿训练课程中,像沉默游戏、传声转筒、音感钟这些分辨声音的练耳活动是其重要的组成部分,另外,还包括一些其他的音乐活动,如韵律活动、听经典的音乐、合唱、练习演奏简单乐器等。[⑤]

7. 艺术教育

蒙台梭利是教育中环境美学的开拓者,她看到了环境中审美品质和总体的

---

① Torrence, M. , Lemont & Chattin, J. (2005). Montessori Education Today. In Jaipaul, L. R. & James, E. J. (Eds.). Approaches to Early Childhood Education(4th Edition). Upper Saddle River, New Jersey: Pearson Education, p. 378.

② Montessori, M. (1964). Spontaneous activity in education. New York: Schocken, p. 6.

③ [日]市丸成人,松本静子. 蒙台梭利教育的比较研究与实践(上卷)[M]. 赵悌行,译. 台北:新民幼教图书股份有限公司, 1993: 182 - 183.

④ 霍力岩. 蒙台梭利教育法研究[D]. 北京:北京师范大学, 1996:34 - 35.

⑤ Montessori, M. (1967b). The discovery of the child. Notre Dame, IN: Fides. (Original work published 1948).

平衡对于幼儿发展所具有的重要意义。[①]她感到在儿童早期的成长环境中，用优美的、精心挑选的艺术品来装饰环境是十分重要的。[②]因此，蒙台梭利课程模式非常注重教室中各种设施布置和装饰的艺术性，为儿童的成长提供一个美育的环境。不仅如此，蒙台梭利还非常强调让儿童通过油画、泥塑、拼贴画、造型纸、舞蹈、戏剧等多样化的艺术形式来表达自我，展现他们的艺术表现力。

（二）高宽课程模式：围绕关键经验组织的课程内容

1979 年在《活动中的幼儿：学前教育工作者手册》一书中确立了"主动学习"这一儿童发展的核心概念以后，高宽课程模式的开发者们在总结十多年来学前教育理论和实践经验的基础上，确定了八类 49 条关键经验作为组织课程和进行评价的重要指标。而后经过不断地发展和完善，高宽课程模式在课程内容方面围绕着"主动学习"确定了五个领域的内容，分为十类共 58 条关键性发展指标，从而为高宽课程教师创设学习经验以及与儿童互动提供指导。具体而言，这些关键性指标主要包括以下几个方面：[③]

1. 学习方式

（1）做选择、计划和决定，并表达出来。

（2）解决游戏中遇到的问题。

2. 语言、读写能力和交流

（1）对别人讲述自己有意义的经验。

（2）描述物体、事件和关系。

（3）从语言的使用中得到乐趣。

（4）用各种方式进行书写：涂、画、临摹字母形状、创造性地拼写、正确地拼写。

（5）用各种方式阅读：读故事书、读标记和符号、读"自写"的故事。

---

① Torrence, M. , Lemont & Chattin, J. (2005). Montessori Education Today. In Jaipaul, L. R. & James, E. J. (Eds.). Approaches to Early Childhood Education (4th Edition). Upper Saddle River, New Jersey: Pearson Education, p. 378.

② Montessori, M. (1964). The Montessori Method. New York: Schocken, p. 75.

③ Ann S. Epstein. (2007). Essentials of Active Learning in Preschool: Getting to Know the High/Scope Curriculum. Ypsilanti, Michigan, High/Scope Press, p. 11.

(6)讲述故事。

3. 社会性和情感发展

(1)用语言表达自己的情感。

(2)能够和同伴、成人交往。

(3)在合作性的游戏中能与同伴创造性地玩耍。

(4)能够处理社会性冲突。

4. 身体发展、身心健康

(1)静力运动:如弯曲、转体、摇摆、平衡等。

(2)动力运动:如走、跑、跳、攀爬等。

(3)搬动物体。

(4)用动作进行创造性表现。

(5)能够用语言描述运动状态。

(6)根据运动的指令进行运动。

(7)能够感觉和表现持续的运动节奏。

(8)能够按照简单的节奏来运动。

5. 艺术和科学

(1)数学

第一,排序:

①对物体的各种特征(大/小,长/短等)进行比较。

②根据某种特征排列物体,并描述它们之间的关系(大/大一些/最大等)。

③通过尝试把两个系列的物品相匹配(小杯子/碟子;中杯子/中碟子;大杯子/大碟子)。

第二,数概念:

①比较两堆物品的数量,用"更多""更少""一样多"来表达。

②用一一对应的方式比较两个数群的数量。

③点数物体。

第三,空间:

①填满和倒空物体。

②装拆物体。

③改变物体形状和排列(包装、扭曲、拉长、堆叠、装入)。

④从不同空间角度观察人、场地和物体。

⑤体验和描述物体的相对空间位置、方向、距离(游戏中、建筑物中的物体的相对空间位置、方向、距离)。

⑥解释绘画、图片和照片中的空间关系。

(2)科学和技术

第一,分类:

①通过看、听、触摸、尝、闻来认识物体。

②探索和描述事物的异同、特征。

③识别和描述形状。

④进行分类和匹配。

⑤用不同的方式描述和使用物体。

⑥同时注意事物一个以上的特征。

⑦区分"部分"和"整体"。

⑧描述某些事物不具有的特征和不归属的类。

第二,时间:

①按信号开始或停止一个动作。

②体验和描述不同的运动速度。

③体验并比较时间间隔的长短。

④预见、回想和描述事件的顺序。

(3)社会研究

①按规则要求参加小组活动。

②能够较敏锐地感受到别人的情感、兴趣和需要。

(4)艺术

第一,视觉艺术:

①把模型、图片、照片和真实场景及事物联系起来。

②用黏土、积木及其他材料造型。

③绘画和涂鸦。

第二,动觉艺术:

①模仿各种动作和声音。

②玩角色游戏。

第三,音乐:

①律动。

②探索和辨别声音。

③探索歌声。

④发展旋律。

⑤唱歌。

⑥会简单的乐器。

(三)光谱课程模式:围绕关键能力组织课程内容

基于对智力多元性和儿童发展非普遍性的认识,光谱课程模式的研究人员普遍认为所有儿童身上都蕴藏着多种智力,这些智力在不同的个体中存在着发展程度上的差异,并且具有独特的倾向性,而丰富的教育经验对于儿童特定兴趣和智力的发展影响巨大,因此,光谱课程模式非常重视文化和教育因素在儿童智力发展方面的重要作用。为了在识别儿童智力强项的基础上促进儿童多方面潜能的发展,光谱课程模式设计了多个课程和评价相结合的学习活动区,这些学习活动区由八大领域组成,并围绕着各自的关键能力来组织和展开课程内容。概括而言,这八大领域及其关键经验具体展现如下:第一,运动领域,包括身体控制、节奏感、表现力、产生运动的创意和对音乐的反应;第二,语言领域,包括有创意地讲故事、描写性的语言或报道、巧妙和诗意地运用语言;第三,数学领域,包括数字推理、空间推理、解决逻辑问题能力;第四,机械和建构领域,包括理解结构和功能的关系、空间知觉能力、利用机械来解决问题的能力、精细动作技能;第五,科学领域,包括观察技能、区分相似和不同、根据信息做出假设和检验、对自然现象的兴趣;第六,视觉艺术领域,包括视觉艺术感知和创作知觉;第七,音乐领域,包括音乐感知、音乐演奏和演唱、音乐创作;第八,社会理解领域，包括理解自我、理解他人、扮演不同的社会角色。[①]需要指出的是，各领域的关键能力并非相互独立的，有些领域的关键能力是相互联系或相关的，所以一些领域的活动可以相互迁移或者影响，进而起到相互促进的作用，因此在教育过程中应该尽可能地促进儿童多领域能力的发展。

（四）瑞吉欧课程模式：围绕"问题"组织的课程内容

瑞吉欧课程模式在课程内容方面具有极大的灵活性和生成性。教师依据他们对儿童已有的理解和原有的教学经验，形成各种假设。教师根据这些假设形成灵活的并适合儿童需要和兴趣的方案目标。瑞吉欧教育中所设计的课程是一种"弹性课程"，课程内容有很大的灵活性、生成性，这也正是瑞吉欧教育的特色所在。[②] 出于对教育目的的深刻认识，瑞吉欧方案的课程内容包罗万象，源于幼儿的真实生活，源于幼儿的兴趣，源于教师的经验，源于所拥有的教育资源。此外，瑞吉欧课程模式强调合作式的探究过程。教师与幼儿共同确定感兴趣的方案主题，在方案主题的开展过程中以小组合作的方式进行。

在"人群"的教育活动中，教师为即将到来的暑假做些准备，他们与四五岁的幼儿一起讨论在假期期间收集和记忆一些经历的片段和想法。当幼儿开学后，教师会通过提问让幼儿回想对假期的记忆，例如：你看到了什么？你听到了什么？等等。教师期望听到儿童讲述一些关于沙滩、徒步旅行、船、海浪、太阳方面的故事。相反，在教室里的孩子带来了一个完全不同的讲述视角。一个小男孩分享了他的经历：我们去码头的路上，穿过一条铺满石块而狭长的街道。在傍晚的时候，这儿挤满了人，人们上上下下地经过街道。你看不到任何东西，看到的仅是拥挤的腿、胳膊和头。教师抓住"人群"这个词，问其他孩子对这个

---

① Jie－Qi Chen,. Isberg, Emily. & Krechevsky, Mara. Project Spectrum: Early Learning Activities [M]. Teachers College Press, 1998:12－256.

② Rinaldi Carlina(1998). Projected curriculum constructed through documention —progettazione: An interview with Lella Gandini. In Carolyn Edwards, Lella Gandini, & George Forman(Eds.). The Hundred Language of Children: The Reggio Emilia approach: advanced reflections(2nd Edition). Greenwich, NJ: Ablex Publishing Corporation, p. 113.

词语的理解。通过这样做，教师发起了一次引发方案的探索。①

主题方案教学只是瑞吉欧教育的主要组成部分。此外，瑞吉欧课程模式也包含游戏及其他活动等教育形式。应当引起人们注意的是，瑞吉欧的孩子（特别是年龄较小的孩子）除了从事方案活动外，还从事许多其他活动。孩子们有机会进行一些自发性的活动，如积木游戏、角色游戏、户外活动、听故事、烹调、家务活动以及装扮活动等。此外，颜料画、拼贴图和黏土手工等也是孩子们在日常生活中普遍进行的活动。②

四、四种课程模式的教育方法

在学前教育领域，教育方法是将课程内容变为儿童知识或经验的过程，其影响着教育目标的实现和教育活动的总体效果，是整个教育过程的核心。对于教师来说，涉及的主要是其如何教的问题，对于幼儿来讲，则主要涉及怎么学的问题，而连接二者的关键就在于活动的设计与环境的准备。

（一）蒙台梭利课程模式：在"有准备的环境"中展开"工作"

在蒙台梭利课程模式中，最为人所称道的可能就是蒙台梭利开创的教育方法，甚至蒙台梭利本人将自己最重要的著作命名为《蒙台梭利方法》（The Montessori Method）。蒙台梭利曾指出："我们教育体系的基本大纲……可被划分为三个不同的部分，包括环境、教师和儿童的操作材料。"③由此可见，环境、教师和学习材料是蒙台梭利教育法的三个核心要素。

1."有准备的环境"

蒙台梭利非常重视环境在儿童学前教育中的重要作用。她认为，儿童是孜

① Rinaldi Carlina(1998). Projected curriculum constructed through documention —progettazione: An interview with Lella Gandini. In Carolyn Edwards, Lella Gandini, & George Forman(Eds.). The Hundred Language of Children :The Reggio Emilia approach: advanced reflections(2nd Edition). Greenwich, NJ: Ablex Publishing Corporation, p. 123.

② katz, L. (1998). What can we learn from reggio Emilia? In Carolyn Edwards, Lella Gandini, & George Forman(Eds.). The Hundred Language of Children :The Reggio Emilia approach: advanced reflections(2nd Edition). Greenwich, NJ: Ablex Publishing Corporation, p. 35.

③ Montessori, M. The Secret of Childhood [M]. New York: Schocken Books, 1966:139.

孜不倦的探索者,他们从环境中吸收一切他想要的东西,并且把它们变成自己的一部分。[①]因此,这个环境应该是有准备的,是适合于儿童年龄特点的,以便于儿童的身体和心灵得以舒展并自然地发展。而这种"有准备的环境"是广义的环境,包括生理的和心理的两部分。生理的环境包括幼儿园的自然环境、活动室环境以及各种教具,心理环境包括教师和同伴。蒙台梭利对"有准备的环境"提出了六条标准:第一,必须是有规律、有秩序的生活环境;第二,能提供美观、实用、对幼儿有吸引力的生活设备和用具;第三,能丰富儿童的生活印象;第四,能为幼儿提供感官训练的教材或教具,促进儿童智力的发展;第五,可让儿童独立地活动,自然地表现,并意识到自己的力量;第六,能引导儿童形成一定的行为规范。[②]

2. 作为活动对象的工作材料

在蒙台梭利模式中,自由活动占据着重要的地位,蒙台梭利指出:"活动,活动,我请你把这个思想当作关键和指南,作为关键是因为它揭示了儿童发展的秘密,作为指南是因为它指出了应该遵循的发展之路。"[③]但这些活动并非儿童随心所欲的瞎动胡干,乃是一种手脑结合、身心协调的作业,蒙台梭利称之"工作"(work),而工作进行的依据就是经过精心设计的工作材料。有研究者指出:"并非材料本身,而是这些材料的设计原则使得这些材料成为蒙台梭利环境中必要而非充分的组成部分。"[④]因而,这些设计原则就显得尤为重要了。概括而言,这些原则包括:第一,"难点孤立化"原则,即一种工作材料主要发展儿童的一个方面或一种能力,"将某一个难点孤立化是为了给儿童提供清晰明确的学习经验,从而使之将注意力集中在一个关键概念上"[⑤];第二,"错误控制"原则,

---

① Montessori, M.: The absorbent mind [M]. New York: Dell,1967:66.

② 吴式颖,任钟印.外国教育思想通史(第九卷)[M].长沙:湖南教育出版社, 2002: 179.

③ E. M. Standing, Maria Montessori: Her life and work. New York: New American Library,1984:230.

④ Torrence, M., Lemont & Chattin, J. (2005). Montessori Education Today. In Jaipaul, L. R. & James, E. J. (Eds.). Approaches to Early Childhood Education(4th Edition). Upper Saddle River, New Jersey: Pearson Education, p. 375.

⑤ Torrence, M., Lemont & Chattin, J. (2005). Montessori Education Today. In Jaipaul, L. R. & James, E. J. (Eds.). Approaches to Early Childhood Education(4th Edition). Upper Saddle River, New Jersey: Pearson Education, p. 375.

即设计一种工作材料时应含有内置的错误控制，这种错误控制其实就是一种设计线索，是为了给儿童提供可以阅读和理解的反馈，从而刺激儿童仔细观察并分析当前的学习经验；第三，"循序渐进"原则，即工作材料应该是相互联系的，由简单到复杂进行，难度是逐级增加的，"除了从简单到复杂的发展，蒙台梭利材料常常被设计成'鹰架式'的，并为其他后继的学习作间接的准备"①。

3. 作为"导师"的教师

教师是蒙台梭利课程模式的重要组成部分。蒙台梭利将教师称之为"导师"(directress)，因为在她看来，"导师的作用比一般人理解的重要得多，她不仅是一个教师，还要是个心理学家，其原因在于她要指导儿童的生活和心灵"②。这种教师不再是依据教材自上而下传授知识的"权威人士"，而是环境的提供者、自由的保障者和儿童发展的协助者。③依据蒙台梭利的观点，只要在精心准备的环境里给予儿童自由，那么儿童将会遵循自己本来的时间表和倾向向前发展。她要求蒙台梭利教室中的教师不仅要尊重儿童、热爱儿童，而且必须接受专门的训练，以便实行她所提倡的教育理念和方法，真正承担起"导师"的责任，引导儿童身体和心理的发展。而这种"导师"也必须具有良好的素质：第一，善于观察，这种观察能力不仅在于了解儿童的身心特点，而且要通过观察寻找儿童与材料之间的最佳配置，成为儿童活动强有力的支持者和鼓励者；第二，善于引导，除了作为热心的观察者，"教师的基本作用就是通过精心准备和维护学习的环境，来反复引导和关注儿童感到的难点，并妥善处理那些无序的儿童，为有兴趣的儿童提供适宜的材料和课程"④；第三，善于沟通，这种沟通不仅包括与儿童的交流，更主要的是体现在与家庭和社区的密切联系，因为家庭和社区都是儿童成长的重要环境，这种联系有助于形成教育的合力。

---

① Torrence, M., Lemont & Chattin, J. (2005). Montessori Education Today. In Jaipaul, L. R. & James, E. J. (Eds.). Approaches to Early Childhood Education(4th Edition). Upper Saddle River, New Jersey: Pearson Education, p. 376.

② Montessori, M.. The Montessori Method[M]. New York: Schocken, 1964:173.

③ 霍力岩. 蒙台梭利教育法研究[D]. 北京：北京师范大学，1996:39－40.

④ Torrence, M., & Lemont & Chattin, J. (2005). Montessori Education Today. In Jaipaul, L. R. & James, E. J. (Eds.). Approaches to Early Childhood Education(4th Edition). Upper Saddle River, New Jersey: Pearson Education, p. 381.

(二)高宽课程模式:精心设计教育环境和教育活动

发展到今天,高宽课程模式的教育目的主要是培养具有主动学习精神和能力的儿童,并为其未来的发展奠定良好的基础。为了实现这一目的,高宽课程模式主要是在作为儿童发展的观察者、支持者和引导者的教师的帮助下,通过精心设计的教育环境和环环相扣的教育活动,来促进儿童的主动学习和全面发展。

1. 精心设计的教育环境

高宽课程模式认为主动学习是儿童建构知识、发展能力的基本方式,因此非常强调教育环境的设计,要求这种环境是能够引发儿童主动学习的环境,是一种具有丰富刺激、具有挑战性而又井然有序的学习环境。而这种教育环境的创设则需要注意两个方面,即空间的组织和活动材料的提供。

在空间的组织上,要划分出不同的活动区,这些活动区是根据儿童的兴趣来设立的,使儿童根据自己的兴趣做出选择,要易于儿童的活动并使儿童乐于活动,如设立积木区、娃娃家区、美工区、木工区、动植物区等。为了达到促进儿童主动学习的目的,在活动区的具体设计中,则应遵循一些基本的原则,包括活动区的区分要鲜明、活动区要具有弹性和开放性、活动区的位置要易于活动等。而在空间的总体设计上,则应该使之具有吸引力并灵活多样。此外,活动区材料的选择和投放则尤为重要,因为每个区的活动材料必须是与其独有的活动相配套的,当儿童计划到某个活动区进行活动时,他应该能找到想要的材料并知道这些材料能够进行哪些活动,而非一时兴起或盲目活动。因此,活动区材料的投放必须充足且多样化,能够符合儿童日常生活的需要,具有操作性和趣味性,易于儿童安全取放和使用,并且要根据幼儿的兴趣与发展的需要不断更换、添置新的材料。

2. “计划—工作—回顾”之活动架构

为了给儿童创设一个主动学习的教育环境,高宽课程模式主要是通过丰富而有意义的一日活动流程来实现的。这个活动流程是由“计划—工作—回顾”时间、小组活动时间、大组活动时间、户外活动时间、过渡时间以及点心、午餐与休息时间这六个环环相扣的活动环节构成的,其中,“计划—工作—回顾”时间是诸多活动的基石。

在具体活动中,“计划时间”是让儿童自行选择和决定当天想做的事情并在计划实施前与教师讨论,教师给予回馈和引导,让儿童形成清晰具体的目标,如此,给儿童一个表达他们想法和意图的机会,让他们看到自己是一个能做出决定的独立个体。[①] 在计划制订后就进入了“工作时间”,在儿童实施自己的计划时,成人不必刻意去引导他们,而要观察幼儿如何收集信息、如何与同伴互动、如何解决问题,然后加入幼儿的活动中,激发、扩展活动,创设问题情景,并与儿童交流。“回顾时间”是最后一个环节,此时儿童必须开始收拾工作场地,将未完成的工作收至橱内,工作材料放回原处,教师要让儿童聚在一起分享和讨论当日他们所做的事情。在这一环节,回顾的策略包括:“回顾做了什么,如何做的,回顾计划并口述发生过的事情”[②],而儿童则通过各种方法再现了相应的活动经验,并获得了表达经验与想法的机会。

3. 作为观察者、支持者和引导者的教师

在高宽课程模式中,儿童是主动的学习者,而教师同样也是主动的学习者,教师通过与环境、儿童和成人之间的互动和学习,更好地承担起作为儿童主动学习的观察者、支持者和引导者的角色。在高宽课程模式中,教师不是知识的“传授者”,而主要是通过精心创设的教育环境、规划和设计一日活动流程来为儿童的主动学习提供支持。而在此之前,教师应该成为一名观察者,“教师要通过每日的评价和框架式的关键经验来了解儿童的经验和教室内的行为,并努力观察每一位儿童的独特技能和兴趣”[③],这种观察是教师制订发展适宜且有挑战性的活动计划的前提条件。在儿童活动的过程中,教师成了儿童主动学习的支

① Weikart, D. P. & Schweinhart, L. J. (2005). The High/Scope curriculum for early childhood care and education. In Jaipaul, L. R. & James, E. J. (Eds.), Approaches to Early Childhood Education(4th Edition). Upper Saddle River, New Jersey: Pearson Education, p. 238.

② Weikart, D. P. & Schweinhart, L. J. (2005). The High/Scope curriculum for early childhood care and education. In Jaipaul, L. R. & James, E. J. (Eds.), Approaches to Early Childhood Education(4th Edition). Upper Saddle River, New Jersey: Pearson Education, p. 239.

③ Weikart, D. P. & Schweinhart, L. J. (2005). The High/Scope curriculum for early childhood care and education. In Jaipaul L. R. & James E. J. (Eds.), Approaches to Early Childhood Education(4th Edition). Upper Saddle River, New Jersey: Pearson Education, p. 238.

持者和引导者，这种支持包括尊重和支持儿童对活动的选择、积极参与到儿童的活动中、为儿童提供新的活动材料、鼓励儿童进行自主活动等。而作为引导者，教师的作用主要体现在参与和提问上，“教师要做的是聆听儿童的计划，然后主动参与其中，提出适当的、更具有挑战性的问题，比如：发生了什么？你是如何做的？能给我展示一下吗？你能帮助他吗？等等”①。在这样的活动中，儿童和教师成为思想和工作的互动者，并在做的过程中分享和学习。

(三)光谱课程模式：评估儿童的活动促进其强项发展

光谱方案本是一个评估方案，但是光谱方案的目标是通过评估发展儿童的强项，所以光谱方案在评估时，让儿童在真实的环境中进行自主探究活动，教师通过对儿童的活动进行观察，辨别儿童的强项和弱项，引导儿童能力的发展。

1. 创设良好的学习环境，引导儿童涉足更多的学习领域

作为一种以“活动”为中心的课程模式，光谱方案也非常重视良好学习环境的创设，其主要实现两方面的目的：第一，在良好的学习环境中激发儿童活动和学习的兴趣，引导他们进入更多的学习领域，促进其各方面能力的发展；第二，让儿童在活动中展示其智力强项，以便于教师进行观察和识别。在光谱的研究者看来，要实现促进儿童强项发展的目的，其首要条件就是准确识别和把握儿童的智力强项，此项条件只有通过教师的观察才能实现。要做到有准备、充分的观察，最好的办法莫过于将儿童置身于一个有利于展现其智力特点的环境中，让他们通过真实的活动来展现其智力强项。“只要能够提供广泛领域的经验，大多数儿童都会展现他们独特的智力结构”②。为了达到这个目的，光谱课程模式设计了八个领域的学习活动区，每个学习活动区一般包括工作区、展示区以及独立的材料存放区。光谱学习活动区的结构非常灵活，既可以设在教室的某个角落，也可以用几张桌子拼接而成，还可以专门划出某个特定区域。奉

① Weikart, D. P., & Schweinhart, L. J. (2005). The High/Scope curriculum for early childhood care and education. In Jaipaul, L. R. & James, E. J. (Eds.), Approaches to Early Childhood Education (4th Edition). Upper Saddle River, New Jersey: Pearson Education, p. 238.

② Jie-Qi Chen, Krechevsky, M. & Viens, J. (1998). Building on Children's Strengths: The Experience of Project Spectrum. Teachers College Press, p. 20.

行“少而精”的原则，每个活动区都安放了该领域所需要的典型材料，儿童可以在相应的活动时间自由地操作材料。同时，学习活动区的活动都是来自于真实世界中的工作任务，从而帮助儿童把他们在学校中学到的技能和他们的日常生活联系起来。

2. 识别并支持儿童强项领域的发展

虽然光谱课程模式十分强调幼儿的主动探索和自由选择，但儿童的发展并不是完全自发实现的，教师在其中具有重要的支持和引导作用。在光谱课程模式中，“对学习活动区进行管理以及辨识儿童的智力强项是教师的两个主要任务，且二者是交织在一起的”①。教师不仅要创设丰富的学习环境、设计学习活动区并提供活动材料，还需要与儿童一起制订学习活动区的活动规则，而教师最重要的工作之一就是通过观察儿童在学习活动区的表现识别儿童的智力强项。为了便于教师辨识儿童的智力强项，光谱的研究者们提出了两条观察原则：“第一，根据某一领域的关键能力来评价儿童在该领域的表现；第二，通过儿童在学习区活动时选择某一领域的频率及其从事该领域的活动持续的时间，判断儿童对某一领域特别感兴趣。”②另外，还编制了评估儿童关键能力发展的《关键能力列表》，以便于教师观察儿童在不同领域的智力强项或弱项。

在光谱课程模式中，与辨别儿童智力强项同等重要的工作就是为儿童智力强项的发展提供支持。对此，教师可以根据已有的条件和儿童的发展情况进行灵活的选择和操作，具体而言，教师可以在以下几个方面提供支持：第一，为儿童强项的发展提供活动空间和材料的支持，如开放更多儿童喜欢的区域，经常更新活动材料，与儿童一起探索和开发新的活动项目，让儿童与他人分享他们的经验和成果等；第二，通过发展儿童的自信心和责任心来培养其强项，如让儿童成为其强项领域的负责人，负责活动资源和材料的提供和管理，让其帮助其他在该领域发展欠佳的儿童，并帮忙培训下一个负责人等；第三，教师可以与儿

① Jie - Qi Chen, Krechevsky, M. & Viens, J. (1998). Building on Children's Strengths: The Experience of Project Spectrum. Teachers College Press, p. 55.

② Chen, J. Krechevsky, M. & Viens, J. (1998). Building on Children's Strengths: the Experience of Project Spectrum. New York: Teachers College Press, p. 57.

童的父母形成支持同盟，如将儿童的智力强项和弱项告知其父母，让家长为儿童强项的发展提供一个环境的支持，并尽力弥补其发展的弱项。

3. 通过搭建桥梁促进儿童的能力迁移和多方面发展

对于光谱课程模式来说，识别和支持儿童智力强项发展的最终目的在于帮助儿童利用其智力强项带动日常学业的发展，从而获得学业的成功和全面发展。这样做的原因在于：儿童的智力强项不一定出现在传统的学业领域，如数学、语言、科学等领域，许多儿童的智力强项可能更多地出现在非学业领域，如运动、艺术、机械建构等领域。因此，为了促进儿童日常学业的发展，就需要将儿童的智力强项引入其他学习领域，尤其是那些对学业成功起关键作用的领域，带动其他领域的学习和学业表现，光谱称之为“搭建桥梁”。此种桥梁的搭建分为全班和个体两个层面：“在全班层面搭建桥梁，教师可以通过集体活动、同伴互动以及问题解决的方法将学生的智力强项和其他领域联系起来，在总体干预后再以个别帮助作为辅助。在个体层面搭建桥梁，首先通过学习活动区的观察来识别儿童的智力强项和弱项，然后依据儿童的智力强项、学习风格、个性和其他特性为其设计适宜的教育方案或活动。”①而光谱教师就是桥梁的搭建者，通过教师的支持和引导，搭建儿童发展所需的一系列桥梁，包括儿童伙伴之间的桥梁，儿童的智力强项与学校课程之间的桥梁，学校、社区与家庭之间的桥梁，从而实现儿童的全面发展。

（四）瑞吉欧课程模式：在“活”的环境中进行探索和合作学习

瑞吉欧课程模式非常注重创设“活”的教育环境，使儿童在其中进行主动探索和合作学习，从而获得发展。

马拉古奇认为学校有权拥有一个自己的环境，一种自己的建筑，一种自己对空间、形状、功能的概念和使用。教育乃是由复杂的互动关系所构成，也只有环境中各个因素的参与，才是许多互动关系实现的决定性因素。② 在瑞吉欧方

---

① Chen, J. Krechevsky, M. & Viens, J. (1998). Building on Children's Strengths: the Experience of Project Spectrum. New York: Teachers College Press, p. 60.

② [意]马拉古奇. 孩子的一百种语言：意大利瑞吉欧方案教学报告书[M]. 张军红，陈素月，叶秀香，译. 台湾：光佑文化事业股份有限公司，1998：33.

案教学中,"活"的环境既包括学校内的空间布置也包括教室外的空间,如城市的广场、社区甚至整个瑞吉欧城市。

瑞吉欧教育活动中,学校内"活"的环境主要体现在空间的规划设计。环境设计有利于儿童进行探究、互动、沟通。"艺术工作室"是瑞吉欧方案的首创,它是儿童双手和心智探究的地方,在艺术工作室活动的儿童不受到任何思想的束缚,儿童的创造力在这里得到激发。在艺术工作室中,儿童可以采用多种象征语言去表达他们对事物的理解。

瑞吉欧课程模式中"活"的环境还包括学校外的环境资源。充分利用社区的环境资源就是一个显著的特点,社区下雨的街道、有历史印记的石狮、大树等幼儿生活中的寻常事物都成为方案活动的主题。如"狮子的肖像"主题活动来自市集广场的大狮子雕像。孩子们在制作狮子的肖像之前,教师与孩子们一起到广场上寻找狮子雕像,孩子们用眼睛观察狮子的外形,用照相机记录下狮子的形象,用手去触摸狮子的轮廓。孩子们对狮子雕像有了初步的感知后,他们使用不同的象征性的表达方式,如皮影戏、剪纸、黏土塑像,创造着他们自己对狮子的理解。正是对这些看似寻常的事物的探索和研究,使教育的意义更加深刻和广远。

五、四种课程模式的评价方式

"教育评价是作为主体的人对同样作为主体的其他人所进行的教育活动及其结果做出的判断和衡量"①。概言之,教育评价就是人们对教育活动及其结果的评价。教育评价具有收集和反馈信息、目标导向、鉴定、诊断调节、激励促进等重要作用。

(一)蒙台梭利课程模式:以观察作为评价的主要手段

教育评价是蒙台梭利课程模式中一个不容忽视的组成部分,其与蒙台梭利教育方法中的核心三要素——环境、教师、工作材料密切相关,主要是一种以教师的观察为基础,让儿童在"有准备的环境"中操作工作材料,从而对儿童的发

① 胡德海.教育学原理[M].兰州:甘肃教育出版社,1998:611.

展程度和课程的进度进行评价。这种评价注重教育目的的实现和活动成果的取得,但更多的是基于教育过程,教师要在观察的基础上进行记录,并要在教师之间以及教师和家长之间展开交流和讨论,形成家园一体的共同评价系统,其目的在于了解儿童的发展情况并为其日后发展计划的形成奠定基础。有研究者认为这种评价包括以下几个步骤:第一,设定明确的观察目标;第二,明确地列举观察项目;第三,做好周全的准备、决定时间、持续观察;第四,配合观察项目做成摘要或备忘录式的客观性整理记录;第五,与其他观察者比较检讨,做出综合性的判断。①

(二)高宽课程模式:以观察记录为基础进行全面评估

作为一种影响深远而又与时俱进的课程模式,高宽课程模式非常重视教育评价体系的建构和发展,而这种评价体系的形成则是基于对儿童发展的观察记录之上。通过多年的研究和实践,高宽课程模式以观察记录为基础开发出了专门的儿童评估工具——儿童观察记录表(Child Observations Record,COR),用于测量在早期儿童教育影响下3~5岁儿童的发展状况。这一儿童观察记录表涵盖了六个方面的内容,包括主动性、社会关系、创造性表征、音乐和运动、语言和读写、逻辑和数学。可以说,儿童观察记录表评价指标较为全面,涉及儿童发展的所有关键领域,评价并非一次性完成,评价过程涵盖与儿童发展相关的诸多因素,而评估的结果则由教师和家长共同完成。因此,儿童观察记录所展示出来的结果可以帮助教师和管理人员决定如何去改善项目,以使得项目能够满足儿童的发展需求,同时能够满足群体中作为完整个体的儿童个性化需求。②

(三)光谱课程模式:进行多种活动的综合评估

光谱课程模式最具特色之处就在于其独特而科学的评价方法。与传统的教育评价不同,光谱的评价方法不是依赖于某种测试,而是为儿童提供在各个领域活动的材料和机会,成人根据儿童在活动中展现出的智力强项或弱项做出评估。光谱课程模式为评价所提供的材料涵盖了儿童在运动、社会、语言、数

---

① 简楚瑛.幼教课程模式[M].台北:心理出版社,1999:402-403.

② 高宽官网.http://www.highscope.org/Content.asp?ContentId=2,2011-12-28.

学、科学、艺术、音乐和机械等诸多领域的经验，这些评价领域和活动的具体内容有：第一，运动领域，包括创造性运动智力测量和单纯运动智力测量；第二，社会领域，包括社会分析测量和社会角色测量；第三，语言领域，包括虚构性叙述测量和描述性叙述测量；第四，视觉艺术领域，主要通过艺术夹来测量；第五，数学领域，包括数数和计算的测量；第六，音乐领域，包括创作性测量和感知测量；第七，科学领域，包括自然学家测量、逻辑影响测量、假设验证测量和机械智力测量；第八，活动风格测量。其评价过程中要坚持四个原则：在有意义的、真实的活动情境中进行评价，课程和评价成为相互联系的一个整体，关注儿童活动的风格特征，对各种智力采用公平的测量方法。同时，光谱方案在评价过程中采用文件夹的方法，教师将儿童活动和发展的各种资料和信息经过整理和汇编以后放入档案袋中形成一份“简档”，以描述儿童智力的概貌，并在此基础上给家庭、学校以及更广阔的社区活动提出建议。

（四）瑞吉欧课程模式：多方主体评价幼儿的创造性“产品”

瑞吉欧课程模式并没有把教育评价作为一个独立的部分来进行，而是将其融入日常的教育教学活动中，使其成为幼儿活动的一部分。教育评价的过程也是一个促进儿童不断发展的过程，在这个过程中，教师的观察和记录，对儿童创造的各种“产品”的收集和整理，以及与儿童的交流、沟通和对话等，都是教育评价的重要组成部分，并以此为基础建立起对儿童发展的立体和全面的认识和评价，是一个多主体参与、情境性和生成性相统一的过程。正如其创造者所言：“我们必须记住，教师的工作包括进行一些相关的讨论，并对孩子进一步的工作做出假设和预测。而这些形成性活动与教师的记录密切相关，教师在记录过程中聆听、观察、收集记录和解释记录。”①同时，家庭也是评价活动的积极参与者。家长通过教师提供的有关信息了解儿童在学校中的发展状况，并结合儿童在家庭中的情况，参与到课程模式的评价中。瑞吉欧教育方案既通过产品评价儿童

① Rinaldi Carlina(1998). Projected curriculum constructed through documention —progettazione: An interview with Lella Gandini. In Carolyn Edwards, Lella Gandini, & George Forman(Eds.). The Hundred Language of Children: The Reggio Emilia approach: advanced reflections(2nd Edition). Greenwich, NJ: Ablex Publishing Corporation, pp. 120 - 121.

的发展，又评价儿童在活动中的表现，是一种发展性评价，表现性评价。

六、四种课程模式的比较分析

在详细阐述以上四种课程模式的基础上，我们将从理论基础、教育目标、课程内容、教育方法和教育评价这五个方面对其进行比较。

（一）理论基础：心理学主导 VS 多学科综合

课程模式都是建立在一定的理论基础之上的，其是课程模式的重要组成部分，它"最为概括地反映了有关教育目的的哲学的和心理学的观点，这些观点包括了与儿童的学习和发展相一致的教育基本目标的价值陈述"。[①]以上四种课程模式在理论基础上存在着一定的共性，即都受到发展心理学的巨大影响，但也存在着很多的不同之处，主要表现为心理学主导与多学科融合的差异。

蒙台梭利课程模式深受生理学和心理学的影响，但也广泛融合了生物学、医学、哲学、人类学、教育学等多学科的知识，为其长远发展奠定了广博而又深厚的理论基础。从高宽课程模式的发展历程看，其理论基础主要建立在皮亚杰的发展心理学理论之上，从早期对皮亚杰"结构论"的运用，关注儿童在前运算阶段的思维特征，到后期对"建构论"的注重，进而关注儿童在适宜环境中的主动学习和建构，皮亚杰的理论一直占据着这个课程模式的核心地位。光谱方案的理论基础主要源于加德纳的多元智力理论和费尔德曼的非普遍性发展理论，都是关注个体认知发展的心理学理论。对于瑞吉欧课程模式来说，其理论基础则更为复杂，一方面它曾直接受益于杜威、克伯屈、爱沙克斯等人的进步主义思想，另一方面又深受皮亚杰和维果茨基的建构主义思想的影响，同时，意大利的本土文化和瑞吉欧人的实践尝试也在其中起到了巨大的作用。

由此可见，四种课程模式在理论基础上都深受发展心理学的影响，但高宽课程模式和光谱课程模式则是以心理学为其理论的主要来源，而蒙台梭利课程模式和瑞吉欧课程模式除了注重吸纳心理学的知识以外，还注重多学科知识的综合。

---

① Evans, E. D.. Curriculum Models and Early Childhood Education. In Spodex, B. (1982). (Ed.). Handbook of Research in Early Childhood Education. The Free Press, p.110.

(二)教育目标:普遍性发展 VS 非普遍性发展

教育目标的实现形式主要有两种:一种是以拉尔夫·泰勒(Ralph Tyler)为代表的目标模式,另一种是以劳伦斯·斯滕豪斯(Lawrence Stenhouse)为代表的过程模式,人们通常将这两种模式的差异看作是社会本位与儿童本位的不同。目标模式通常强调儿童普遍性能力的发展,从而为儿童进入社会做好准备,为国家培养人才。而过程模式则更加注重儿童潜力的开发和个性的发展。

蒙台梭利课程模式和高宽课程模式在教育目标上存在着很多类似的地方,在建立之初都是为处境不利的儿童提供教育,从而为其入学和进入社会做好准备,以便使他们"不输在起跑线上"。因而在发展目标上强调培养儿童的基本生活能力和学习能力,促进儿童普遍性能力的发展,并且还注重儿童的自我发展。正如蒙台梭利所言:"教育的基本任务是使每个幼儿的能力在一个有准备的环境中都得到自我发展的自由。"①光谱课程模式和瑞吉欧课程模式在教育目标上都非常关注儿童潜力和个性的发展,但侧重点各有不同。光谱课程模式基于多元智力理论而强调儿童多元能力和个性的发展,在课程实施中主要通过评估活动来辨别和促进儿童强项和潜力的发展。瑞吉欧课程模式的教育目标是非预设的,是在教育的不同阶段不断生成和不断发展的,其主张让幼儿在积极探索周围世界的过程中成为自我探索、自我发展的学习主体,从而促进儿童潜能和创造力的发挥。

其实,在课程模式不断进化和融合的今天,各种课程模式在教育目标上都在寻求社会本位和儿童本位的某种平衡和中庸状态,其趋势是在强调儿童普遍性能力发展基础上,追求儿童的非普遍性发展,即潜能、创造力和个性的发展。

(三)课程内容:领域内容 VS 关键经验

课程内容与教育目标息息相关,其主要涉及的是让儿童学习什么以及这些内容如何组织和安排。以上四种课程模式在课程内容方面存在着很多交叉和相似的地方,但其差异也是显而易见的,主要表现为领域内容与关键经验的不同选择。

---

① 卢乐山.蒙台梭利的学前教育[M].北京:北京师范大学出版社,1985:25.

蒙台梭利课程模式将其课程内容分为七大领域，即：日常生活教育、感官教育、语言教育、数学教育、科学文化教育、音乐教育和艺术教育。蒙氏课程内容自成体系，结构化程度较高。与之相似的是，光谱课程模式将课程内容划分为八大领域，但这八大领域则是以儿童发展所必需的关键能力来建构课程内容的，遵循的是儿童自身发展的需要。高宽课程模式在发展过程中，围绕着“主动学习”这一儿童发展的核心理念来组织关键经验，作为组织课程和进行评价的重要指标，到目前为止，高宽课程模式已经确立了儿童发展应该掌握的 58 条经验，成了高宽课程中 3 ~5 岁学龄前儿童的主要学习内容，同时，围绕着这些关键经验，可以帮助成人了解儿童的发展情况，进而为儿童创设主动学习环境，提供发展适宜性的学习活动。与以上三种课程模式稍有差异的是瑞吉欧课程模式，其并没有规定明确的教育内容，也没有固定的“教材”或材料，而是根据儿童的兴趣和需要来创设“问题”，形成各种假设，让儿童进行自主的探索，从而获得各种经验和能力，其课程内容具有很大的灵活性和生成性。

当前，无论是以领域划分的课程内容还是围绕关键经验组织的课程内容，其核心都是儿童经验的获得和能力的发展，并且呈现出综合的趋势，而“综合课程”(integrated curriculum)也逐渐成为学前教育课程领域的新趋向。[①]

(四)教育方法：教师主导 VS 儿童主导

在课程模式中，教育方法主要涉及的是让儿童如何去学习的问题。在学前教育领域，最能体现教育方法的就是教育活动中教师和幼儿的关系，其决定着教育策略的选择和具体教育方法的使用。

在蒙台梭利课程模式中，教师的角色主要体现在为儿童提供“有准备的环境”，并提供各种作为活动对象的“工作材料”，让儿童在适宜的环境中通过操纵材料获得发展，在这个过程中则要求教师善于观察、引导和沟通，成为儿童发展的“导师”。高宽课程模式中的教师主要是通过营造一个主动学习的环境，让儿童通过一日活动实现发展，而一日活动的关键在于实施“计划—工作—回顾”的

① Bernard Spodek, & Olivia N. Saracho. (2002). New Direction in Curriculum Development. In Olivia N. Saracho, & Bernard Spodek(Eds.), Contemporary Perspective on Early Childhood Curriculum. Information Age Publishing, pp. 263 –277.

活动架构，这些需要教师进行支持和引导。光谱课程模式是基于教育评估而建立起来的，教师既是儿童发展的评价者，也是儿童发展的促进者，其作用主要在于创设良好的环境引导幼儿涉足更多的学习领域，从而辨别并支持儿童的强项发展。瑞吉欧课程模式非常注重课程内容的生成性和发展性，因而在教育方法方面更强调儿童的自主性和彼此之间的合作，教师的作用在于为儿童创设"活"的教育环境，引导和激发儿童对自己感兴趣的问题进行自主探究，从而通过活动来获得经验、理解意义、建构知识。

可以说，蒙台梭利课程模式中教师的介入程度是最高的，有一套成熟的教具和课程内容体系可供教师参考和操作，并且重视对儿童的规范和自我管理，如若教师重视教具的展示和熟练操作，则教师在活动中具有主导性。而在其他几种课程模式中，教师的主要作用是在观察和了解儿童的基础上提供相应的支持和引导，儿童成为活动的主导者。但是，在教育活动中，"教师主导"和"儿童主导"不是非此即彼的两极，而只是存在着程度的差异，从发展趋势看，这些课程模式在教育方法上趋向于寻求两者的平衡。

（五）教育评价：成果取向 VS 过程取向

教育评价基本上是依据教育目标，通过各种方法和技术，对儿童的学习过程和结果做出价值判断的过程。四种课程模式都非常强调观察在教育评价中的基础作用，但是在具体的评价过程中，则存在着成果取向和过程取向的不同选择。

蒙台梭利课程模式主要通过对幼儿每日工作情况的观察和记录，以及对儿童已完成的"工作"成果来进行评判的，由于其对成果的强调，因而更多地倾向于成果取向。与之相对，其他几种课程模式则更多地倾向于发展过程。高宽课程模式是通过对幼儿活动的观察和记录来进行教育评价的，但是这种评价是围绕着儿童发展的关键经验来进行，并且注重收集幼儿的作品作为评价参考。光谱课程模式通过不同的评估活动评估儿童关键能力的发展水平，由此记录儿童在各种活动中的表现以及儿童在活动中的工作风格。瑞吉欧课程模式重视对幼儿进行动态的、形成性评价，教师在教育过程中持续而细心地观察、倾听幼儿，通过使用笔记本、照相机、录音机、录像机等各种记录工具对幼儿的活动进行记录,然后对它们进行整理、分析、评估,并在此基础上开发新的活动以支持每个幼儿的发展。

综上所述,这四种课程模式在理论基础、教育目标、课程内容、教育方法和教育评价等方面的差异并没有呈现出非此即彼的两极,相互之间的差异也主要源于理论框架和实践指向的不同,并且在其发展过程中都在尝试走一条平衡与中庸之路,力求适宜于儿童发展的需要和社会文化发展的需求。

第八章　西方四种课程模式对中国学前教育所产生的主要影响

综合前面的分析和论述，在中国学习和借鉴西方课程模式的历史进程中，对中国学前教育的发展产生重要影响的课程模式主要包括四种，即蒙台梭利课程模式、高宽课程模式、光谱课程模式、瑞吉欧课程模式，这几种课程模式对于中国学前教育发展的影响主要表现在以下几个方面。

一、推动了尊重儿童和儿童所处文化的学前教育观念的形成

观念属于文化的构成部分，属于社会意识形态的东西。幼儿园课程变革中的观念包括很多，但最重要的是人们的儿童观、教育观、知识观、课程观等，其对课程有着极大的制约作用。在幼儿园课程发展史上，每一次重大的课程变革和发展无不是思想观念变革的结果。从卢梭开始"发现"儿童，提出要尊重儿童；到福禄贝尔指出儿童期具有独特的价值，倡导注重学前教育的重要性；再到杜威提出"儿童中心"，要求教育的一切措施都要围绕着儿童展开。这些学前教育的先驱们在思想和观念领域的开拓和创造，为学前教育事业的发展奠定了坚实的理论基础。而历史也告诉我们，没有观念的更新、变革则不可能有幼儿园课程的全面深化、实质转变，也不可能使幼儿园课程得到整体的发展。

西方课程模式对于中国幼儿园课程发展的影响首先就突出地表现在对观念的影响上，包括儿童观、教育观、课程观、教育活动观等诸多方面。比如，在儿童观上，蒙台梭利认为儿童发展是"潜在能力"的自然展现，儿童的发展存在着"敏感期"和阶段性，儿童的发展是通过"工作"来实现的；光谱以加德纳的多元智力理论和费尔德曼的非普遍性发展理论为基础，强调儿童的非普遍性和个性化发展；瑞吉欧则认为儿童是自己发展的主人，儿童通过"百种语言"来主动学习和表达自身，儿童的学习是以"关系"为基础的社会建构过程。而在教育观上，蒙台梭利教育法非常强调为儿童进入社会做好准备，同时强调儿童的自我

发展。高宽课程模式建立时强调为经济处境不利儿童进入小学做好准备,以便他们与那些来自中产阶级的同伴相比“不输在起跑线上”。光谱课程模式和瑞吉欧方案的教育目标在于关注儿童的发展,但是侧重又有所不同。光谱的目标是通过评估发展儿童的强项,而瑞吉欧的教育目标是促进儿童潜能和创造力的发展。20世纪80年代以来,受西方学前教育思潮和课程模式的影响,中国幼儿园课程领域就确立了儿童发展的“主体观”和“整体观”,终身教育观和整合教育观深入人心,主张通过活动课程和建构课程促进儿童的个性发展,注重儿童发展的可持续性,并开始关注课程的年龄适宜性、个体适宜性和文化适宜性,强调幼儿园教师角色和功能的转换等。

访谈中一位经历过几次课程变革的幼儿园园长、特级教师Q曾这样讲道:

在(20世纪)80年代,受原来分科教学模式的影响,幼儿园里还是以上课为主,幼儿教师在教育教学活动中处于主导地位,教育目的也主要在于促进儿童智力的发展和科学文化知识的学习,那时候的教学分为体育、语言、思想品德、计算、美术等很多科目,对于教师来说比较好操作。到了90年代,很多西方的学前教育理论和课程开始传入,比如皮亚杰、维果茨基,还有蒙台梭利教育法和后来比较流行的瑞吉欧教育方案,它们都比较注重儿童自主性、潜力和创造力的发展,以儿童自主的活动和游戏作为主要的教育教学方式。此时国内很多研究者开始强调儿童的主体性和教师的主导性问题,幼儿园课程改革也成为一种发展趋势,我们也开始反思过去的做法,以前从没有想过的很多问题都冒出来了,比如:幼儿需要学什么?幼儿的学习特点和认识规律是什么?幼儿是如何学习的?如何观察幼儿的学习过程?直接指导与间接指导的关系与融合?幼儿喜欢什么样的游戏?幼儿怎样游戏?怎样是幼儿游戏?幼儿需要什么样的材料?教师投放材料的依据是什么?环境创设的原则?幼儿需要什么样的环境?环境的作用是什么?学前教育需要什么样的教师?等等。也正是在这些问题的困扰与思索中,我们开始向国外学习,也向国内同行和专家学习,并注重在幼儿园的实践中内化和发展,经历过这些磨砺,我们幼儿园才有今天的发展。

但是,随着学前教育的发展,很多的问题又出现了,比如:自主学习和以教师为主导的学习都可以促进孩子的发展,甚至以教师为主导更有效率,孩子显得更适应国内当前的教育模式，这就好比吃饭，自主学习是让孩子自己选择喜欢的菜吃，以教师为主导的学习则是由成人配好了营养丰富甚或美味的餐点，孩子只需要吃就是了。这样做的结果是，以教师为主导的孩子可能会身体强壮符合我们的健康标准，但孩子可能会逐渐丧失自主选择菜谱的能力，而自主学习的孩子会清晰地知道自己需要（喜欢）吃什么，但当前可能不够强壮甚或营养不良。这些问题都是幼儿园发展过程中要面对的问题，总的来说，任何课程的开展都需要结合本园的实际情况而定，园所文化、师资水平、教育观念甚至家长的配合等都是决定课程是否适宜的要素。

由此可以看出，20 世纪 80 年代以来西方学前教育理论和课程模式的传入与传播，促进了中西方学前教育观念的交流和碰撞，促进了中国学前教育观念的更新和发展，推动了尊重儿童独立的人格、尊重儿童发展的权利、尊重所处不同文化下儿童所形成的个性差异等一系列学前教育观念的形成。

二、充实了幼儿园课程发展的理论基础

20 世纪 60 年代中期以来，欧美国家开始关注和重视学前教育的发展，对于学前教育课程的研究日趋增多。在国家、社会和研究机构等多重因素的推动下，欧美国家的课程模式呈喷涌之势，有研究者指出，1971 年，在参加美国“坚持到底计划”的课程方案中，就出现了 22 种课程模式，而到 1980 年，仍有 19 种课程方案参与了比较课程模式有效性的实验。[①] 这些课程模式主要包括银行街教育学院模式、行为分析模式、双语/双文化模式、高宽认知方向课程模式、文化语言方案、直接教学模式、文化民主学习环境模式、教育发展中心的开放教育方案、佛罗里达父母教育模式、家庭—学校合作模式、个性化早期学习方案、萌发学习活动方案、新学校方案、混龄模式、父母支持的对话模式、培生公司的个性化学习模式、应答式教育方案、图森学前教育模式。但是，随着时代的发展，很多课程模式已经消逝了，只有一些经得起实践考验的课程模式仍在世界范围内得到广泛的学习和应用，其中就包括蒙台梭利课程模式、高宽方案、光谱方案、

① Goffin, S. G. &Willson, C. (2001). Curriculum models and early childhood education: Appraising the relationship (2nd Ed.). Upper Saddle River, NJ: Merrill/Prentice Hall, p. 24.

瑞吉欧方案等几种经典的学前教育课程方案。

课程模式既是特定时代的产物，也是教育理论和实践结合的产物，每一种成功的课程模式背后都有深厚的学科理论和思想做基础，没有理论的支撑，也就无法成为一种模式和体系。在以上论述的几种课程模式中，蒙台梭利课程模式主要以实证学科为基础，如生物学、实验心理学、缺陷儿童研究，同时，蒙台梭利还受到了法国启蒙思想家卢梭、瑞士教育家裴斯泰洛齐、法国心理学家塞贡和伊塔的影响，其教育思想深刻地体现了这些教育家和心理学家的思想和观点。高宽课程的理论基础来自皮亚杰、杜威、柯尔伯格、艾理克森、鲍尔比、加德纳的理论，并随时准备借鉴心理学的最新研究成果。光谱方案的理论基础来自多元智力理论和非普遍性发展理论。瑞吉欧教育以美国教育家布鲁纳和杜威、瑞士心理学家和教育家皮亚杰、俄国心理学家维果茨基等的理论为理论基础。

在中国向西方借鉴和学习众多课程模式的同时，这些模式赖以建立的各种人类学、心理学、生物学、教育学理论也在中国得到了有效的传播，学前教育研究者们就开始了学习和研究这些理论的工作。因此说，中国借鉴和学习西方课程模式的过程，也是一个丰富和充实中国学前教育理论基础的过程，对于今后中国幼儿园课程的发展具有长远的意义。

三、开始追求非普遍性发展的差异化教育

“目的和目标此二者具有一致性，从哲学的角度来看，都是指被意识到的人的需要，是主体对价值的自觉追求”①。因而我们在提出教育目的时，其背后就暗含着对教育活动的价值性追求，也就是对教育活动所要达到的效果和规格的要求。而教育目的的确立则是基于人们对于“教育”这一基本概念的理解和认识，通常表现为对“教育是什么”的追问。由于这是一个涉及价值观的问题，所以不同的个人和团体会根据自己的认识和需要做出不同的回答。有研究者指出，教育思想史上对于教育真义的无数个解释构成了历史的、因果的链条，尽管链条上的环节都不尽相同，但贯穿所有环节的却是同一个主题——使人成为

① 胡德海. 教育学原理[M]. 兰州：甘肃教育出版社，1998：454.

"人",也可称之为"成人"。[①] 对"成人"进行理性审视,其首要问题就是"成为什么样的人",或者说是"教育理想中的人是什么",如此,教育的目的就在于实现"教育理想中的人"。那么,"教育理想中的人"是如何确定的呢?从理论上讲有两方面的依据,即一定社会的要求和教育学家的理想。[②] 由于教育是一种国家和社会事业,国家和社会出于自身存在和发展的需要而离不开具备相当素质的人,这样就必然会将自己的意志转化为教育的意志。同时,教育学者也并不完全附和国家和社会的意志,出于对"理想的人"的个性化认识和思考,他们会依据自己的哲学和信仰而提出不同的教育目的。这种对教育目的定位的倾向性差异常常表现为社会本位和个人本位的区别。但是,无论教育目的具有何种倾向性,其最终实现都有赖于受教育者各方面知识和能力的发展,并且对具体的教育内容、方法和评价等方面都起着重要的统领作用。

同样,作为一种思维框架和理论模式的课程模式,教育目的在其中也占据着极其重要的地位,它既是对教育理念和理论基础的直接体现,又限定和引领着课程内容、教育方法和评价的发展。在影响中国学前教育发展的四种西方课程模式中,其教育目的体现着一定的历史发展性,总体来看,这种发展性主要表现在追求非普遍性发展的差异化教育。自光谱课程模式的理论奠基者提出了"多元智力理论"和"非普遍性发展理论"之后,儿童的非普遍性发展开始成为人们关注的焦点。所谓非普遍性发展,乃是指并非每个人都能经历的、由环境和教育推进的发展,"不是他们脱离特定的文化和环境条件所能自发获得成功的发展领域"[③],发展的差异性和多样性表现得更为明显,个人的独特性能力则被视为儿童认知发展的最终结果。基于对儿童发展非普遍性的认识,光谱课程模式将其教育目的确定为:"找到识别儿童智力强项的方法,并根据每个儿童的智力强项为其提供丰富的早期经验,从而使教师、家长以及儿童自己认识并发

---

① 项贤明. 走向"成人"之学[J]. 南京师范大学学报(社会科学版), 1998(4):51-56.

② 刘庆昌. 教育知识论[M]. 太原: 山西教育出版社, 2008: 254.

③ Feldman, D. H. Beyond Universals in Cognitive Development(2nd Edition). Norwood, New Jersey: Ablex Publishing Corporation, 1994:22.

展他们的强项和潜能。"[①]瑞吉欧课程模式的教育目的则在于"为幼儿带来更多的可能性去创新和发现……"[②]。由此可见,追求非普遍性发展的差异化教育在当代西方课程模式的教育目标中得到了不同程度的体现。

西方课程模式的这种发展也深刻地影响着中国学前教育的变革,在教育目的方面,则主要表现为使中国学前教育在注重儿童全面发展的基础上开始关注其个性化和潜能的发展,实际上这也是追求非普遍性发展的一种表征,而这种转变也经历了较长的历史发展过程。20 世纪 50 年代,在全面学习苏联的热潮中,中国照搬苏联模式建立起学前教育体系,形成了"教师中心、教材中心和上课中心"的分科教学模式,在教育目标上强调系统知识的传达和智力的发展,从而为入学做准备。这种模式深深地影响着新中国成立初期学前教育的发展,甚至在 70 年代末,学前教育还表现出重智轻德、重智轻体、重一技之长轻全面发展的倾向。[③] 80 年代初期,受世界学前教育思潮的影响,在反思和总结的基础上,中国学前教育重新提出了"全面发展"的教育目标,将其确定为"向幼儿进行体、智、德、美全面发展的教育,使其身心健康活泼地成长,为入小学打好基础,为造就一代新人打好基础"[④]。此时全面发展的四个方面与中小学差异不大,而在具体的任务中仍然主要强调基本知识和技能的学习,于是有研究者呼吁"全面教育,是德育、智育、体育和美育等各方面的教育,任何一方面都不可偏废"[⑤]。到了 80 年代末 90 年代初,多种西方课程模式和教育方案被介绍和引入进来,主要包括以皮亚杰认知理论为基础的课程模式和以行为主义理论为基础的课

---

① Jie - Qi Chen, Krechevsky, M. & Viens, J. (1998). Building on Children's Strengths: The Experience of Project Spectrum. Teachers College Press, p. 3.

② [美]甘第尼,福尔曼,爱德华兹. 儿童的一百种语言[M]. 罗雅芬,连英式,金乃琪,译. 台北:心理出版社, 1998: 91.

③ 陈蘅. 转变教育观、儿童观,深化学前教育改革[M]. 学前教育研究,1988(4): 31 - 34.

④ 中华人民共和国教育部幼儿园教育纲要(试行草案)(1981 年 10 月)[A]. 载中华人民共和国学前教育重要文献汇编[R]. 北京:北京师范大学出版社, 1999: 168.

⑤ 卢乐山. 小议全面发展[J]. 学前教育, 1986(1):12.

程模式，[①]另外美国的发展适宜性早期教育方案也开始为人所关注。[②] 受到这些课程模式及其教育理念的影响，中国学前教育开始在重视儿童全面发展的基础上注重其个性的发展，并将教育目标确定为："对幼儿实施体、智、德、美全面发展的教育，促进其身心和谐发展。体、智、德、美诸方面的教育应相互渗透，有机结合。遵循幼儿身心发展的规律，符合幼儿的年龄特点，注重个体差异，因人施教，引导幼儿个性健康发展。"[③]进入 21 世纪以来，随着多元智力理论和非普遍性发展理论及以此为基础建构起来的课程模式的引入，形成了与传统的认知主义和建构主义课程模式交相辉映的局面，正如有研究者所言："作为一种发展理论，尊重差异、探讨认知变化的发生机制及重视教育在创造个体非普遍性发展中的作用是非普遍性发展理论的本质所在。"[④]其不仅强调儿童认知、情感、态度、能力、知识和技能的全面发展，而且更加注重儿童的主动学习和个性化发展，促进其潜力和创造力的发挥，这些转变在 2001 年颁布的《幼儿园教育指导纲要（试行）》中得到了较为充分的体现。

一位幼儿园的骨干教师 W 老师曾这样说：

在（20 世纪）80 年代末我刚参加工作的那会，我们在幼儿园里主要还是以分科目的教学活动为主，游戏也是教师根据有关的教材提前准备和设计的，其目的主要还是让幼儿掌握相关的知识和技能，保证他们身体和智力的发展。但是到了 90 年代中期，随着《幼儿园工作规程》的公布和幼儿园课程改革的推进，我们原来的教育教学思想开始遭到批判和否定，学前教育界开始强调幼儿的全面发展和个性化发展。在这个过程中，多元智力理论和光谱方案对我们的影响

① 相关的论文有：伯纳德斯波戴克著，曹秋平译．幼儿早期教育的现代模式[J]．外国教育资料，1989 年第 1 期．陈侠．国外课程理论的各种流派[J]．课程教材教法，1986 年 9－11 期．李季湄．国外课程模式种种[J]．外国教育资料，1989 年第 3 期．潘洁国．国外早期教育方案简介（一）（二）（三）（四）[J]．上海教育（小学版），1988 年第 5，6，10，11 期．

② 相关的论文有：休布里德坎普编辑，樊庆华译．美国学前教育协会对发展适宜性早期教育方案（0－8 岁儿童）的说明，载于黄人颂编．学前教育参考资料[M]．北京：人民教育出版社：291－307．卢乐山．近年来美国早期教育的一些动态[R]．载卢乐山文集[M]．北京：北京师范大学，2002：91－97．

③ 幼儿园工作规程（中华人民共和国国家教育委员会令第 25 号）[A]．中华人民共和国学前教育重要文献汇编[R]．北京：北京师范大学出版社，1999：420－430．

④ 霍力岩、李敏谊．非普遍性发展理论及其对中国学前教育改革的启示[J]．学前教育研究，2003（9）：8－10．

较大,大家开始逐渐认识到教育不是工厂里批量生产商品,管理层设定一个标准和模板,大家去拼插和组装就可以了,教育面对的是鲜活的生命和不可预知的潜能。每个孩子都是独立的,都是与众不同的,都需要个性化的发展和引领,老师在这个过程中起着至关重要的作用。在这种思想转变的过程中,一线教师开始更多地关注孩子,关注他们的需要,关注他们的发展,如:在组织幼儿活动的方式上多是以个人活动为主,注重幼儿的个体差异,有选择性地开展活动,在活动中有每个幼儿的活动记录,教师在活动中随时关注幼儿的发展,随时进行有效的指导,教师为每个幼儿准备了个人成长记录,关注幼儿的发展。此时,儿童的全面发展和个性化发展成为大家追求的目标。

当前,随着国际教育交流的日益频繁,以及中国学前教育理论和实践的快速发展,实现儿童全面发展基础上的个性化发展逐渐成为人们的共识,可以说这也是追求非普遍性发展的差异化教育的中国化表达,反映了时代发展的潮流。

四、实现了直接教学和分科课程向活动教学和领域课程的转变

课程内容是实现教育目的的基本材料和主要媒介,是教育内容的集中体现,主要谈的是“教什么”的问题。一般认为,课程内容的选择和确定主要依据两个标准:一个是教育目的,因为“人类对于教育事业及其教育活动内容的选择标准和确定原则集中反映在其教育目标中”①;另一个就是儿童的年龄特征和个性心理特点。由于教育目的的确定主要源自两个方面的依据,即一定社会的要求和教育学家的理想,因此,具体而言,课程内容的确立也可以划分为三个方面的基础:第一,社会学基础,即社会发展的需要,正如布鲁纳所言“不顾教育过程的政治、经济和社会环境来论述教育理论的心理学家和教育家,是自甘浅薄的,势必在社会上和教室里受到蔑视”②;第二,心理学基础,即儿童的年龄特征和心理特征,如有研究者指出:“对 20 世纪儿童学前教育课程最具影响力之一的就

---

① 胡德海. 教育学原理[M]. 兰州:甘肃教育出版社, 1998: 454.

② [美]布鲁纳. 布鲁纳教育论著选[M]. 邵瑞珍,译. 北京:人民教育出版社, 1989: 92.

是儿童发展理论"①;第三,哲学基础,即哲学家和教育学家对于知识观和课程观的认识和阐述,如果从学科系统的角度而言,心理学和社会学都是从哲学分化而来,其思想的背后都有其源流性的哲学假设作为支撑点。

鉴于这种对课程划分标准的认识,人们通常也将课程内容的选择取向分成三种基本类型:一是课程内容即教材,注重按照知识的内在逻辑组织课程内容,将传递知识作为其基本出发点,而课程作为事先设计好且不能改变的、固定式的内容,规定教师应该教什么和儿童应该学什么,其优点是知识和技能的系统性和可操作性强,使教师在教学过程中有据可依;二是课程内容即学习活动,注重课程内容与社会生活的联系,关注社会需要与儿童发展的联系,而课程内容作为儿童的学习活动,强调儿童在学习中的主动性,其优点是让儿童在做中学,在参与活动的过程中去探索和发现;三是课程内容即儿童经验,注重按照儿童发展的年龄特征和心理特点来确定课程内容,而课程内容作为儿童的学习经验,儿童是主动学习者,在与环境的互动中获得新的经验,其优点是儿童决定学习的内容,充分发挥儿童的学习主动性。此外,课程内容的范围和结构问题也是需要重点关注的问题。课程内容的范围涉及其具体内容的广度和多样性问题;而课程内容的结构则主要涉及具体内容的组织和安排,包括纵向之"继续性"与"程序性"(哪些学习内容在前,哪些在后)的安排和横向的"统整性"(指不同学习内容之间的互相联系以及统整)的安排。②

与其他阶段的教育相比,以 3 至 6 岁儿童作为主要教育对象的学前教育具有其自身的独特性,这种独特性乃是由其教育对象的特点所决定的,因为这一阶段的儿童在思维发展上是以直觉行动思维和具体形象思维为主,他们对自我和外在世界的认识离不开具体的操作和活动,其认知、能力、态度和情感的发展主要是建立在经验和体验的基础上的,因此,活动和经验就成为学前教育课程的主要内容。正是基于这种认识,影响中国学前教育发展的四种西方课程模式在课程内容方面主要围绕着活动和经验展开,课程内容的范围和组织也主要是

① Spodek, B. , Handbook of Research on the Education of Young Children, MacMillan Publishing Co. , 1993, p. 95.

② 简楚瑛. 学前教育课程模式[M]. 上海: 华东师范大学出版社, 2005: 3.

以分领域的内容为主。比如，蒙台梭利课程模式在课程内容的选定上是不断发展的，传统的课程内容包括日常生活教育、感官教育、语言教育和数学教育四个领域，后来又涵盖了音乐、艺术、运动和戏剧活动。①高宽课程模式以儿童的"主动学习"为核心确立了五个领域的课程内容，包括学习方式，语言、读写能力和交流，社会性和情感发展，身体发展、身心健康，艺术和科学；这些领域又具体划分为10类，共有58条关键性发展指标。光谱课程模式非常注重关键能力的发展，并以学习活动区为基础将课程内容划分为八大领域，即运动领域、语言领域、数学领域、机械和建构领域、科学领域、视觉艺术领域、音乐领域、社会理解领域，各领域的活动也是相互联系的，并且与评价相结合。瑞吉欧课程模式强调课程内容的生成性，其并没有固定的"教材"或预先设计好的"教育活动方案"，而是以儿童生活中感兴趣的"问题"作为主题来展开活动，在发展儿童认知能力的同时，注重其创造性的表现和表达，以及社会性和情感的发展。总体来看，这些课程模式在划分课程领域的同时，也注重各领域之间的相互联系，从而形成整体性的网络系统，促进儿童的全面和整体发展。

这些课程模式在课程内容上对于儿童发展领域的划分也深深地影响着中国学前教育内容的发展，逐渐由原来的直接教学和分科课程体系转向活动教学和领域课程体系。新中国成立初期，受苏联学前教育分科教学理论和实践的影响，中国在学前教育领域也确立了分科教学模式，此时主要以"上课"的形式为主，课程内容分为体育、语言、认识环境、图画、手工和计算六科。在"文革"结束后，学前教育事业得以恢复，但分科教学的模式和课程内容并没有多大的改变，主要分为生活卫生习惯、体育活动、思想品德、语言、常识、计算、音乐、美术等科目，②重视系统的学科知识和全班集体的作业教学，尤为重视智力的发展。针对这种课程内容成人化、小学化以及学科分裂的状况，在20世纪80年代初期，有研究者开始借鉴西方的学前教育思想和课程模式，主要以皮亚杰的建构主义理论、人类发展生态学理论和多元智力理论等为主，进行幼儿园综合课程的探索，

① America Montessori Society. (1994). Montessori Education. New York: the Author.

② 中华人民共和国教育部幼儿园教育纲要(试行草案)(1981年10月)[A]. 中华人民共和国学前教育重要文献汇编[R]. 北京:北京师范大学出版社，1999: 168.

主张“幼儿在与周围环境交往的过程中，对所接触的人、事、物产生一定认识，形成相应的情感、态度和行为”，[①]强调课程内容和方法的综合。此后不久，在中国一些大中城市也开展了综合教育实验，如北京、上海、天津、武汉等地，“综合教育”课程模式逐渐成为20世纪八九十年代较有影响力的教育模式，这对于改变过去的分科教学模式有积极的意义，并得到了国家政策层面的肯定。到了90年代后期，随着国际学术交流的加强，西方的学前教育理论和课程模式开始不断涌入中国，包括多元智力理论及光谱课程模式、维果茨基的社会文化建构理论及瑞吉欧课程模式等，在这些理论和课程模式的影响下，中国学前教育开始注重课程内容的生成性、经验性、互动性和适宜性。在实践方面，一些地方积极地进行幼儿园课程改革，如幼儿园活动整合课程、田野课程、探索性主题活动等都是这一时期改革实践的典型。[②]

如此，在课程理论和实践的推动下，中国学前教育课程内容由过去的分科课程走向了领域课程，教学方式也由直接教学走向了活动教学。在2001年颁布的《幼儿园教育指导纲要（试行）》中将课程内容划分为健康、语言、社会、科学和艺术五大领域，涉及幼儿的情感、态度、能力、知识和技能等多方面的发展，具有“情境化”“活动化”“过程化”和“经验化”的特点。[③]中国学前教育课程内容和教学方式的这种转变与西方课程模式的影响密不可分，也存在着异曲同工之处。

五、促进了教师主导性教学向儿童主体性建构的转变

教育方法是整个教育过程的实施和操作阶段，是将课程内容变为儿童自身的知识或经验的过程，主要谈怎么教的问题。王策三将教学方法定义为：“为达到教学目的、实现教学内容、运用教学手段而进行的、有教学原则指导的、一整

① 赵寄石．“幼儿园综合教育课程”讲座[A]．赵寄石．学前教育论稿[M]．南京：南京师范大学出版社，2001：376．

② 王春燕．百年中国幼儿园课程改革的回顾及反思[J]．学前教育，2004(9)：7－8．

③ 冯晓霞．新纲要的知识观与幼儿园课程内容[A]．教育部基础教育司．幼儿园教育指导纲要（试行）解读[M]．南京：江苏教育出版社，2002：98．

套方式组成的、师生互动作用的活动。”[①]李秉德认为教学方法是“在教学过程中，教师和学生为实现教学目的、完成教学任务而采取的教与学相互作用的活动方式的总称”[②]。这两种对教学方法的典型定义中虽然不是专门针对学前教育而论述的，但是其中却蕴含着教育方法的基本原理和特征。有研究者从中概括出教育方法所包含的三个基本要素，即教育原则、活动方式模型和操作规则。[③]教育原则对于教育活动具有指导作用，是教育方法的灵魂，是教育者从事教育活动的指导思想，其背后蕴含着教育者的教育信念和思想，内在地规定着活动方式模型和操作规则。“活动方式模型是指教育基本行为方式在教育过程中的组合方式，这是教育方法的核心成分。任何一种教育方法都是由教育基本行为方式组成的。教育方法之间的不同，主要在于教育基本行为方式的选择以及各种方式组合原则的不同”[④]。而操作原则就是活动方式模型的应用。所以说，教育方法的形成和改变与教育原则的确定、活动方式模型的选择和操作规则的实施关系密切。

在学前教育领域，由于20世纪以来“儿童中心”“活动中心”“建构主义”和“发展生态学”等教育理念和原则相继提出并逐渐被接纳，在学前教育的活动方式模型的选择上越来越强调活动中心、主动学习和环境的创设，其原因在于人们愈来愈认识到学前儿童更多的是需要在精心创设的环境中通过各种活动来主动建构自己的知识和能力，并发展其情感、态度和社会性。而这种趋向早在20世纪初就开始了，杜威在提出“儿童中心”理念的同时，也注意到环境的重要性，并在《儿童与课程》一书中提到“教育者可以决定儿童的环境”来指导儿童；后来泰勒也提到，教师要“安排环境和构建情景向学生提供教育经验，以激发所期望的那类反应”。[⑤]在对幼儿发展环境的关注上，蒙台梭利与杜威的思想不谋而合，在蒙台梭利课程模式中，“有准备的环境”是其教育方法的核心要素之一，

---

① 王策三. 教学论稿[M]. 北京：人民教育出版社，1985：244.

② 李秉德，李定仁. 教学论[M]. 北京：人民教育出版社，1991：193.

③ 刘庆昌. 教育者的哲学[M]. 北京：中国社会出版社，2004：131.

④ 刘庆昌. 教育者的哲学[M]. 北京：中国社会出版社，2004：131.

⑤ Ralph, W. T. (1949). Basic Principle of Curriculum and Instruction. Chicago: The University of Chicago Press, p. 64.

另外还包括工作材料的设计和提供,以及作为“导师”的教师,这三要素构成了著名的“蒙台梭利三角”①。高宽课程模式坚持以“主动学习”为核心的教育原则,认为主动学习是儿童建构知识、发展能力和态度的基本方式,因而在具体的方法上强调教师通过精心设计的教育环境来激发和引导儿童的主动学习,并将其寓于一日活动流程之中。光谱课程模式以“智力多元化”和“发展的非普遍性”为其教育原则的核心,在教育活动方式模型的选择上主张教师通过营造良好的学习环境来识别并支持儿童的强项发展,因为“只要能够提供广泛领域的经验,大多数儿童都会展现他们独特的智力结构”,②并在此基础上以“搭建桥梁”的方式促进儿童的能力迁移和多方面发展。瑞吉欧课程模式深受建构主义理论的影响,认为儿童的发展过程就是在与环境和他人的交流互动中共同建构的过程,因而其教育方法上主要强调教师通过创设“活”的教育环境,支持和引导儿童在其中以小组合作学习的形式对生活中的问题进行探索,促进幼儿认知、情绪情感和社会交往等多方面协调发展。概括而言,这四种课程模式在教育方法上注重儿童的主动建构,教师在教育环境的设置、活动材料的提供、活动方式的选择上起着重要的支持和引导作用。

中国在学习和借鉴西方课程模式的过程中,以上四种课程模式在教育方法方面的原则和做法也逐渐影响着中国学前教育在教育方法上的变革和发展,开始由过去以教师为主导的集体教学活动方式走向以儿童为主体的主动建构和游戏。从 20 世纪 50 年代一直到 80 年代,由于苏联式的分科教学模式的影响,中国学前教育非常重视系统学科知识的教学,在教育方法上主要是以集体性的作业教学和教师有目的、有计划领导下的游戏为主,强调的是教师的权威和主导,强调知识的外部输入,而忽略了儿童的主体性和主动建构性。这种状况在改革开放以后遭到了极大的诟病,虽然 1981 年颁布的《中华人民共和国教育部幼儿园教育纲要(试行草案)》试图扭转这种局面,在文件中将游戏作为首要的

---

① E. M. Standing. (1984). Maria Montessori: Her life and work (Original work published 1957). New York: New American Library, p. 26.

② Jie – Qi Chen, Krechevsky, M. & Viens, J. (1998). Building on Children's Strengths: The Experience of Project Spectrum. Teachers College Press, p. 20.

教育手段，但仍强调教师的领导，“上课”的地位并没有动摇。此时，随着西方学前教育理论和课程模式的传入，针对“重教学轻游戏、重教师教轻学生学”的做法，有的研究者通过介绍西方儿童学前教育中游戏的地位和作用，来倡导游戏活动的特点和价值；[①]有的研究者则通过阐述几种西方经典的游戏理论来促使人们认识游戏对儿童心理发展的重要价值与意义，并指出“游戏是儿童的天性”[②]。而另外一些研究者则在皮亚杰的建构主义和维果茨基的社会文化建构主义的影响下，“主张让幼儿与周围环境交互作用的过程中通过自我建构而得到发展，教师的作用在于提供交互作用的条件，指导交互作用的过程”[③]。基于这些研究和影响，在 1996 年颁布的《幼儿园工作规程》中就强调幼儿的主动活动，为幼儿创设与教育相适应的良好环境，提供充分活动和表现能力的计划；同时，强调游戏在学前教育中的重要作用，主张幼儿园以游戏为基本活动，并注重寓教育于环境和一日活动之中。到 90 年代后期，诸多西方课程模式所倡导的具有共通性的教育方法开始被中国学前教育研究者所认同，如：儿童的“主动学习”、适宜的教育环境、儿童的合作学习、丰富多样的游戏等，并且这些先进的教育原则和方法在 2001 年的《幼儿园教育指导纲要》中得到了体现。

教育方法上的改变也带来了幼儿园教师角色的转换，逐渐由过去的教导者走向儿童发展的支持者和合作者。早在 20 世纪初期就受到了福禄贝尔和蒙台梭利课程模式的影响，当时张宗麟在论述幼稚教师的修养时就曾指出：“即就幼稚教育言，19 世纪以前，无所谓幼稚教育，故福氏之论崭然新颖。至 20 世纪初叶，蒙氏学说又一新矣，然而近来儿童心理学日新一日，幼稚教育亦与之俱进，蒙氏之说又未免有缺点矣。”[④]并认为幼稚教师之责任在于养护儿童，至教导一切知识技能，改良家庭教育等。不久，随着杜威教育思想的传播，“儿童中心说”开始影响中国学前教育的发展，幼稚教师对于幼儿发展的养护和引导作用得到

---

① ［美］B·D·戴伊. 游戏在儿童学前教育中的价值［J］. 刘焱、卢乐山，译. 外国教育动态，1984(3)：60－64.

② 陈帼眉. 儿童游戏的心理学理论［J］. 学前教育，1987(2)：6－7.

③ 赵寄石. 中国幼教科研发展的回顾与展望［A］. 赵寄石. 学前教育论稿［M］. 南京：南京师范大学出版社，2001：155.

④ 张宗麟. 张宗麟学前教育论集［M］. 长沙：湖南教育出版社，1985：57.

人们的认同。在新中国成立初期,伴随着苏联教育模式在中国教育领域统治地位的确立,教师在教育活动中的作用和地位得到空前提高,成为教育教学活动的中心之一,主导着教育教学活动的进行,甚至学前教育也以有目的、有计划、有系统的教学和作业为主,并认为"幼儿园对幼儿培养的效果,教师本身起着决定性的作用"①,此种情况一直持续到80年代初期。进入80年代中后期以来,随着教育民主化思潮和建构主义理论的发展,注重儿童发展的主体性和主动性已然成为时代发展的潮流,在学前教育领域亦是如此,众多西方课程模式不约而同地将教师看作儿童发展的观察者、支持者和引导者。在这些思潮和课程模式的影响下,中国学前教育领域也开始由传统的"教师中心"发展到"学生主体、教师主导"再到"双主体",等等,在此过程中,儿童的主体性和主动性得以彰显,教师作为幼儿发展的支持者、合作者和引导者的作用也成为广泛的共识。

对于教师地位和角色的转换,一位资深的幼儿教师Y对此最有感受,在访谈中,她说道:

在20世纪80年代,幼儿教师地位很低,大家都认为就是个看孩子的,那时候对幼儿教师的要求也不高,很多都是小学老师来充当的,而幼儿教师的主要任务就是给孩子们上课,教给一些基本的知识和技能,保证他们身体和智力的健康发展,对于幼儿教师来说也比较容易操作。后来,随着中国学前教育改革的推进,学习欧美等国先进的学前教育经验成为发展潮流,很多幼儿园都开设了蒙台梭利班,有的学习瑞吉欧的做法进行综合艺术教育的实验,有的根据多元智力理论设置多种学习区,等等,在这个过程中,对幼儿教师的要求发生了根本性的变化,好教师的标准不再是能上好课,而是能促进幼儿生动、活泼、主动地发展。当时,我们幼儿园也开始借鉴国际上一些幼儿教师专业发展理念,如:对儿童有深刻的理解,善于观察和评量儿童的行为表现,将儿童的发展水平和行为表现作为设计课程和进行个别教育的依据,为儿童营造安全、健康的氛围,与儿童建立积极有效的师幼互动关系,选择符合儿童兴趣、需要以及发展水平且具有一定挑战性的教育内容,并在教学过程中为儿童提供主动学习和自主建

① 幼儿园暂行教学纲要(草案)[R]. 载中国学前教育研究会. 中华人民共和国幼儿教育重要文件汇编[G]. 北京:北京师范大学出版社,1999:563.

构的机会等。经过理论学习和实践的尝试,我们认识到,随着学前教育对儿童发展主体性和主动性的突出和强调,培养优秀的观察者、支持者和合作者开始成为幼儿教师专业发展的目标。

六、推动了结果性评价向发展性评价的转化

泰勒在“八年研究”(1933—1940)报告中首次提出了“教育评价”的概念,并认为“教育评价过程在本质上是确定课程和教学大纲事先教育目标的程度的过程”。之后,他在1986年出版的《教育评价概念的变化》一书中对其进行了修改,认为教育评价是“检验教育思想和计划的过程”。[①]在西方教育评价的发展过程中,由于科学主义、实用主义和管理主义的盛行,量化评价一直都占据着主导地位,因为运用量化的评价方法,一方面其效果可测量,易于比较,易于控制,评价过程较为稳定,具有信效度高的特点;另一方面评价结果容易满足人们对公平的诉求,也符合盛极一时的科学化的潮流,符合工业社会的效率原则。但是,由于量化评价方法本身所具有的局限性,以及量化评价方法所导致的对结果性和总结性成果的重视,反而违背了评价的初衷,不利于教育的改进和发展。所以,在20世纪70年代以后,随着“建构主义”和“解释学”的兴起,在教育领域也开始强调“建构”“理解”和“视界融合”,质性评价和形成性评价开始兴起并受到关注。这种评价方式主张评价者不应只注重评价对象的行为和结果,也应该关注活动的过程及其背后所包含的特殊意义,并力求在评价的过程中及时发现问题,从而调节行为方式。其本质特点是强调在自然情境中展开评价,评价所获得的结果适用于特定的情境,其目的在于促进个体的发展。由此也出现了解释评价模式、应答评价模式、自然主义探究模式等一系列评价理论与模式。总体而言,教育评价方法呈现质性评价和定量评价结合的趋势,体现人性化和民主性,以及以个体需求为导向的心理建构思想。而对于当代西方教育评价的发展,有研究者指出其具有以下特点:第一,评价对象和范围不断扩大;第二,重视自我评价的功能,注意发挥被评价者的作用;第三,在技术上、方法上力求科

① Tyler, R. W. (1986). Changing Concept of Education Evalution. Journal of Education Research. Vol. 10, Iss. 1, pp. 1 - 113.

学化；第四，从评价形态上看，重视形成性评价；第五，评价指导思想从为少数人服务转变为促进所有儿童全面发展。[①]当前，随着教育评价研究的深入，教育评价的范围逐步扩大，但其评价的核心仍然是教学评价。[②]

在学前教育领域，教育评价的范围也非常广泛，涉及儿童、教师、管理人员、环境、课程等诸多方面，但是通过评价来改进课程、提高教育者的素质，从而促进儿童的适宜性发展则是学前教育评价的主旨。由于学前教育并不像其他阶段的教育，以教学活动为教育活动的主体，而是以儿童自主进行的活动和游戏为主，课程的计划和实施在很大程度上取决于幼儿的发展水平，注重儿童在教育活动中体验和经验的获得，因而教育活动难以进行量化或者标准化的测量，因此评价方式也主要是过程性和形成性评价。对于课程模式来说也是如此，其教育评价也主要以形成性评价为主，通过对儿童发展水平和发展状况的评估来促进和引导幼儿的全面发展。如蒙台梭利课程模式主要通过对幼儿每日工作情况以及幼儿已完成的工作情况的观察和记录来进行评价，蒙台梭利的多数工作完成后都会以幼儿作品的形式保留下来，这也是评价幼儿发展水平的一个依据。这些基于观察和记录的评价又是新课程开发的基础，教师可选择适合自己的记录方式，或是现场笔记或是借助其他现代化的工具和设备。高宽教育方案的评估是通过教师对幼儿活动的观察和记录进行的，教师要对幼儿的计划、活动情况进行记录，及时记录发现的问题，在此基础上提供适时的帮助，而在长期观察和研究的基础上高宽课程模式还开发出了专门的评估工具——儿童观察记录表，以便于教师观察、记录和评估。光谱课程模式在评价方面是独树一帜的，其建立起了以多领域评估活动组成的评价体系，这源于其早期研究中对于评价方法和工具的关注，也与其核心理念密切相关，即“找到识别儿童智力强项的方法，并根据每个儿童的智力强项为其提供丰富的早期经验，从而使教师、家长以及儿童自己认识并发展他们的强项和潜能”[③]。瑞吉欧方案课程重视对幼

① 胡德海.教育学原理[M].兰州：甘肃教育出版社，1998：609.

② 辛涛，李雪燕.教育评价理论与实践的新进展[J].清华大学教育研究，2005（6）：39.

③ Jie – Qi Chen, Krechevsky, M. & Viens, J. (1998). Building on Children's Strengths: The Experience of Project Spectrum. Teachers College Press, p. 3.

儿进行动态的、形成性评价，教师在教育过程中持续而细心地观察、倾听幼儿，通过使用如笔记本、照相机、录音机、录像机等各种记录工具对幼儿的活动进行记录，然后对它们进行整理、分析、评估，并在此基础上开发新的课程以支持每个幼儿的发展。总体而言，这些课程模式都是以形成性评价为主要的教育评价方式，具有评价主体、评价内容和评价方法多元化的特点，此种评价是以教师对儿童活动的观察、记录和考量为基础，其目的在于通过评价来促进儿童多方面能力和水平的发展。

西方课程模式所倡导的形成性教育评价在中国学前教育领域的引入和确立却是经过了漫长的过程，这一方面是源于中国现代学前教育体系的确立时间较短，有一个逐渐发展和完善的过程，另一方面则是与中国的文化教育传统和近代以后政治经济格局的变动密切相关。在教育评价方面，中国历来就非常重视其选拔和甄别功能，从隋唐开始的科举制就是典型的代表，虽然清末废除了科举制度，但是教育的选拔和甄别功能却已经深入民族的文化血脉之中。在民国时期，随着欧风美雨的浸染，“儿童中心”和教育民主化的思想开始影响着中国学前教育的发展，但是新中国成立初期所采取的“全盘苏化”的教育方针让苏联式集体统一的分科教学模式在学前教育中占据了主导地位，系统地传递知识和发展智力并为升入小学打基础成了主要目的，教育评价也主要以目标导向的终结性评价为主，致使很长一段时间内学前教育评价一直都发挥着“选拔适合教育的儿童”①的功能，这种影响一直持续到20世纪的80年代初期。到了80年代中后期，随着西方学前教育评价理念和模式的传播和影响，中国学前教育开始关注教育评价对于促进儿童各方面能力发展的作用，涉及幼儿的智力评价、创造性评价、游戏评价、环境质量评价等诸多方面。此时，哲学界对于人的主体性的宣扬和讨论也促使教育界开始关注儿童的主体性问题，而“对人的主体性的尊重和对人的受教育权的尊重，为教育评价的发展性功能的强调提供了重要的哲学和社会基础”②。进入90年代以后，多元智力理论和非普遍性发展理

① 冯晓霞. 多元智力理论与幼儿园教育评价改革——发展性教育评价的理念[J]. 学前教育研究，2003(9)：5－7.

② 刘志军. 论发展性课程评价的基本理念[J]. 学科教育，2003(1)：7－11，22.

论的盛行使学前教育评价进入了多元化时代，儿童发展的主体性和多元性成为共识，"'是否有利于幼儿的主体学习和个性发展'成为重要的评价标准，评价开始真正成为'儿童'与'课程'之间的'桥梁'"①，人们开始强调评价的发展性功能，即"要求教育要以诊断和改进学前教育、促进教育活动的参与者（尤其是幼儿与教师）能在原有基础上得到发展为目的"②，发展性评价成为教育评价关注的焦点。而后，随着深受多元智力理论影响的光谱课程模式和瑞吉欧课程模式的传入，发展性评价开始由理念层面向实践层面转化。

对于幼儿园课程评价问题，我们访谈的一位幼儿园园长G曾这样说过：

我们以前是不重视教育评价的，即使评价也主要是鉴别性和评判性的，主要是通过儿童基本知识和技能的掌握情况来判定他们的发展程度，但是现在教育评价已经成为我们幼儿园工作的重要组成部分，对于幼儿教师来说，教育评价不仅能反映出儿童的发展情况，而且也是促进儿童发展的重要工具。现在大家都很关心学前教育的质量问题，在我看来关键的是如何进行评价的问题，这里主要包括两个重要的方面：首先是谁评价，即评价主体的问题。当有人说一所幼儿园"好"时，我们分析，是谁在做出这样的判断？又是对谁来说，这是一所"好"幼儿园，现实中，我们更关注行政人员、专家的评价，而对于来自家长、教师自己的评价关注不够，更缺乏儿童的声音。应强调：学前教育的根本目的是促进儿童的发展，因此，不管评价主体是谁，都应以儿童的发展为本。当然还有评价什么，即评价内容的问题。在我们谈及提升学前教育的质量时，应该从哪些方面来提升，而这些方面又该如何相互配合？现实中，不同的评价主体往往只会从某一个侧面去评价，判断教育质量。所以，我们在评价的时候要注重评价的全面性和差异性。

由此可以看出，发展性评价已经成为学前教育理论和实践发展的共同追求，并最终在国家政策层面得到肯定，在2001年颁布的《幼儿园教育指导纲要（试行）》中对学前教育评价做出了明确的说明，实际上是提出了一个建立促进

① 冯晓霞. 多元智力理论与幼儿园教育评价改革——发展性教育评价的理念[J]. 学前教育研究，2003(9):5-7.

② 虞永平. 学前教育观新论[M]. 北京：人民教育出版，2006：266.

儿童、教师和课程不断发展的评价体系的问题。

七、启动了教育借鉴向教育建构的变革进程

沧桑百年间，中国学前教育经历了天翻地覆的变化。在1903年之前，中国没有独立的学前教育体制和体系，没有幼儿园课程设置，学龄前儿童的教育主要是在家庭、私塾中进行。而到2009年，中国已经建立了相对完备的学前教育体制和体系，幼儿园课程设置完备，学前三年毛入学率达到50.9%，幼儿在园人数达到了2 658万人。① 与此相伴，中国幼儿园课程也经历了从无到有、从幼稚到相对成熟的发展过程，逐步走向科学化和多元化。

而在这一百多年的历史进程中，中国幼儿园课程在中外文化交流的浪潮中走过了一条不断借鉴和学习西方课程模式的发展道路。从20世纪初期的"以日为师"，模仿日本的学制而初步建立起现代意义上的学前教育体制，欧美的学前教育思想和课程模式第一次进入中国人的视野；到20世纪20年代转而向美国学习，在杜威教育思想和蒙台梭利课程模式的影响下开始艰难探索中国化的幼稚教育发展之路；进入50年代，在全面学习苏联经验的方针指导下，苏联式的分科教学模式迅速在中国学前教育领域确立起主导地位，西方的教育思想和课程模式遭到了彻底的批判和肃清；当时间跨入80年代，改革开放的春风让欧美的教育思想和诸多课程模式飘然进入中国学前教育发展的各个领域，中国幼儿园课程又开始在反思和借鉴中重新起步，并尝试进行本土化的探索。可以说，在这四次大规模的学习和借鉴过程中，"全盘西化"和"自主探索"的博弈从未停止过。尤其是80年代以来，中国的学前教育工作者们在借鉴和学习西方的同时，非常注重进行本土化的改革和探索。

这种改革之路也经历了一个由民间自发探索到国家整体推进的发展历程，并开始注重由借鉴走向自主建构和创新。在20世纪80年代初期，针对当时幼儿园课程中重知识轻能力、重上课轻活动、重分科教学轻综合发展等弊端，一些理论研究者开始尝试在借鉴与融合西方教育思想和课程模式的基础上，在学前

---

① 国家中长期教育改革与发展规划纲要(2010－2012)[EB/OL]. http://www.gov.cn/jrzg/2010－07/29/content_1667143.htm,2012－03－25.

教育实践中探索综合化的幼儿园课程，以纠正苏联式分科教学模式的偏差，并形成了一些有影响力的课程，例如：南京师范大学与南京市实验幼儿园合作开发的“幼儿园综合教育课程”，上海市长宁区教科所与愚园路第一幼儿园合作开发的“幼儿园综合性主题教育课程”，湖州市实验幼儿园开发的“发展能力课程”，等等。这一时期的探索仍然是初步和小范围的，并主要集中于教学活动形式的层面。但这种探索的渴求和趋势最终引起了国家层面的关注，并于1989年颁布了《幼儿园工作规程（试行）》，这标志着有计划、有组织的全国大规模幼儿园课程改革的正式开始。[①] 90年代中后期的幼儿园课程改革则得到了更多西方学前教育理论和课程模式的支撑和影响，此时，建构主义理论、社会文化建构理论、人类发展生态学理论、多元智力理论、非普遍性发展理论，以及建立在这些理论基础之上的高宽课程模式、光谱课程模式和瑞吉欧课程模式都被引入并得到广泛的关注。与80年代课程改革不同的是，这一时期中国学前教育研究者更注重课程模式中核心要素的发展问题，尤其是关于教育目标、理论基础、课程内容、课程实施、课程评价等方面内容的研究和提升，也更加注重课程研究和开发中“国际视野”与“本土行动”的结合，幼儿园课程改革的自觉性大大提高，教育理论工作者和实践工作者开始积极寻求在借鉴的基础上进行自主的建构和创新。

在深圳进行的研究中，笔者对一位参与过课程模式开发的园长W进行了访谈，在访谈中她较为详细地谈到了她们在课程方面所进行的改革：

我园是从2000年7月开始进行蒙台梭利教育法本土化探索的，其目的是在借鉴的基础上探索具有中国特色的园本化课程模式。八年来，我园坚持“以我为主，他为我用”的开发思路，走过了一条借鉴、融合与创新的发展道路，经过专家和我们一线教师的共同努力取得了阶段性成果。对于教师来说，她们在探索和实践中获得了专业上的成长，对于幼儿来说，在本土化的蒙台梭利教育法的培育下获得了个性化的成长。

而这些成果的取得也经历了艰难的探索和实践过程，总体来看主要经过了

① 庞丽娟. 中国教育改革30年（学前教育卷）[M]. 北京：北京师范大学出版社，2009：130.

借鉴、融合和创新三个发展阶段，每个阶段都经历了多次尝试、修正和调整。

首先，在借鉴阶段，我们主要是吸收蒙台梭利教育理念，并将其转化为幼儿园的日常教育行为和活动。为实现这一目的，我们采取了三项措施：第一，派骨干教师参加培训，以便更好地理解和领会蒙台梭利教育法的精髓。第二，开设蒙台梭利实验班。在北京师范大学学前教育专家的指导下，我园开设了两个蒙氏实验班，开始在四个方面进行改革试验，即：创设"有准备的环境"，作为儿童发展的研究者、支持者和引导者的教师，建立混龄班一日常规，实现多种活动形式的有机整合，并为每个班配备三名幼儿教师以开展活动。第三，通过专家的指引步入正轨。虽然选派了骨干教师接受了前期的培训，但是对于刚刚接触蒙氏教育法的我们来说，面临的困难还是非常多，主要的问题在于蒙氏教育法是一种儿童主导、"工作"中心的课程模式，与我们传统的教师主导的直接教学模式存在着巨大的差异，教师们很难扭转多年来教育教学中形成的习惯，这时我们把专家请入课程实施现场，在诊断的基础上进行示范、交流、答疑解惑，帮助教师将理解转化为具体的行为，引导我园的实验工作步入正轨。

其次，在融合阶段，我们面对理论和实践中的诸多困难，开始以蒙台梭利教育法为基础，融合世界上其他优秀的课程模式。这一阶段的工作也主要包括三个方面：第一，充实、扩展活动区域。前期我们在实验班设置了日常生活、感官、语言、数学、科学与文化、历史与地理、艺术表现七大活动区，此时我们重点充实了相对较弱的区的探究材料，尤其是融入了具有传统文化特色和深圳区域特色的一些元素。2003 年，我们在吸收、融合多元智力理论和光谱方案有关八大活动区划分的基础上，增加了社会领域和机械建构领域两个活动区。第二，丰富、发展活动区工作材料。我园非常重视《纲要》与蒙氏教育法的融合，特别是在"有准备的环境"的创设以及如何丰富、发展活动区工作材料方面，几年下来，我园教师已经能够根据幼儿发展的需要提供丰富的"工作材料"，在此过程中，培养了教师的开放和创造能力，教师也在"模仿"中"创新"，课程在"借鉴"中出现了"特色"。第三，尝试以多种形式开展主题活动。在蒙氏教育法中，区域活动与主题活动是互为补充的。而我国在前期的实验中偏重区域活动，并且两者缺乏有机的结合，对此我们请专家到课程实施现场，指导幼儿教师如何合理安排主题活动和区域活动，经过多次碰撞，反复琢磨，不断实践，我们对主题活动有了更深刻的认识，并基本消除了区域活动与主题活动割裂的局面。

最后，在创新阶段，我们这一时期的工作也主要体现在三个方面：第一，为幼儿提供三个层次的工作材料。为了尊重儿童的个体差异，促进其个性化发展，我园在蒙氏教育法的基础上开始思考为幼儿提供个性化的探究材料。这些材料分为三个板块：一是基本区，提供满足儿童发展基本需要的活动材料，是幼儿的“必修区”；二是拓展区，提供满足部分儿童高于基本需要的拓展材料，是幼儿的“选修区”；三是特别研究区，提供满足儿童个性化发展需要的问题研究区，是“个性化探索区”。第二，实现区域活动与主题活动的紧密连接。为了达到这一目的，我们通过在实践中开发多种相互联系的活动，实现区域活动与主题活动的相互结合、延伸和渗透。第三，实现发展过程可视化。这种“可视化”是通过幼儿发展的“工作记录”“工作成果”和“成长档案袋”等多种形式来实现的，通过这些方式使幼儿获得了展示自己经验和成果的机会，激发他们的学习欲望，同时，也加深了教师和家长对幼儿发展情况的了解，有利于家园合作，形成教育的合力。

在这八年艰辛的探索过程中，我们体会到，只有真正理解和吸收一种课程模式的精髓，并积极融合其他优秀的课程模式，在本土化的实践中积极寻求创新，才能创造出适宜于本园的课程模式。

类似于这样的探索和实验在其他地区也出现过，并形成了一些有代表性的课程，例如：南京师范大学开发的“幼儿园渗透式领域课程”和“生态式融合课程”、北京师范大学冯晓霞教授开发的“五大领域课程”、华东师范大学周兢教授开发的“活动整合课程”、上海中福会幼儿园提出的“生存课程模式”、南京市太平巷幼儿园的“田野课程模式”，等等。

总的来说，西方课程模式在中国的传播有力地促进了中国学前教育的发展，加快了幼儿园课程改革和发展的步伐，打破了苏联式的分科课程一统天下的局面，形成了多元化的课程格局，使中国幼儿园课程理论和实践开始由过去的借鉴为主走向了自主的建构和创新。

第九章　从教育借鉴走向教育建构：中国特色课程模式的创建

20 世纪以来，中国学前教育的发展史，在某种程度上说也是一部学习和借鉴西方课程模式的历史。尤其是 20 世纪八九十年代以来，随着欧美各种学前教育理论的兴起，各种课程模式在全世界范围内声名鹊起，经过美国化改造的蒙台梭利课程模式，强调主动学习的高宽课程模式，注重识别和促进儿童强项发展的光谱课程模式，重视儿童自主建构的瑞吉欧课程模式等也开始纷纷传入中国，对中国学前教育的理论和实践产生着重要的影响，促使中国创建具有中国特色、适宜中国本土化发展的课程模式。

一、未来取向：超越借鉴的循环往复走向课程模式建构和教育创新

“教育政策转移”（educational policy transfer），是指一国教育政策或实践跨越国界情境中的比较、移植或转移的动态过程，它包括这种外来教育政策或实践被一个国家所改变和调整，继而实施和吸纳的复杂过程。在全球化快速发展的今天，教育政策转移已经成为国际教育发展的常态，其目的在于通过教育政策和实践的转移促进本国教育的良性发展，并在别国教育经验和教训的基础上进行本土化的创新。教育借鉴则属于其中一种主动借鉴的类型，也是当前国际教育政策和实践转移中最常见的方式，而大卫·菲利普斯提出的教育借鉴理论则很好地解释和说明了教育借鉴的过程和结果。同理，在本文中，教育借鉴理论作为一个理论工具，也很好地解释了西方课程模式影响中国学前教育发展的历史过程，但是，对于这一过程我们要有理性的认识。“以史为鉴，可以知兴替。”在新时期，中国幼儿园课程改革应该走出教育借鉴理论所阐述的“跨国吸引、本国决策、本土实施和逐步内化”的循环往复，在借鉴的基础上实现多种课程模式的交汇与融合，走向具有中国特色的课程模式建构和教育创新。

(一)在本国决策阶段实现国际视野与本土意识的融合

教育的功能在于传承文化、培养和塑造人。而要传承哪些文化,要培养具有什么样特质的人,是国家通过法律、法规规定的,一般代表了社会文化发展的方向,而课程则是教育内容的具体化,承载着教育目标的实现和社会发展的需求。对于学前教育来说也是如此,正如托宾所言:"学前教育体系既反映了随着时间流逝而遗存下来的文化价值观,同时也反映了面对社会压力以及社会对于儿童的要求和期待所做出的变革。"[①]东西方的课程模式都是一定社会文化的产物,是一定社会意识形态和价值观念在幼儿园课程中的具体体现。

在人类文明的发展进程中,不存在放之四海而皆准的真理,同样,也不存在脱离时代和社会文化背景而适合所有儿童的课程模式。综观影响中国学前教育发展的四种课程模式,其都是一定的时代和社会文化发展的产物,并适应了当时社会和文化发展的需要。蒙台梭利课程模式的形成与发展以第二次工业革命和科技革命为背景,在教育内容上非常注重儿童各方面能力的培养和智力的发展,两次世界大战的经历让蒙台梭利将教育目标确定为通过培养具有健全人格的新人类来建设和平的新社会,教育方法上也强调独立、自由、理解和沟通,而意大利人所特有的公共社区观念使得家庭与家庭之间保持着亲密的关系,社区犹如大家庭一般,儿童在其中体验和理解合作与分享,这也是"儿童之家"的诞生与"有准备的环境"形成的重要文化基础。高宽课程模式是美国教育民主化运动在学前教育领域的重要体现,源于对身处种族歧视和贫困问题之中处境不利儿童的关注,其早期目标在于通过早期介入方案帮助处境不利儿童为入学做好准备,在课程内容和教育方法方面注重认知能力的发展和知识教育质量的提高。光谱课程模式诞生于后工业化时代的美国,知识经济的发展需要高质量的教育,美国朝野对教育质量以及保证教育质量的评估体制的重视催生了以评估为基础的光谱方案的产生,而后工业时代对个性和差异的强调、对合作与创作的尊重也深深地影响着教育目标和课程内容的多元化与个性化发展。瑞吉欧课程模式产生于文艺复兴的起源地——意大利,瑞吉欧这座文化氛围浓

---

① Tobin, Joseph J. et al. (2009). Preschool in three cultures: Japan, China, and the United States. Chicago: the University of Chicago Press University Press, p. 1.

厚的小城并没有因为经历二战而丧失其民主合作的文化传统，民主管理、互惠合作、理解分享、自主创造以及淳朴的民风造就了尊重孩子“一百种语言”的民主教育观，以及广泛参与、合作分享的教育方法，从而促进儿童想象力、创造力和各项潜能的发展，“从一个大的背景中去看待瑞吉欧这个城市以及在这个城市中酝酿起来的教育系统，有益于了解瑞吉欧教育的独特性”①。由此可见，西方课程模式的发展都是一定社会文化的产物，并适应和反映了社会文化发展的需要，从而具有旺盛的生命力而长盛不衰。

反观中国幼儿园课程的百年发展历程，一个多世纪以来，中国一直走的是一条向西方学习之路，在西方课程模式和体系的冲击下，几乎丧失了对自身课程文化的认同，一直都在“全盘西化”和“本位文化”的争论中前行。因此，在当前中国文化和社会转型的重要时期，为实现中华民族文化的复兴和长远发展，我们需要有一种“文化自觉”和“课程自觉”。所谓“文化自觉”乃是指“对它自身文化的起源、形成的过程以及特点（包括优点和缺点）、它的发展趋势等，能做出认真的思考和反省”②。而“课程自觉”则是对一百年来幼儿园课程的起源、发展过程和特点，以及未来的发展趋势进行全面的反思和自省。这需要我们把今天的幼儿园课程发展放到新中国学前教育改革与发展的来龙去脉和起承转合中去认识，放在新中国学前教育改革与发展的历史传统和现代化进程中去说明，我们才可以看到新中国学前教育的起点和新中国学前教育走向现代化的历史进程，也只有在对自身课程文化的彻底了解的前提下，并以此为基础，再学习和借鉴西方先进的课程理念和课程思想，才有可能看清未来的发展方向，走出一条具有中国特色的幼儿园课程发展之路。

在建立“文化自觉”和“课程自觉”的同时，我们还需要有国际视野，因为在全球化的今天，“当代的许多问题都无法在民族国家的层次上，即从国际（国家间）关系的角度给予恰当的说明，而必须超越民族国家界限，从全球（跨国）过程的角度去加以研究”③。就是说，世界范围内出现的各种问题不是某一个国家或

① 朱家雄. 幼儿园课程[M]. 上海：华东师范大学出版社，2003：270.

② 王忠明. 中外名家系里讲座集萃(3)[M]. 北京：中国青年出版社，2006:134.

③ 文军. 西方多学科视野中的全球化概念考评[J]. 国外社会科学，2001(3)：43－50.

地区能解决的,需要世界各个国家和地区共同参与。这种相互合作、彼此协调、共同发展的国际政治和全球经济,要求中国的学前教育改革必须置身于全世界的大环境之中,用全球性的眼光来分析、判断和决策,并将它与整个国际社会联系起来。然而,在这股来势汹汹的全球化浪潮中,不同的国家和民族在融入世界的过程中是否失去了自己的"身份特征"?幼儿园课程改革面临这样的困境,一方面应该积极学习其他优秀的幼儿园课程,融入当前世界学前教育改革的浪潮;另一方面应该注意在紧盯着他人的时候切勿丢掉自己赖以生存的基础。

(二)在本土实施阶段实现课程模式的"本土化"转换

由于历史的原因,中国学前教育起步较晚,学前教育课程发展滞后,学习和借鉴其他国家的先进经验是中国学前教育课程改革与发展的必经之路。但在此过程中我们不能不假思索地盲目借鉴和移植,正如萨德勒(M. Sadler)所言:"我们不能随意地漫步在世界教育制度之林,就像小孩逛花园一样从一堆灌木丛中摘一朵花,再从另一堆中采一些叶子,然后指望将这些采集的东西移植到家里的土壤中便会拥有一个有生命的植物。"而是应该采取理性的态度,在全面认识和理解其他国家学前教育课程理论和实践的基础上依据本国国情和发展需要实现"本土化"转换。

对于教育借鉴的本土实施,比较教育先驱朱利安(Marc - Antonie Julian)在19世纪初就曾指出:"人们需要在综合理解的基础上判定哪些工作所提供的经验可以移植到别的国家,这需要由这些国家的社会环境和地区发展情况来确定是否适合,并由此来加以修改和变革。"[①]就是说,在借鉴和移植别国教育经验的过程中,需要根据本国的社会发展情况对其进行修订,以适合本国教育发展的需要,在某种意义上说这就是一个外国教育经验的"本土化"转换过程。实际上,外国教育经验在本土实施中的适应性问题一直是比较教育学家们非常关注的问题,库森(Cousin, V.)曾直言:"我研究的是普鲁士,但我思考的始终是法

---

① Marc - Antonie Julian, Plan and Preliminary Views for a Work on Comparative Education, quoted in Stewart Fraster, Jullian's Plan for Comparative Education, Teachers College Press, Columbia University, 1964, p. 40.

兰西。”[①]他认为一个伟大的国家应该善于借鉴他国优秀的东西，并逐渐使之“同化”并服务于自身的发展，而不仅仅是简单地照搬和模仿。为了更好地实现这种“同化”或者说“本土化”，康德尔（Issac Kandel）和汉斯（Nicholas Hans）不约而同地提出了“民族性”（national character）的概念，即借鉴过程中所必须考虑的植根于一个民族深处的历史、传统、制度、观念和文化等因素，它们既是民族性影响的产物，也是民族性的直接体现，这些因素影响或决定着外国教育政策和实践的“本土化”程度。所以，只有深入研究和了解一个国家的民族性，进而将借鉴而来的教育理论和实践与本国的历史、文化、制度、传统等相融合，使之成为本国教育政策和实践的组成部分，才能真正实现“本土化”转换，真正促进本国教育的改革与发展。

综观中国学前教育课程改革和发展的百年历程，在学习和借鉴西方课程模式的过程中，由于急功近利的心态和对外国学前教育理论与实践的盲目崇拜，致使我们在具体的课程实践中陷入“全盘照搬”或“全盘否定”的历史怪圈，并没有实现对西方课程模式的“本土化”改造和转化。对于此种情况的出现，早在20世纪二三十年代陈鹤琴就曾明确地指出：“现在中国所有的幼稚园，差不多都是美国式的……这并不是说美国化的东西是不应当用的，而是因为两国国情上的不同。有的是不应当完全模仿的，尽管在他们美国是很好的教材和教法，但是在中国采用起来到底有许多不妥当的地方。要晓得我们的小孩子不是美国的小孩子，我们的历史、我们的环境均与美国不同，我们的国情与美国的国情又不是一律，所以他们视为好的东西，在我们用起来未必都是优良的。”[②]话音犹在耳畔，当历史的车轮进入21世纪，而中国学前教育课程发展的境况并没有得到根本的改变，我们接触和借鉴的西方课程模式越来越多，如蒙台梭利课程模式、高宽课程模式、光谱课程模式、瑞吉欧课程模式、发展适宜性实践模式、创造性课程模式等，对于这些让人眼花缭乱的课程模式，我们要么拿来就用，要么快速应用之后就弃之如敝屣，并不能真正理解和掌握每种课程模式的精髓，更妄

---

① Cousin, Rapport sur I' instruction, quoted in Brewer, Victor Cousin as Comparative Educator, Teachers College Press, Columbia University, 1971, p. 50.

② 陈鹤琴. 陈鹤琴全集(第二卷)[M]. 南京:江苏教育出版, 1992:110－111.

谈在本土实践中实现革新和创造了。

事实上，每种课程模式都是植根于本民族的历史文化之中的，都具有“民族性”特点，课程模式可以照搬或者移植，但是其背后所蕴含的历史文化等诸多因素是无法简单复制和移植的，在本土实施阶段，如果无法实现两种文化的交流与融合，就很可能出现“排异”反应，从而危及机体本身的正常运作和发展。因此，我们在学习和借鉴西方课程模式的过程中，必须在本土实施中实现“本土化”，即在自己原有文化的基础上，通过吸收新鲜养分及自身进化来使本国、本民族文化适应社会发展和人类自身发展的需要，实现库森所说的同化。换言之，就是在文化理解和沟通的基础上，将借鉴而来的课程模式与中国学前教育课程发展的实践相融合、会通，使之转化为中国学前教育课程制度和文化的有机组成部分，并由此体现出本土特征的过程。在中国学前教育课程发展过程中，陈鹤琴、陶行知等老一辈教育家在这方面做出了卓越的贡献，他们不但汲取了西方先进的学前教育思想和理论，更是身体力行，在长期的学前教育实践中，结合中国本土文化和实践特征，探索出了具有民族特色的单元中心制课程和生活课程，为世界所瞩目。正如有研究者所言：“教育的国际性与教育的民族性是不矛盾的。不同民族有着不同的文化传统，也就有着不同特征的教育。教育的国际性不排除各国教育的民族性。在当今世界，文化越具有民族性，才越具有世界意义。教育也是一样。正是因为教育具有民族性，才有国际交流的必要。”[①]这也为中国学前教育课程改革和发展指明了方向。

（三）在逐步内化阶段实现课程模式的融汇与创新

在当前中国现有的国情、现有的地区差异较大的条件下，模仿某个或某些课程方案并非解决我们现存问题的关键，而且模仿使我们极为容易陷入那种形式主义的弊端。西方的学前教育模式都是一定社会文化的产物，是一定社会意识形态和价值观念在人类幼年教育中的具体体现，器物可以照搬，技术可以模仿，管理可以参照，而文化这一熔铸于民族灵魂的精神血脉具有极强的自主性，它深深镌刻着一个民族的鲜明特征，代表了一个国家的未来方向，是绝不能一

① 顾明远. 我的教育观（综合卷）[M]. 广州：广东教育出版社，1999：323.

味模仿的。我们在借鉴和学习的过程中不仅要关注课程模式的内容和形式,更要探索和研究其内涵的精神和理念,在更深的意识和文化层次进行交流和融合,这样才能为我所用,并站在巨人的肩上进行开拓和创新。

回顾中国近现代幼儿园课程的发展史,可以清楚地看到,这一百多年就是一个不断学习西方先进课程理论和经验的历程。而在向国外学习的过程中,急功近利的心理和对西方课程理论的盲目崇拜造成我们对西方学前教育思想的全盘接受。20 世纪初是"以日为师",全面学习源于西方的课程模式和体系,二三十年代学习以杜威教育思想为代表的美国幼儿园课程,50 年代初学习苏联课程模式,改革开放初中国学前教育又陷入"全盘西化"的窘境。而 21 世纪初有研究者也指出:"在中国学前教育的发展史上,长期存在着要么'全盘照抄',要么'全盘否定'外国学前教育的两种极端做法,使中国的学前教育走了许多弯路。"①反思历史,之所以会呈现出"全盘照抄"和"全盘否定"的两极化发展道路,正是由于我们忽视了对中国文化和中国国情的研究,盲目学习,使西方先进的幼儿园课程理论和模式无法在中华大地上扎根和成长,丧失了其原有的生机和活力。因此,在中国幼儿园课程的改革和发展过程中,就存在一个借鉴和创新的问题,其实质就是如何在借鉴的基础上立足于本民族的优秀文化,继而进行传承和创新的问题。

中国文化是众多文化形态中的一种,具有自身的优缺点,那么,对于中国文化的继承和发展,主要是针对其符合历史和社会发展要求的优点方面,我们要在继承已有经验的基础上,向国外学习,只有立足中国、放眼世界,才能兼顾民族性与时代性。"教育的国际性与教育的民族性是不矛盾的。不同民族有着不同的文化传统,也就有着不同特征的教育。教育的国际性不排除各国教育的民族性。在当今世界,文化越具有民族性,才越具有世界意义。教育也是一样。正是因为教育具有民族性,才有国际交流的必要"②。只有成为我们中国人自己,释放我们自己的教育思想和理念,而不是跟在西方人后面,我们才能对世界

① 薛生. 具有中国特色的探索——赵寄石教授谈 21 世纪中国教育改革之路[J]. 学前教育,2000(1):4-5.

② 顾明远. 我的教育观(综合卷)[M]. 广州:广东教育出版社,1999:323.

做出原创性贡献,在多元文化的世界大家庭中占据我们应有的位置。尽快形成具有原创意义的带有我们时代烙印和民族特色的学前教育理论体系和实践模式,尽快形成具有理论创新和实践创新精神的学前教育话语体系和行为体系,不仅应该成为中国学前教育工作者在新的历史时期的理性选择,而且应该成为我们今天在新的起跑线上始于足下的现实行动。

二、基本思路:在汲取国际经验基础上围绕核心要素建构中国特色的课程模式

比较是一种把握和认知事物的方式,通过比较可以更好地了解事物的本质和特色。本文对影响中国学前教育发展的四种课程模式——蒙台梭利课程模式、高宽课程模式、光谱课程模式和瑞吉欧课程模式——进行了比较分析,清晰地呈现了每一种课程模式在理论基础、教育目标、课程内容、教育方法、教育评价等方面的主要内容,而正是这些具体的内容影响着中国幼儿园课程的发展,并渗透到中国学前教育发展的各个方面,我们应该在汲取国际课程模式发展经验的基础上围绕核心要素建构起中国特色的课程模式。

(一)理论基础上注重多学科知识的结合

在西方课程模式的发展过程中,儿童发展理论一直都充当着课程模式开发的主导性基础。学前教育课程开发在很大程度上秉承了这样一种理念——学前教育应该基于儿童发展研究以及儿童发展理论。①有研究者将其归纳为五种主要的类型,即:生理学发展理论、精神分析学发展理论、行为主义发展理论、认知主义发展理论及情境主义发展理论。②但是这种情况却也面临着挑战和质疑,因为发展理论关注的是"儿童可以干什么",而无法回答"儿童应该干什么",对这一问题的回答需要从哲学和伦理学的角度切入,而非发展理论。过分依赖发展理论促使学前教育课程的编制和实践回避了社会价值观,追求儿童发展普适性的做法完全出于成人的发展"需要"框架。也就是说,课程只考虑儿童是远远

---

① Goffin, S. G. & Wilson, C. S. (2001). Curriculum Models and Early Childhood Education: Appraising the Relationship (2nd Ed.). Upper Saddle River, NJ: Prentice - Hall, Inc., p. 16.

② [美]申克.学习理论 - 教育的视角[M].韦小满,等译.南京:江苏教育出版社,2003:78.

不够的，因为社会的文化价值观决定着儿童应该知道什么和教师应该教什么，其背后蕴含着丰富的政治、经济、社会和民族文化的因素。

当前，课程模式的发展发生了一系列变化，主要是基于对儿童发展理论认识的转变，表现在：(1)恢复对儿童发展中遗传因素与环境因素的相互作用的兴趣；(2)有关环境对儿童发展的贡献的理解出现了分化；(3)认识到发展的社会性本质以及儿童在发展过程中的作用；(4)重视成人在儿童发展和学习中的作用；(5)重新对儿童的社会性能力和情感发展感兴趣；(6)重新评价把发展心理学看作是客观科学的这种观点。①这种变化使发展理论与学前教育课程之间的关系受到了强烈的挑战，课程研究也开始超越开发和管理的问题，开始从政治、文化、性别和历史的维度来研究学前教育课程。于是，学前教育领域开始关注文化研究、女权主义理论、批判视角、后现代主义与结构理论，但是与教育的其他领域相比，学前教育领域的主流似乎仍然是关注个体、标准化的儿童发展，以发展理论为主的情况仍然存在。正如有的研究者所言："人们把理论视为'理所当然'的、不言自明的、毋庸置疑的真理，并且是指导实践的唯一法则，而不是把这些理论理解为仅是思考与行动的一种可能性。"②因此，我们要从思想和行为上突破这种局限，进行质疑和反思，从多学科和多领域的研究成果中汲取营养，将理论作为促进变革的工具。

（二）教育目标上注重儿童的整体性成长和个性化发展

人是目的性的存在，人的活动总是以一定的目的为归旨的，这也是人与其他存在的最大区别之一。而作为人类的主要活动之一——教育，则是以培养人作为主要目的，于是，"培养什么样的人"就成了首要的问题。对于这一问题，一直存在着"个体本位"和"社会本位"、"现时主义"和"未来主义"、"过程取向"和"结果取向"的争论，并主导或左右着教育的发展方向和具体内容。在学前教育领域亦是如此，"个体本位"和"现时主义"往往更强调儿童个体的发展价值，

---

① Goffin, S. G. & Wilson, C. S. (2001). Curriculum Models and Early Childhood Education: Appraising the Relationship (2nd Ed.). Upper Saddle River, NJ: Prentice - Hall, Inc., pp. 198 - 199.

② 朱家雄. 从构建宏大理论到构建地域性知识，从学术研究到实践研究——对中国幼儿园课程改革的反思之七[J]. 学前教育, 2007, (7 - 8): 8.

注重儿童在教育过程中的兴趣、需求、体验、感受等,关注儿童当下的愉快和幸福;而"社会本位"和"未来主义"更强调为儿童的未来和社会的发展做准备,注重适应未来社会所需要的基本知识和技能的学习和训练,正如斯宾塞在《什么知识最有价值》中所言:"为我们的完美生活做好准备,乃是教育所应完成的功能。"[①]但是,必须指出的是,由于学前教育的对象是身心刚开始发育的幼儿,对于他们来说,教育的过程就是生活的过程,"教育是一种生活的方式,是一种行动的方式"[②]。幼儿的生活和教育是融为一体的,具有整体性特点,而在此过程中,幼儿通过自己的主体性活动来建构自己对于自身和周围世界的认知和感受,形成态度和价值观,从而获得身体、心理和精神的成长。因此,对于学前教育来说,无论是对儿童现时状态的注重还是对未来知识技能的强调,都应该统一到儿童的整体性成长之中。

这种成长取向不同于中国传统的学习取向,它不仅包括知识和技能的学习,也包括身体、情感、态度和社会等诸多方面的发展,并且是基于儿童的主体性活动和建构,诚如联合国教科文组织所强调的:"把一个人在体力、智力、情绪、伦理各方面的因素综合起来,使他成为一个完善的人,这就是对教育基本目的的一个广泛的解说。"[③]这种整体性成长在西方课程模式中具有不同程度的体现,如蒙台梭利所要培养的"新人类",高宽强调的主动学习,光谱对于智力强项和儿童潜能的发展,瑞吉欧所注重的潜能发挥和创造力的培养,都从不同的方面强调和突出着儿童的主体性,并将其作为儿童各方面知识和能力发展的基础。在当前的中国,不仅提倡全面推进幼儿园素质教育,在幼儿园教育的总要求方面还强调"关注个别差异,促进每个幼儿富有个性的发展"。但二者之间如何协调实施,还缺乏明确的指导性。因此,在建构中国特色课程模式的过程中,在教育目标上应该追求儿童的整体性成长和个性化发展,这既是对儿童身心发展规律的尊重,也符合时代发展的潮流和社会的需要。

---

① 张焕庭. 西方资产阶级教育论著选[M]. 北京:人民教育出版社,1979:419.

② 赵祥麟,王承绪编译. 杜威教育名篇[M]. 北京:教育科学出版社,2006:214.

③ 联合国教科文组织. 学会生存[M]. 北京:教育科学出版社,1996:195.

（三）课程内容上注重领域内容与关键经验的融合

课程内容是课程模式的重要组成部分，是教育活动得以展开的主体内容。在学前教育中，基于幼儿的身心发展特点，幼儿园课程的直接目的在于让学前儿童在一定的环境和教师指导下通过活动获得各种经验，这种经验不仅指知识或认识，而且还包括关于人的认知结构、情感态度、有关各种事物的信息、能力与技巧等诸多方面的内容。也可以说，在经验或活动取向的课程中，"幼儿园课程内容是根据幼儿园课程目标和相应的学习经验选择的、蕴含或组织在幼儿的各种活动中的基本态度、基础知识、基本技能和基本行为方式"[①]。基于经验的概念而组织和生成的课程内容势必要将内容和方法融为一体，因为儿童经验的获得与其学习和活动的方式密切相关，并与师生间互动和交流的方式和性质相联系。

目前，基于经验和活动取向而实行的领域课程仍然是世界学前教育发展之主流，这种趋势在西方课程模式中就得到了很好的体现。当代蒙台梭利课程模式在课程内容方面分为日常生活教育、感官教育、语言教育、数学教育、科学文化教育、音乐教育和美术教育七大领域；高宽课程模式将课程内容分为学习方式、语言读写和交流能力、社会性和情感发展、身体发展和身心健康、艺术和科学五大领域，内含 58 条关键经验；光谱课程模式依据多元智力理论将课程内容分为八大领域，每个领域都包含着细化的关键经验；而瑞吉欧课程模式以儿童生活中感兴趣的"问题"作为主题来展开活动，以主题来综合核心经验的发展。虽然很多组织和研究者大力提倡综合化的课程，但领域课程的易操作性和综合性仍然备受青睐，美国学前教育协会（NAEYC）就指出："领域课程将知识分成类比，为设计和组织知识提供了系统，为理解社会、物质世界和生物学世界提供了关键经验、探索的工具以及认识的方法。"[②]

在当前的中国，幼儿园的教育内容也是采取领域课程的方式组织的，分为健康、社会、科学、艺术、语言五大领域，每一领域都包含有具体的内容和要求，

---

① 冯晓霞. 幼儿园课程[M]. 北京：北京师范大学出版社，2000：49.

② Bredekamp, S. & Rosegrant, T., Reaching Potentials: Transforming Early Childhood Curriculum and Assessment, Vol. 2, NAEYC, 1995, p. 2.

类似于西方课程模式中的关键经验,但是却相对较为笼统,也不够凝练和简洁,操作性不强。因此,在建构中国特色课程模式的过程中,应该注重领域内容与关键经验的融合,将与各领域相关的关键经验纳入到具体的领域之中,并且力求简洁明确,具有可操作性,如此才能便于教师依据其组织和创设具体的教育活动,使儿童在获得关键经验过程中不断成长。

(四)教育方法上注重环境的创设和师幼交往与对话

在幼儿园课程中,教育方法主要就是如何保证课程的实施,这也是西方课程模式中最具特色的一部分。影响中国学前教育发展的四种课程模式在教育方法方面都不约而同地强调环境的创设与教师的作用问题,说明此二者在课程的实施和发展中具有举足轻重的地位。环境的创设主要是通过空间的组织和活动材料的提供,创造一种具有丰富刺激、具有挑战性而又井然有序的学习环境,适宜于儿童的身心发展特点,并让其在这样的环境中进行主动的探索和建构。而教师的角色和作用则体现的是一种师生关系,这种关系在很大程度上决定着幼儿园教育活动的组织与安排。西方课程模式将教师定位为儿童发展的观察者、支持者与引导者,反映出二者之间的平等、交流和对话关系,是两个独立主体之间的心灵沟通和碰撞,是一种新型的师生关系。这种师生关系对于中国的学前教育来说是一种教育主体观的变革,正如有的研究者所言,就是"彻底转变教育主体观,变机械单一的主客体互动模式(主——客)为交往中的主体与作为中介的客体的辩证互动模式(主——客——主),或简称为'交往的教育主体观'"①。

在当前中国学前教育的发展中,环境的创设和新型师生关系的确立已经成为幼儿园课程组织和实施中的重要内容。《纲要》明确指出:"环境是重要的教育资源,应通过环境的创设和利用,有效地促进幼儿的发展";"教师应成为幼儿学习活动的支持者、合作者、引导者"。②但需要指出的是,师幼互动和交往是双方面的,不仅要促进幼儿的主体建构和发展,也应该促进教师的主体性发展,其

① 项贤明.泛教育论——广义教育学的初步探索[M].太原:山西教育出版社,2002:20.

② 中华人民共和国教育部制订.幼儿园教育指导纲要(试行)[M].北京:北京师范大学出版社,2001:9-10.

原因在于师幼互动和交往是一个双向互动和建构的过程。在“儿童中心主义”和“儿童主体”等观念大行其道的今天，我们在注重儿童发展的同时却容易忽视教师的主体性发展，因此，在建构中国特色的学前教育课程模式中，不仅要强调环境的创设，更要注重师幼交往与对话，在这一过程中，“教师也同样可以从师幼互动中汲取经验和成长的养分，并在反思中逐步提高自己，达到自身主体的不断发展和提高，从而实现师生双方在师幼互动中主体的积极建构和发展”①。

（五）教育评价上注重建构服务于儿童发展的发展性评价指标体系

随着教育在个体和社会发展中重要价值的逐渐凸显，人们日益关注教育的效果和效益问题，于是教育评价开始备受关注，并获得快速的发展。在学前教育方面也是如此，总体上呈现出发展性、多元化、动态性和全方位的特点，在评价方法上则强调量化评价和质性评价的结合。西方课程模式也非常重视教育评价对于幼儿、教师和课程发展的反馈和促进作用，甚至有一些课程模式就是在评价模式的基础上发展而来的，比如光谱方案。而影响中国学前教育发展的四种课程模式在评价上也存在着很多的共性，比如，都以观察记录为基础，都采用动态的、形成性评价，注重评价方式的多样化和评价方法的综合化，以促进儿童发展、改进课程为目的，等等。

西方课程模式在教育评价方面的做法和尝试对中国学前教育的发展具有重要的借鉴价值，因为教育评价是中国学前教育理论和实践中最薄弱的一个环节，虽然在20世纪90年代就有研究者提出过对教育过程进行评价的一些指标，②也有一些研究者从多方面提出了幼儿园课程评价的指标和工具，③但都缺乏应有的科学性和实际操作性。直到2001年在国家颁布的《幼儿园教育指导纲要（试行）》中，才首次提出如何在学前教育领域开展教育评价，而且对于教育评价的目的、主体、过程、方式方法及重点做出了说明，并强调“明确评价的目的

---

① 教育部基础教育司组织编写. 幼儿园教育指导纲要（试行）解读[M]. 南京：江苏教育出版社，2002：197.

② 项宗萍. 从“六省市幼教机构教育评价研究”看中国幼教机构教育过程的问题与教育过程的评价取向[J]. 学前教育研究，1995(2)：31－35.

③ 王坚红. 学前教育评价[M]. 北京：人民教育出版社，1994：284.

是了解幼儿的发展需要，以便提供更加适宜的帮助和指导”，“评价应自然地伴随着整个教育过程进行”。[①] 倡导评价的发展性、多元化和全面性，符合世界学前教育评价的发展潮流。但是目前中国的学前教育评价在具体内容方面缺乏各领域的评价指标和标准，在方法上缺少量化和质性的结合，因此，在建构中国特色课程模式的过程中，应该注重发展性评价指标体系的形成，以便更好地促进幼儿园课程的发展。

① 中华人民共和国教育部制订. 幼儿园教育指导纲要（试行）[M]. 北京：北京师范大学出版社，2001：12－13.

参考文献

一、中文部分参考文献

(一)著作类

[1]施良方. 课程理论——课程的基础、原理与问题[M]. 北京:教育科学出版社,1996.

[2]刘焱. 幼儿园游戏教学论[M]. 北京:中国社会出版社, 1999.

[3]张华. 课程与教学论[M]. 上海:上海教育出版社, 2000.

[4]虞永平. 幼儿园课程价值论[M]. 南京:江苏教育出版社, 2002.

[5]廖哲勋,田慧生. 课程新论[M]. 北京:教育科学出版社, 2003.

[6]查有梁. 教育建模[M]. 南宁:广西教育出版社, 2000.

[7]黄意舒. 学前教育课程发展:教师的省思及深思[M]. 台北:五南图书出版公司, 1999.

[8]简楚瑛. 课程模式[M]. 上海:华东师范大学出版社, 2005.

[9]朱家雄,张萍萍,杨玲. 皮亚杰理论在学前教育中的运用[M]. 上海:世界图书出版公司, 1998.

[10]有宝华. 综合课程论[M]. 上海:上海教育出版社, 2002.

[11]冯晓霞. 幼儿园课程[M]. 北京:北京师范大学出版社, 2000.

[12]欧用生. 课程研究方法论[M]. 高雄:复文图书出版社,1984.

[13]钟启泉. 课程设计基础[M]. 济南:山东教育出版社,2000.

[14][美]贾珀尔. L. 鲁普纳林,詹姆斯. E. 约翰逊. 学前教育课程[M]. 黄谨,等译. 上海:华东师范大学出版社,2005.

[15][美]泰勒. 课程与教学的基本原理[M]. 施良方,译. 北京:人民教育出版社, 1994.

[16][美]奥恩斯坦等. 课程: 基础、原理和问题[M]. 柯森,译. 南京:江苏教育出版社, 2002.

[17][美]威廉 F. 派纳,威廉 M. 雷诺兹,帕特里克. 斯莱特里,彼得 M. 陶伯曼. 理解课程[M]. 张华,等译. 北京:教育科学出版社,2003.

[18][美]麦克尼尔. 课程导论[M]. 施良方,等译. 沈阳:辽宁教育出版社, 1990.

[19]江山野,等. 简明国际教育百科全书(课程)[M]. 北京:教育科学出版社, 1991.

[20]顾明远. 教育大辞典(增订合编本上)[Z]. 上海:上海教育出版社, 1998.

[21][美]托斯顿·胡森, T·内维尔·波斯尔思韦特. 国际教育百科全书(第6卷) [Z]. 贵阳:贵州教育出版社, 1991.

[22]李秉德. 教育科学研究方法[M]. 北京:人民教育出版社, 2001.

[23]王承旭. 比较教育学史[M]. 北京:人民教育出版社, 1998.

[24]洪雯柔. 贝瑞岱比较教育研究方法之探析[M]. 台北:扬智文化事业股份有限公司, 2004.

[25][澳]菲利普·E·琼斯. 比较教育:目的与方法[M]. 王晓明,等译. 北京:春秋出版社,1989.

[26]项贤明. 比较教育学的文化逻辑[M]. 哈尔滨:黑龙江教育出版社,2000.

[27]朱维铮. 走出中世纪(增订本) [M]. 上海:复旦大学出版社,2007.

[28]黄仁宇. 中国大历史[M]. 北京:三联书店,2008.

[29]杜维运. 史学方法论[M]. 北京:北京大学出版社,2006.

[30] 日本世界教育史研究会. 世界学前教育史[M]. 吉林:吉林人民出版社, 1986.

[31][日]实藤惠秀. 中国人留学日本史[M]. 谭汝谦,林启彦,译. 北京:三

联书店,1983.

[32]舒新成. 中国近代教育史资料(中)[M]. 北京:人民教育出版社,1961.

[33]中国学前教育史编写组. 中国学前教育史资料选[M]. 北京:人民教育出版社,1989.

[34]唐淑,钟昭华. 中国学前教育史[M]. 北京:人民教育出版社, 1993.

[35]昌切. 清末民初的思想主脉[M]. 北京:东方出版社, 1999.

[36]徐梓,王雪梅. 蒙学辑要[M]. 太原:山西教育出版社,1992.

[37]陶行知. 陶行知文集[M]. 南京:江苏人民教育出版社, 1981.

[38]赵祥麟. 杜威教育论著选[M]. 上海:华东师范大学出版社, 1981.

[39]陈鹤琴. 陈鹤琴全集[M]. 南京:江苏教育出版社, 2008.

[40]樊兆庚. 幼稚教育[M]. 北京:商务印书馆,1934.

[41]陈济芸. 玩具与教育[M]. 上海:商务印书馆,1933.

[42]张沪. 张宗麟幼稚教育论集[M]. 长沙:湖南教育出版社, 1985.

[43]蔡尚思,朱维铮. 中国现代思想史资料简编(第 1 卷)[M]. 杭州:浙江人民出版社,1982.

[44][英]伊丽莎白·劳伦斯. 现代教育的起源和发展[M]. 北京:北京语言学院出版社,1992.

[45]中国学前教育研究会. 百年中国幼教[M]. 北京:教育科学出版社, 2003.

[46]戴自俺. 张雪门学前教育文集[M]. 北京:北京少年儿童出版社, 1994.

[47]牟映雪. 新中国学前教育变革与发展[M]. 重庆:重庆大学出版社, 2004.

[48]何晓夏. 简明中国学前教育史[M]. 北京:北京师范大学出版社,1990.

[49]中国教育年鉴编辑部. 中国教育年鉴(1949—1981)[M]. 北京:中国大百科全书出版社, 1984.

[50]苏渭昌,雷克啸,章炳良. 中国教育制度通史(第 8 卷)[M]. 济南:山东教育出版社,2000.

[51]北京市中苏友好协会宣传部.苏联教育专家在北京[M].北京:时代出版社,1955.

[52][苏]查包洛塞兹,马尔科娃.学前教育学原理[M].李子卓,余星南,杨慕之,黄坤坊,译.北京:人民教育出版社,1984.

[53]杜殿坤.苏联关于教育思想的论争[M].北京:教育科学出版社,1988.

[54][澳]康奈尔.二十世纪世界教育史[M].张法琨,译.北京:人民教育出版社,1990.

[55]易慧清.中国近现代学前教育史[M].长春:东北师范大学出版社,1994.

[56]沈志华.苏联专家在中国(1948—1960)[M].北京:新华出版社,2009.

[57]沈志华.中苏关系史纲(1917—1991)[M].北京:新华出版社,2007.

[58][苏]苏罗金娜.学前教育学[M].何清新,译.北京:人民教育出版社,1955.

[59][苏]戈林娜.苏联幼儿教育讲座[M].北京:人民教育出版社,1953.

[60]黄人颂.学前教育学参考资料[Z].北京:人民教育出版社,1991.

[61][苏]马卡连柯.马卡连柯教育文集[M].吴式颖,译.北京:人民教育出版社,1985.

[62]毛礼锐,沈灌群.中国教育通史(第6卷)[M].济南:山东教育出版社,2005.

[63]卓晴君,李仲汉.中小学教育史[M].海口:海南出版社,2000.

[64]苏珊娜·佩珀.新秩序的教育[A].[美]J. R. 麦克法夸尔,费正清.剑桥中华人民共和国史(1949—1965)[C].北京:中国社会科学出版社,1990.

[65]人民教育出版社.教育改革重要文献选编[G].北京:人民教育出版社,1988.

[66]东北人民政府教育部资料室.一九五〇年报纸期刊教育资料索引[Z].沈阳:东北教育社.1951.

[67]人民教育社."活教育"批判[M].北京:人民教育出版社,1955.

[68]傅统先.反动的实用主义教育思想批判[M].北京:人民教育出版

社,1957.

[69]黄人颂.幼儿教育的理论与实践[M].南京:江苏教育出版社,1954.

[70][苏]凯洛夫.教育学[M].北京:人民教育出版社, 1957.

[71]中国学前教育研究会.中华人民共和国幼儿教育重要文献汇编[G].北京:北京师范大学出版社,1999.

[72]璩鑫圭,唐良炎.中国近代教育史资料汇编.学制演变[G].上海:上海教育出版社, 2007.

[73]李桂林,戚名琇,钱曼倩.中国近代教育史资料汇编.普通教育[G].上海:上海教育出版社,2007.

[74]刘庆昌.教育知识论[M].太原:山西教育出版社, 2008.

[75]刘庆昌.教育者的哲学[M].北京:中国社会出版社, 2004.

[76]联合国教科文组织国际教育发展委员会.学会生存——教育世界的今天和明天[M].北京:教育科学出版社, 1996.

[77]顾明远.顾明远教育口述史[M].北京:北京师范大学出版社,2007.

[78]单中惠.西方教育思想史[M].太原:山西人民出版社, 1996.

[79]袁爱玲.当代幼儿园课程发展[M].广州:广东高等教育出版社,2007.

[80]赵寄石.学前教育论稿[M].南京:南京师范大学出版社, 2001.

[81]屠美如.向瑞吉欧学习什么——《儿童的一百种语言》解读[M].北京:教育科学出版社,2003.

[82]吴式颖,任钟印.外国教育思想通史(第9卷)[M].长沙:湖南教育出版社, 2002.

[83]胡德海.教育学原理[M].兰州:甘肃教育出版社, 1998.

[84]叶浩生.西方心理学的历史与体系[M].北京:人民教育出版社,1998.

[85]霍力岩,等.多元智力理论与多元智力课程研究[M].北京:教育科学出版社,2003.

[86]霍力岩,沙莉,等.重新审视多元智力——理论与实践的再思考[M].北京:北京师范大学出版社,2007.

[87]卢乐山.蒙台梭利的学前教育[M].北京:北京师范大学出版社,1985.

[88]王策三. 教学论稿[M]. 北京:人民教育出版社, 1985.

[89][苏] 维果斯基. 维果斯基教育论著选[M]. 余震球,译. 北京:人民教育出版社,1984.

[90]李秉德,李定仁. 教学论[M]. 北京:人民教育出版社, 1991.

[91]赵寄石,唐淑. 幼儿园渗透式领域课程[M]. 南京:南京师范大学出版社, 2005.

[92]张焕庭. 西方资产阶级教育论著选[M]. 北京:人民教育出版社, 1979.

[93]赵祥麟,王承绪. 杜威教育名篇[M]. 北京:教育科学出版社, 2006.

[94]项贤明. 泛教育论——广义教育学的初步探索[M]. 太原:山西教育出版社, 2002.

[95][瑞士]查尔斯·赫梅尔. 今日的教育为了明日的世界[M]. 王静,赵穗生,译. 北京:中国对外翻译出版公司, 1983.

[96][法]朗格朗. 终身教育引论[M]. 周南照,陈树清,译. 北京:中国对外翻译出版公司,1985.

[97][德]海德格尔. 海德格尔选集[M]. 上海:三联书店, 1996.

[98][意]蒙台梭利. 蒙台梭利学前教育科学方法[M]. 任代文,译. 北京:人民教育出版社, 2001.

[99][美]艾琳·沃尔夫. 有知·有涯·有真[M]. 萧丽君,译. 台北:及幼文化, 1991.

[100][美]甘第尼,福尔曼,爱德华兹. 儿童的一百种语言[M]. 罗雅芬,连英式,金乃琪,译. 台北:心理出版社, 1998.

[101][意]马拉古兹. 孩子的一百种语言:意大利瑞吉欧方案教学报告书[M]. 张军红,陈素月,叶秀香,译. 台湾:光佑文化事业股份有限公司, 1998.

[102][日]市丸成人,松本静子. 蒙台梭利教育的比较研究与实践(上卷)[M]. 赵悌行,译. 台北:新民幼教图书股份有限公司, 1993.

[103][意]玛利亚·蒙台梭利. 发现儿童[M]. 胡纯玉,译. 北京:中国发展出版社,2003.

[104][美]申克.学习理论—教育的视角[M].韦小满,等译.南京:江苏教育出版社, 2003.

[105][美]布鲁纳.布鲁纳教育论著选[M].邵瑞珍,译.北京:人民教育出版社, 1989.

[106][德]卡尔·雅斯贝斯.时代的精神状况[M].王德峰,译.上海:上海世纪出版集团,2005.

[107]赵汀阳.论可能生活[M].北京:中国人民大学出版社,2004.

[108][美]沃纳丁·赛弗林,小詹姆斯·坦卡德.传播学的起源、研究与应用[M].陈韵昭,译.福州:福建人民出版社, 1985.

[109][德]卡尔·雅斯贝尔斯.什么是教育[M].邹进,译.北京:三联书店,1991.

[110][英]怀特海.教育的目的[M].徐汝舟,译.北京:三联书店,2002.

[111]朱义禄.从圣贤人格到全面发展[M].西安:陕西人民出版社,1992.

[112][英]约翰·洛克.教育漫画[M].傅任敢,译.北京:教育科学出版社,1999.

[113][法]卢梭.爱弥尔[M].李平沤,译.上海:商务印书馆,1985.

[114][美]佛罗斯特.西方教育的历史和哲学基础[M].吴元训,等译.北京:华夏出版社,1987.

[115][德]沃尔夫冈·布列钦卡.教育知识的哲学[M].杨明全,宋时春,译.上海:华东师范大学出版社,2001.

[116][美]约翰·杜威.民主主义与教育[M].王承绪,译.北京:人民教育出版社,2001.

[117]王德峰.哲学导论[M].上海:上海人民出版社,2000.

[118][德]卡西尔.人论[M].甘阳,译.上海:上海译文出版社,2004.

[119][德]博尔诺夫.教育人类学[M].李其龙,等译.上海:华东师范大学出版社,1999.

[120][美]赫舍尔.人是谁[M].隗仁莲,安希孟,译.贵阳:贵州人民出版社,2009.

[121][美]拉瑞·劳丹. 进步及其问题[M]. 刘新民,译. 北京:华夏出版社,1999.

[122]《幼儿园教育指导纲要(试行)》解读[C]. 南京:江苏教育出版社,2002.

[123]中华人民共和国教育部. 幼儿园教育指导纲要(试行)[R]. 北京:北京师范大学出版社,2001.

[124]朱家雄. 国际视野下的学前教育[M]. 上海:华东师范大学出版社,2007.

[125]朱家雄. 中国视野下的学前教育[M]. 上海:华东师范大学出版社,2007.

[126]朱家雄. 生态学视野下的学前教育[M]. 上海:华东师范大学出版社,2007.

(二)期刊类

[1][英]大卫·菲利普斯. 比较教育中的教育政策借鉴理论[J]. 钟周,译. 清华大学教育研究,2006(2).

[2]廖哲勋. 论中小学课程结构的改革[J]. 教育研究, 1999 (7).

[3]郭晓明. 关于课程模式的理论探讨[J]. 课程·教材·教法, 2001 (2).

[4]刘焱. 西方学前教育理论与实践的新进展[J]. 比较教育研究,2002(7).

[5]朱家雄. 向瑞吉欧学习什么——对中国幼儿园课程改革的反思(之四)[J]. 幼儿教育,2007(7).

[6]杨启光. 全球化进程中的国家教育政策转移[J]. 比较教育研究,2009(12).

[7]冉苒. 中国古代初期无婴幼儿教育机构说质疑[J]. 西南师范大学学报(哲社版),1990(3).

[8]生兆欣. 建国后十七年中国比较教育状况分析[J]. 比较教育研究,2007(3).

[9]邓鲁萍. 简述苏联学前教育的知识体系理论[J]. 外国教育资料,1987(1).

[10]张逸园. 新中国学前教育的基本情况和方针任务[J]. 人民教育,1952(2).

[11]朱家雄. 幼儿园教育中一个令人担忧的问题[J]. 幼儿教育,2008(19).

[12]张俊. 试论学前教育课程理论的研究——兼谈课程论与教学论的关系[J]. 学前教育研究, 1997(1).

[13]纪国和,张作岭. 关于课程模式与教学模式关系的思考[J]. 教育探索,2005 (12).

[14]盛幗昕. 中国蒙台梭利教育研究十年概览[J]. 教育导刊, 2004 (6).

[15]王春华. 光谱方案述评——看实践中的多元智力理论[J]. 学前教育研究, 2001(6).

[16]朱家雄. 瑞吉欧教育经验备受关注的缘由[J]. 幼儿教育,2001(6).

[17]朱家雄,裴小倩. 瑞吉欧教育系统创造的新文化[J]. 幼儿教育, 2003(6).

[18]邹岚萍. 清末中国的教育改革与学习日本[J]. 中山大学学报论丛,1994 (1).

[19]杨洁琼. 日本教习对中国幼教事业初期发展的影响[J]. 学前教育研究, 2011(2).

[20]董纯才. 积极开展教育科学研究——在中国教育学会第三次常务理事扩大会议上的讲话[J]. 中国教育学刊,1981(2).

[21]鲁洁,令狐昌毅,李湘林,吴也显. 他们究竟要"改造"什么——评《谁改造谁》[J]. 教育研究,1979 (1).

[22]陈友端. 评凯洛夫教育学[J]. 湖南师范大学社会科学学报,1979 (2).

[23]吴杰. 从凯洛夫教育思想体系中解放出来——以时代要求和中国特点研究教育理论和教育实践[J]. 教育研究,1980 (1).

[24]项贤明. 走向"成人"之学[J]. 南京师范大学学报(社会科学版),

1998(4).

[25]卢乐山.小议全面发展[J].学前教育，1986(1).

[26][美]B·D·戴伊著，刘焱,卢乐山译.游戏在儿童学前教育中的价值[J].外国教育动态，1984(3).

[27]陈帼眉.儿童游戏的心理学理论[J].学前教育，1987(2).

[28]辛涛,李雪燕.教育评价理论与实践的新进展[J].清华大学教育研究，2005(6).

[29]冯晓霞.多元智力理论与幼儿园教育评价改革——发展性教育评价的理念[J].学前教育研究,2003(9).

[30]刘志军.论发展性课程评价的基本理念[J].学科教育，2003(1).

[31]钟启泉.社会建构主义:在对话与合作中学习[J].上海教育，2001(7).

[32]文军.西方多学科视野中的全球化概念考评[J].国外社会科学，2001(3).

[33]陈蘅.转变教育观、儿童观,深化学前教育改革[J].学前教育研究，1988(4).

[34]于伟.本土问题意识与教育理论本土化[J].教育研究,2009(6).

[35]王健.当代课程改革的合理性反思——基于“有限理性观”[J].教育发展研究,2008(15).

[36]朱宗顺,中国近代学前教育体制的现代化历程[J].教育研究与实验，2004(1).

[37]霍力岩,李敏谊.非普遍性发展理论及其对中国幼儿教育改革的启示[J].学前教育研究,2003(9).

[38]缪胤.蒙台梭利教育和瑞吉欧教育之比较研究[J].学前教育研究，2002(9).

[39]霍力岩.建国60年来外国学前教育思潮的影响与今日中国学前教育选择[J].幼儿教育,2009(27).

[40]叶平枝.在幼儿教育课程改革背景下重新审视关键经验的意义、内涵

与特征[J].学前教育研究,2008(11).

[41]李敏谊.试析美国幼儿教育课程模式的理论流派及其启示[J].比较教育研究,2007(11).

[42]梁燕玲.霍姆斯比较教育研究方法论评析[J].广西师范大学学报(哲学社会科学版),2007(3).

[43]郭华.新课改与“穿新鞋走老路”[J].课程·教材·教法,2010(1).

[44]王本陆.中国30年课程与教学改革的三大理论主题[J].中国教育学刊,2009(2).

[45]吴康宁.制约中国教育改革的特殊场域[J].教育研究,2008(12).

[46]王策三.“新课程理念”“概念重建运动”与学习凯洛夫教育学[J].课程·教材·教法,2008(7).

[47]项贤明.论教育创新与教育改革[J].高等教育研究,2007(12).

[48]郝德永.当代课程改革:方法的局限与症结[J].教育发展研究,2007(6).

[49]吴康宁.谁支持改革——兼论教育改革的社会基础[J].教育研究与实验,2007(6).

[50]查有梁.论新课程改革的“软着陆”[J].教育学报,2007(2).

[51]叶澜.当代中国教育变革的主体及其相互关系[J].教育研究,2006(8).

[52]陈志权.美国教育改革钟摆现象及其启示[J].当代教育科学,2006(6).

[53]王本陆.论中国国情与课程改革[J].北京师范大学学报(社会科学版),2006(4).

[54]江峰.客观与主观:当代课程哲学的两种知识观主析[J].北京大学教育评论,2006(4).

[55]王策三.关于课程改革“方向”的争议[J].教育学报,2006(2).

[56]于伟.论人类中心主义教育观问题[J].教育研究,2006(1).

[57]叶澜,李家成,杨小微,范国睿.推进素质教育:转换思路才能打开新局

面[J].人民教育,2005(21).

[58]曹能秀.全人发展的幼儿教育——世界幼儿教育的发展趋势之一[J].学前教育研究,2008(3).

[59]陈时见,严仲连.当代国外幼儿园课程发展的特点[J].外国教育研究,2002(1).

[60]熊哲宏,李其维.论儿童的文化发展与个体发展的统一——维果茨基与皮亚杰认知发展理论的整合研究论纲[J].华东师范大学学报(教育科学版),2002(3).

[61]周兢.幼儿园课程发展多元化与本土化共生的走向[J].幼儿教育,2003(3)(4).

[62]李阿芳.论幼儿园课程的价值多元与文化适宜[J].教育导刊,2008(3).

[63]邓志伟.二十一世纪世界幼儿教育课程发展的趋势——日美德法四国幼儿教育课程改革的启示[J].比较教育研究,1998(6).

[64]霍力岩.西方学前教育评价的发展历程及当代特点[J].学前教育研究,1995(3).

[65]张济州.世界幼儿教育课程模式比较分析[J].天津师范大学学报(基本教育版),2009(1).

[66]徐小龙.HIGH/SCOPE 学前课程模式近二十年的发展[J].学前教育研究,2001(4).

[67]丁朝逢,郭瑞芳.20 世纪课程评价理论的发展述评[J].课程·教材·教法,2005(4).

[68]冯晓霞.构建21 世纪的中国幼儿园课程——来自多方面的启示与思考[J].学前教育研究,1999(4).

(三)硕博论文类

[1]霍力岩.蒙台梭利教育法研究[D].北京师范大学博士学位论文,1996.

[2]王春燕.中国学前课程百年发展、变革的历史与思考[D].南京师范大

学博士学位论文,2003.

[3]薛国凤.冲突与和谐——当代国际基础教育课程理念发展研究[D].南京师范大学博士学位论文, 2006.

[4]李敏谊.美国课程模式研究[D].北京师范大学博士学位论文, 2006.

[5]胡文娟.早期教育课程模式比较研究[D].北京师范大学硕士学位论文, 2009.

[6]郑玉飞.新中国借鉴苏联教育经验建设正规基础教育教学体系的探索(1949—1958)[D].北京师范大学博士学位论文,2010.

[7]仪亚敏.民国时期女子就业观与就业实践(1912—1936)[D].苏州大学硕士学位论文,2009.

[8]但昭彬.话语权与教育宗旨之公变——中国近现代教育宗旨的话语分析[D].华中师范大学博士学位论文,2005.

[9] 何光全.1949—1981 年中国教育批判研究[D].西南大学博士学位论文,2010.

[10]裴小倩.全球化背景下有关中国学前教育的地域文化研究——学前教育的文化适宜性视角[D].华东师范大学博士学位论文,2009.

二、英文部分参考文献

(一)期刊类

[1]Dugan, M. M. Meeting the Centennial Challenge: Achieving Montessori's Vision in the 21st Century[J]. Montessori Life, 2004, 16(2).

[2]Cossentino, J. Ritualizing Expertise: A Non - Montessorian View of the Montessori Method[J]. American Journal of Education. 2005, 112(2).

[3]DeVries, R. & Haney, J. P. & Zan, B. Socialmoral atmosphere in direct - instruction, eclectic, and constructivist kindergartens: A study of teacher's enacted interpersonal understanding[J]. Early Childhood Research Quarterly, 1991, 6(4).

[4] Edwards, C. P. "Fine designers" from Italy: Montessori education and the Reggio Emillia Approach[J]. Montessori Life. 2003, 15(1).

[5] Hatch, J. A. & Freeman, E. B. Kindergarten philosophies and practices: Perspectives of teachers, principles, and supervisions[J]. Early Childhood Research Quarterly, 1988, 3(2).

[6] Krechevsky, M. & Mardell, B. & Seidel, S. Diversity and Progressive Education: How Italian preschools are proving Dewey's American detractors wrong [J]. Education Week, 2002,12.

[7] Lubeck, S. Deconstructing "child development knowledge" and "teacher preparation"[J]. Early Childhood Research Quarterly, 1996, 11(2).

[8] Marcon, R. A. Differential effects of three preschool models on inner – city 4 – year olds[J]. Early Childhood Research Quarterly, 1992, 7(4).

[9] Newsweek. The 10 best schools in the world and what we can learn from them[J]. Newsweek, 1991, 12.

[10] Schweinhart L. J. & Weikart, D. P. & Larner, M. B. Consequences of three preschool curriculum models through age 15[J]. Early Childhood Research Quarterly, 1986, 1(1).

[11] Elkind, D. Montessori and constructivism[J]. Montessori Life. 2003, 15 (1).

[12] Engelmann, S. A response: How sound is High/Scope research[J]. Educational Leadership, 1999,56(6).

[13] New, R. S. Reggio Emilia: New ways to think about schooling[J]. Educational Leadership, 2003, 60(7).

[14] Turner, T. & Krechevsky, M. Who are the teachers? Who are the learners[J]. Educational Leadership, 2003, 60(7).

(二)著作类

[1] Schweinhart, L. J. The High/Scope Perry Preschool study through age 40:

Summary, Conclusions, and Frequently Asked Questions[M]. Ypsilanti, MI: High/Scope Press, 2004.

[2]Hohmann, M. & Weikart, D. P. Educating young children: Active learning practices for preschool and child care programs[M]. Ypsilanti, MI: The High/Scope Press, 1995.

[3]OECD. Starting Strong: Early Childhood Education and Car[M]. Paris: OECD, 2001.

[4]Jane, M. P. Reframing the early childhood curriculum: educational imperatives for the future[M]. London, New York : Routledge/Falmer, 2000.

[5]Bernard, S. Handbook of research in early childhood education[M]. New York: Free Press, London: Collier Macmillan, 1982.

[6]Carol, S. & Alice, G. Continuing issues in early childhood education (2nd Ed)[M]. Upper Saddle River, N. J. : Merrill, 1998.

[7]Shirley, A. K. , & Beth, B. S. Reconceptualizing the early childhood curriculum: beginning the dialog[M]. New York: Teachers College Press, 1992.

[8]Barbara, J. Taylor. A child goes forth: a curriculum guide for preschool children (9th Ed)[M]. Upper Saddle River, N. J. : Merrill, 1999.

[9]Marguerita R. & Dorothy H. C. Kindergarten and early schooling (2nd Ed)[M]. Englewood Cliffs, N. J. : Prentice – Hall, 1984.

[10]Doris, P. F. Early childhood education: a perceptual models curriculum [M]. New York: Wiley, 1977.

[11]Janice, J. B. Preschool: appropriate practices[M]. Fort Worth: Harcourt, Brace, Jovanovich College Publishers, 1992.

[12]Kay, A. & Linda, G. M. The comprehensive preschool curriculum[M]. Beltsville, Md. :Gryphon House, 2004.

[13]Olivia, N. S. & Bernard. S. Contemporary perspectives on early childhood curriculum[M]. Greenwich, Conn. : Information Age Pub. , 2002.

[14]Suzanne, L. K. & Kristine L. S. The early childhood curriculum[M].

Mahwah, N. J. : Lawrence Erlbaum Associates, 2001.

[15] Claudia, E & Loa, J. A practical guide to early childhood curriculum (6th Ed) [M]. Upper Saddle River, N. J. : Merrill, 1999.

[16] Sue, C. W. Early childhood curriculum: developmental bases for learning and teaching (5th Ed) [M]. Boston: Pearson, 2010.

[17] Laura, R. F. & Judith, C. R. Early childhood curriculum: open structures for integrative learning [M]. Boston: Allyn and Bacon, 1995.

[18] Bernard, S. & Olivia, N. S. Issues in early childhood curriculum [M]. New York: Teachers College Press, 1991.

[19] Carol, S. The early childhood curriculum: a review of current research [M]. New York, N. Y. : Teachers College, Columbia Univ. , 1992.

[20] David P. & Kimberly, O. Educational policy borrowing: historical perspectives [M]. Symposium Books Press, 2004.

[21] Gita, S. K. The global politics of educational borrowing and lending [M]. Teachers College Press, 2004.

[22] Hubert, E. Cross - national Attraction in Education—accounts from England and Germany [M]. Cambridge University Press, 2006.

[23] Patricia, M. N. Historical Perspectives on Early Childhood Education. In Jaipaul L. Roopnarine & James E. Johnsom (Eds), Approaches To Early Childhood Education (4th Ed) [M]. Upper Sadddle River, New Jersey: Pearson Education, Inc, 2005.

[24] David,P. & Michele, S. Comparative and International Education - An introduction to theory, method, and practice [M]. Continuum International Publishing Group, 2007.

[25] Chen, J. K. & Viens, J. Building on Children's Strengths: the Experience of Project Spectrum [M]. New York: Teachers College Press, 1998.

[26] Tobin, J. J. Preschool in three cultures: Japan, China, and the United States [M]. Chicago: the University of Chicago Press University Press, 2009.

[27] Joseph, Z. International Handbook on Globalisation, Education and Policy Research: Global Pedagogies and Policies [M]. The Netherlands: Springer, 2005.

[28] Yelland, N. Critiacl issues in early childhood education [M]. London: Open University Press, 2005.

后　记

光阴荏苒，三年的博士学习生涯即将结束，有一些欣喜，有一些惶恐，也有一些惆怅。欣喜的是经过三年艰苦的学习，自认为在学业上有所收获，有幸认识了一些德行和思想并重的老师，结识了一些对学问和生活抱有理想和信念的同学。惶恐的是在学前教育领域学习了三年，却很难说对学前教育有较为全面的了解和清晰的认识，不过这也正是我以后不断学习和进步的动力。惆怅的是将要离别，离开美丽的北师大校园，告别亲爱的老师和同学，是所谓"相见时难别亦难"，而此刻盘踞在我心头的只有感恩。

感谢我的导师霍力岩教授！霍老师是我三年博士生涯的指路人，没有霍老师当年的大力提携，我就没有机会进入北师大学习，没有霍老师的悉心教导和指引，我也不可能顺利完成本书的写作，对此我一直心存感激。在学术研究方面，霍老师一直是高标准、严要求。刚入师门时，霍老师就依据我的学习基础、兴趣和师门的研究传统与积累，帮助我确立了本书的研究范围，为我博士期间的学习指明了方向，使得我的研究和思考从一开始就没有偏离航向。尽管如此，整个研究和写作的过程也是艰难的，很多问题常常使我辗转反侧、夜不能寐，好在霍老师总能在我困惑的时候给予高屋建瓴的提点和指导，使我拨云见日。而在本书的具体写作过程中，从题目的凝练到研究思路和框架的确立无不浸透着老师的心血。本书初稿完成之后，霍老师认真阅读，仔细修改，从标题到文字，以至格式规范和标点符号，霍老师都做出了大量批注，提出了很多建设性的意见，经过几轮的讨论和修改，不仅使我的书稿内容更加完善，而且为我今后的研究和学习树立了榜样。在本书完成之际，我要真诚地感谢对我严格要求、不吝指导、亲切关怀的恩师霍力岩教授。老师一以贯之的严谨学术态度和不懈的学术追求给我以榜样和鞭策，而老师在生活中给予我的指导和关怀，谆谆教诲，至今萦耳不绝，每每回忆起来只有深深的感激。

感谢在博士论文开题、写作和答辩过程中提供指导和教益的各位老师，他们是郭华教授、马健生教授、谷贤林教授、王英杰教授、刘宝存教授、吴霓研究员、王练教授、王建平教授，他们中肯的意见和建议促使我不断地修改和完善自己的论文。三年中，有幸聆听檀传宝教授、石中英教授、郑新蓉教授、刘复兴教授、项贤明教授、冯晓霞教授的精彩演讲和课程，让我受益良多，他们的学问和人品令我仰慕和向往。

感谢三年来给予我诸多支持和帮助的同学和朋友。感谢同门的齐晓恬、姜姗姗、陈雅川、黄爽、郑艳、郭珺、李玉燕、孙蔷蔷等在我论文构思和写作过程中所提供的支持和启迪。同时，还要感谢张永军、涂诗万、罗容海、黄学军、刘华杰、任海滨、刘福才等一起奋斗过的战友们。这些同学的鼎力支持和一路相伴，给我三年的求学生涯增添了许多的乐趣与收益。这些同窗情谊弥足珍贵，我将永远珍藏于心。

三年的求学生涯中，我的妻子一直相随左右，坚强而乐观地面对工作、生活中的一切，不仅在经济上独立支撑着我们的小家，为我的学习提供全面的保障，而且在论文写作上也给予我莫大的支持。她的理解和关爱是我不断前进的精神力量源泉，而我将会以事业上的进步来真诚地回报我的爱人。

最后我想说，2009 年 9 月至 2012 年 6 月间的这三年是我人生中最弥足珍贵的一段时光，是我人生的一个转折点，我将由此作别二十多年的求学生涯，完全地走向社会。这也是我最后一次享受正规学校教育的机会，而作为给予我这次机会的北京师范大学，她已成为我生命轨迹的一部分，我会永远铭记于心，并将在以后的工作和生活中继续践行“学为人师、行为世范”理念。

是以为记。

余海军

2012 年 5 月于北京